中小企业管理创新研究文库

中小企业成长
热点问题研究

陈建明　徐建波　陈　扬　著

江苏大学出版社
JIANGSU UNIVERSITY PRESS
镇　江

图书在版编目(CIP)数据

中小企业成长热点问题研究 / 陈建明，徐建波，陈扬著. — 镇江 ：江苏大学出版社，2019.12
ISBN 978-7-5684-1304-6

Ⅰ. ①中… Ⅱ. ①陈… ②徐… ③陈… Ⅲ. ①中小企业—企业成长—研究—中国 Ⅳ. ①F279.243

中国版本图书馆 CIP 数据核字(2019)第 291453 号

中小企业成长热点问题研究
Zhong-xiaoqiye Chengzhang Redian Wenti Yanjiu

著　　者/陈建明　徐建波　陈　扬
责任编辑/王　晶
出版发行/江苏大学出版社
地　　址/江苏省镇江市梦溪园巷 30 号(邮编：212003)
电　　话/0511-84446464(传真)
网　　址/http://press.ujs.edu.cn
排　　版/镇江市江东印刷有限责任公司
印　　刷/虎彩印艺股份有限公司
开　　本/718 mm×1 000 mm　1/16
印　　张/15.75
字　　数/291 千字
版　　次/2019 年 12 月第 1 版　2019 年 12 月第 1 次印刷
书　　号/ISBN 978-7-5684-1304-6
定　　价/49.00 元

前　言

中小企业是我国企业群体中的重要组成部分，在我国社会和经济发展过程中发挥着重要作用。在我国经济发展步入“高质量发展”的背景下，探究中小企业成长过程中遇到的新问题，对促进我国中小企业健康发展具有重要的现实意义。从目前已有的研究成果来看，理论界还缺少对我国中小企业“高质量发展”背景下的成长问题进行系统和完整地梳理的相关研究成果。本书介绍了我国中小企业成长的最新研究动态，同时对我国中小企业成长过程中的多方面问题进行了详细和透彻的分析，使读者能够结合我国中小企业实际发展状况，更好地理解和思考我国现行的中小企业改革与发展问题。同时，本书为相关学者快速有效地了解我国中小企业研究热点提供参考，对该领域未来的研究方向提供了有价值的理论指导。

本书主要介绍中小企业成长相关热点问题，共有十章内容。第一章分析了我国中小企业技术创新驱动因素、模式及路径；第二章对网络时代背景下我国中小企业的营销管理与营销创新展开了研究；第三章研究了我国中小企业供应链管理策略与可持续发展问题；第四章对新环境下我国中小企业信息化建设问题进行了研究；第五章探讨了我国中小企业融资效率及融资模式的创新问题；第六章分析了我国中小企业人力资源管理及其改革创新；第七章介绍了我国中小企业国际化成长，并分析了国际化绩效；第八章概括了我国中小企业集群基本特征，分析了影响中小企业发展的因素，提出了相应的策略；第九章总结了我国中小企业创业模式，阐明了中小企业创业的驱动因素，并给出发展建议；第十章对我国中小企业文化建设特点进行了分析，并提出了如何加强我国中小企业文化建设。

本研究成果是徐州工程学院校重点学科建设内容“中小企业管理创新研究文库”之一，本研究成果为研究文库的后续深入研究中小企业成长问题打下了良好的基础。本书广泛吸收了国内外学者的研究结论，得到了很多同行的关注和帮助，江苏大学出版社的各位编辑为本书的出版做了大量的工作，在此一并表示感谢。

虽然参与编写本书的作者付出了大量的精力，但由于水平有限，疏漏与错误之处在所难免，恳请广大读者批评与指正。

著　者

2019 年 12 月于徐州

目　录

第一章　中小企业技术创新驱动因素、模式及路径研究

技术创新是实现企业发展的永恒主题和不竭动力，是我国国家创新体系中的重要组成部分。中小企业在提供就业、上缴税收、创造利润等方面对我国经济发展做出了决定性的贡献。在我国经济进入新常态的背景下，为促进经济高质量发展，充分发挥好中小企业的作用至关重要。2015 年国务院出台了《国务院关于大力推进大众创业万众创新若干政策措施的意见》，在全社会范围内推进大众创业、万众创新，中小企业成为创新创业的生力军。因此，是否能够充分发挥中小企业的创新创业作用，将成为决定创新创业成效的关键因素。中小企业日渐成为提高我国自主创新能力的有力支撑和促进我国经济发展的重要动力源。

一、中小企业技术创新驱动因素

（一）互联网环境

互联网的快速发展彻底改变了知识传播和信息分享的方式，同时也改变了中小企业获取和整合创新资源的能力。灵活性和整合性是互联网带给中小企业科技创新的两个最重要的改变（张玉明，李荣，王欣，2018）。灵活性是指企业运用信息技术快速、经济地获取外部资源的能力；整合性是指企业整合外界资源的能力，反映了企业信息系统与合作伙伴之间关系的紧密程度。当今时代，对于自身资源匮乏的中小企业来说，通过互联网与外界进行信息交流、开展共同创新已成为其重要的发展途径之一。

信息可以提升企业竞争优势与创新实力，对企业技术创新发挥着重要作用。技术创新来自市场需求和科技发展的共同驱动，科研专利信息、政策信息、需求信息、竞争对手信息等各类信息均有利于企业的技术创新，企业的技术创新过程也可以看作其为消除不确定性开展的信息处理过程。全面、准确、及时地获取市场信息有助于企业了解市场需求，进而明确技术创新的导向，降

低创新的风险；获取最前沿的科技进步信息有助于企业提升创新速度、降低创新风险。然而，信息的不对称性和不均衡分配使得不同企业所掌握的信息具有差异性，中小企业的信息获取过程处于弱势，互联网的应用为中小企业从更多的外界主体处获取技术创新所需的信息资源，快速、持续地重新配置资源提供了便利。中小企业通过互联网环境大大提高了信息资源获取和整合的能力，增强了企业创新及时性，降低了技术创新的不确定性，提升了中小企业技术创新的综合能力。

除了信息获取外，互联网环境还为中小企业获取外界资金提供了便利。资金短缺是中小企业创新面临的最主要的问题之一。互联网金融的出现大大拓宽了中小企业的融资渠道。诸如 P2P 网络借贷、众筹、小额信贷等多种形式的互联网金融为中小企业科技创新融资提供了更多的选择，缓解了中小企业融资难的问题。良好的互联网环境使得中小企业能够方便地对接各类互联网金融平台，提高了中小企业通过各种新型的融资模式获取资金的便捷性，缓解资金约束，为其进行技术创新提供了资金支持。

（二）金融服务

技术创新的高风险和信息不对称导致中小科技企业难以获得足够的外部融资。创新是一国持续发展的重要推动力，因此，政府介入的创新政策能够纠正市场失灵。尽管一些学者认为，政府介入私人领域的研发投入带来的激励扭曲，反而有可能挤出私人的研发投入，政府资助和企业研发、企业绩效间没有显著正向关系，甚至形成负向关系，但大多数实证研究均认为，从总体上看，政府资助激励了被资助企业研发投入，提高了企业的生产率。

政府参与企业创新活动的主要任务是为企业技术创新提供必要的物质基础和制度保障。政府一方面通过加大对企业创新活动的研发补贴力度和强度，另一方面，通过发挥社会活动组织者和管理者的作用，协调多方利益、引导具有不同背景的创新资源进入初创期中小企业，增强企业创新资源的可获得性。近年来，创业投资引导基金成为政府激励中小企业创新的重要渠道。

构成创业投资引导基金的主体是政府、企业和创业投资机构（图 1-1）。政府作为创投机构与企业之间的纽带，扮演了投资者、委托者、保障者和监管者等多重角色（何朝林，梁悦，2017）。

首先，作为投资者。政府发起成立创业投资引导基金，主要以阶段参股、跟进投资、风险补助和投资保障等方式，投资具有潜力的科技型中小企业创新创业过程，并按照约定方式在适当时候退出。创投机构与企业之间建立的是经济关系，强调经济回报，而政府看重的是从投资中获得社会效益，将经济效益让渡给其他经济实体，非营利性是其显著特征。

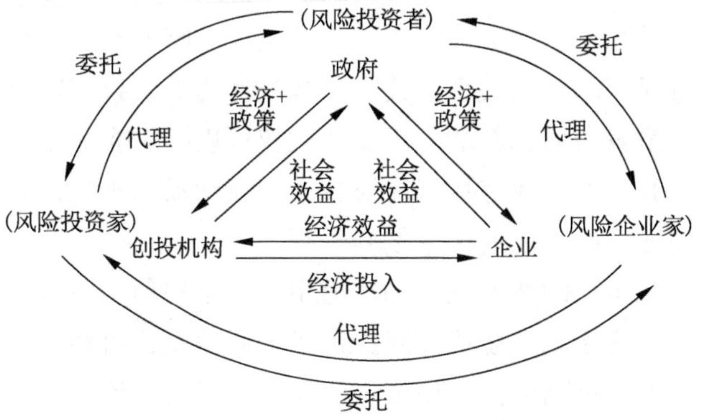

图 1-1　政府 – 创投机构 – 企业相互关系

其次，作为委托者。政府通过其隐性信用和财政资金的杠杆效应，与委托代理机构及其他第三方机构共同推进投资项目实施并实现资本退出，形成“引导—运行—退出”的良性投资循环链。在整个投资链中，政府是风险投资者，创投机构是风险投资家，科技型中小企业是风险企业家，三者存在三重委托代理关系。

再次，作为保障者。政府利用自身的政治优势和经济优势，为引导基金运行提供经济保障、制度保障、法律保障和人才保障。其中，通过实行财政补贴、税息减免等措施减轻科技型中小企业的经济负担；通过风险补助政策降低创业投资的不确定性，减少企业及创投机构的损失；通过打造精英培育计划、推动企业与高校及研发机构的紧密合作为企业提供创新人才保障等。

最后，作为监管者。政府作为经济活动的管理者，有权力对引导基金中的相关主体予以规范与制约。首先，要简政放权，尊重和发挥本属于市场、公众、企业和社会组织的权力，增强经济社会发展活力，激发创造力，提升创新效率；其次，对信息不对称带来的道德风险和市场失灵等问题，政府必须对市场进行干预，实现对企业创投活动适度、高效的监管。

（三）营商环境

营商环境由行政环境、法制环境、金融环境三个子环境构成（张美莎，徐浩，冯涛，2019），不同的营商子环境对企业技术创新的影响机制不同。

行政环境对降低中小企业创新交易成本、提升创新要素配置效率具有积极影响。首先，改善行政环境能够减少技术创新项目的审批时间，降低审批的难度和创新活动的交易成本。行政环境的改善可以充分发挥企业主观能动性，鼓励其进行大胆尝试和创新。实践证明，一国企业面临的行政环境与企业技术创新要素投入具有显著的正向关系。其次，行政环境的改善有助于提高企业人力资本配置效率，激发市场创新活力。简政放权可以缩短企业家创新活动的时间配置，减少繁杂冗长的行政审批程序对技术创新活动的干扰，有助于激发企业的创新热情，加速中小企业的技术创新进程。

法制环境影响企业的技术创新的渠道主要是缓解信息不对称、加强知识产权保护。第一，优化法制环境可以减少市场虚假信息，有利于投资机构更加准确地判断中小企业的创新潜力，使资本流向具有投资价值的技术创新项目。第二，良好的法制环境能促使中小企业主动、全面、真实地披露企业信息，公开透明的财务信息可以缓解信息不对称，降低企业的融资成本。第三，完善的法制环境有利于解决技术创新外部性问题。所谓创新外部性问题是指创新技术的公司能够获得的收益小于其为该创新技术付出的成本，其他公司因为该创新技术获得收益而不必承担对等的成本。如果法制环境较差，知识产权得不到有效保护，使得创新企业无法获得技术创新带来的全部收益，就会削弱投资技术创新项目的意愿。

金融环境同样会影响中小企业的技术创新。良好的金融环境能够增加企业的融资渠道、减少信息不对称。第一，优良的金融环境意味着金融中介机构的信息搜集和处理能力更强，从而可减少金融机构对企业可抵押实物资产及前期合作经验的依赖，增强金融机构甄别企业资信的能力，使新技术投资项目更容易获得资金的支持，助力企业加快创新进程。第二，优良的金融环境加大了金融机构间的竞争压力，金融市场将从卖方市场向买方市场转换，降低了企业的融资成本和难度。为了争夺更多的优质客户，金融中介机构会花费更多的时间和人力，在众多创新企业中发掘具有较高回报的技术创新项目，从而提高中小企业的技术创新能力。

综上所述，良好的行政环境可以降低中小企业技术创新的交易成本，提高企业的创新效率。良好的法制环境可以激励中小企业及时、规范地披露技术创新信息，缓解融资约束，也有助于金融机构甄别真正具有创新潜力的中小企业。良好的金融环境能够增强金融机构搜寻企业技术创新的积极性，拓宽中小企业技术创新的融资渠道，有利于企业更便利地获得技术研发的资金。

（四）知识管理

知识管理是对知识的获取、整合、共享、应用、创新与保护的全过程的管理。开发和利用外部知识的能力是企业创新能力的关键（郭淑芬等，2017）。从知识观的角度来看，技术创新活动就是对技术创新知识的获取、整理、共享、应用及创新的过程。技术创新的每一阶段都伴随着知识的流动，对技术创新知识的管理就成为技术创新活动成功运行的关键，而技术创新活动中衍生出的新经验和新知识又反哺知识管理理论（王娟，2018）。由此，知识管理与技术创新二者相互依存、相互作用、相互促进、相互转化，形成良性互动，不断提升企业的技术创新能力和知识管理水平。

科技型中小企业与相关主体在互动合作过程中存在大量可转移的知识，但企业必须主动获取才能促进创新的诞生。与大企业相比，科技型中小企业生产经营活动的计划性不足，运营风险较高，并且受制于资金和规模，其不仅有形资源不及大企业富足，知识这类关乎企业生存发展的关键无形资源也同样缺乏。科技型中小企业在与各创新主体合作的过程中，只有具备较强的吸收能力，才能够很快地将组织边界以外的新知识与现有知识进行融合，进而促进技术创新成果的产生和商业化。为降低突破性技术创新的风险，增加创新成功的概率，科技型中小企业必须积极与外部社会网络取得联系，利用外部社会网络广泛获取外部知识，通过对内、外部知识的整合、共享与利用，创造出新产品、新工艺和新技术并将其商业化，实现价值创造的目的，提升核心竞争力。因此，对内、外部知识的整合与共享是科技型中小企业技术创新的关键。

（五）人力资源管理

人力资本是科技型中小企业最重要的优势资源，也是知识管理的载体。将知识管理作用于科技型中小企业技术创新过程以提升技术创新绩效，关键在于“人”这一主体的主观能动性的发挥，因此，对“人”的管理是知识管理有效达成的重要因素之一。例如，通过人力资源培训，将知识管理绩效纳入绩效考核体系，设计视知识共享参与情况而定的激励机制等人力资源政策能够有效促进知识共享。科技型中小企业在设计知识管理体系时应注重知识管理与人力资源管理的协同，将人力资源战略制定、人才招聘与选拔、培训与开发、员工关系管理、绩效管理与薪酬管理等人力资源管理模块与知识获取、知识整合、知识共享、知识创新、知识应用与知识保护等知识管理流程有机融合，共同作用于企业的技术创新过程，以技术创新为动力，以人力资源管理为主体，以知识管理为途径，构成一个相互依存、相互作用、相互促进的有机整体（图1-2），提升企业技术创新绩效。

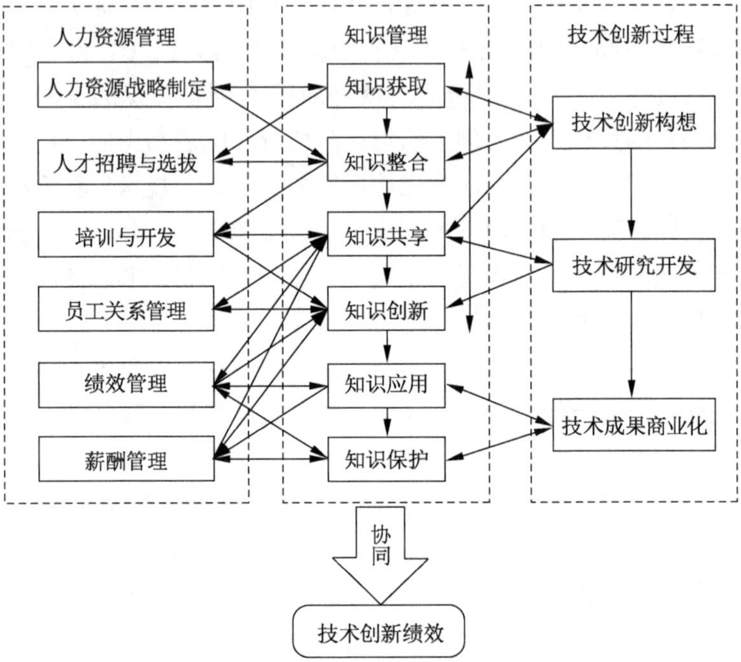

图1-2 人力资源管理、知识管理与技术创新协同作用框架

（六）政策环境

根据对技术创新产生影响的层面不同，技术创新政策工具分为供给偏向政策工具、环境偏向政策工具和需求偏向政策工具（林敏，2017）。第一，供给偏向政策工具侧重于为创新提供技术、人才、信息及管理知识，主要体现政策对创新的推动力。供给偏向政策工具主要包含公共事业、教育、科学技术和信息四个方面，它们通过影响企业能够得到的技术知识与人才，以及相关市场信息和管理技能，从而影响研发。在考虑影响技术创新的供给政策时，研发的外部经济、政治和法律环境至关重要。研发环境的复杂性使得单纯的供给政策常常难以有效地推动创新。第二，环境偏向政策工具会影响到研发和市场两方面的经济、政治和法律环境，也就是说环境偏向政策工具不但会影响技术创新的技术可行性，也会影响其商业可行性。环境偏向政策工具主要包括财务、税务、法律法规和策略性措施四个方面。环境偏向政策工具主要是影响研发的资金来源及国内市场环境（产业结构）这两大环境因素，而不是直接影响研发

和市场，环境偏向政策工具会间接对技术的供给和需求产生影响，最终影响技术创新。第三，需求偏向政策工具的着力点是刺激市场的出现或重构市场，通过政策来影响国内、国际市场需求，进而影响技术创新的商业可行性的政策。需求偏向政策会降低企业创新的市场风险，拉动创新，主要表现为政策对创新的拉动力。需求偏向政策工具可分为政府采购、公共服务、贸易和海外代理四个方面。同供给偏向政策工具类似，需求偏向政策工具直接影响国内、国际市场或通过影响市场的宏观环境间接影响市场需求。与供给偏向政策工具相同，需求偏向政策工具也不是创新需求的全部影响因素，政府仍然要考虑国内、国际市场的经济、政治、法律环境，只有这两者相互利好才能真正拉动需求，提高商业可行性。

二、我国中小企业技术创新存在的问题

我国中小企业的技术创新严重不足，技术创新能力与水平不够，技术创新存在的内外部阻碍因素较多，中小企业进一步发展面临巨大困难。目前，我国中小企业技术创新主要存在以下问题。

（一）企业内部问题

1. 创新意识淡薄

在市场经济条件下，推动企业技术创新的主导力量有赖于具有创新精神、敢冒风险和有决策眼光的企业家。然而，受我国企业领导体制的沿袭方式影响，由企业主管部门委派的领导人必然是以完成上级指令作为自己工作的指导准则，管理创新意识被抑制，这种状况在以革新精神为主导的技术管理活动中表现得尤为突出。我国中小企业的快速发展大多数是采取低技术水平和外延扩张模式（余纪孝，2016），企业管理者的自主创新意识淡薄，更倾向于产品模仿和技术追赶，对企业自主创新的重要性认识不足，“不想”“不愿”“不敢”创新，导致其没有自己的核心技术与专利。

2. 创新投入少

大多数中小企业盈利空间狭小，自身积累较少，不得不通过减少投入来增加利润空间，导致创新投入普遍较少。当前，科技型中小企业普遍存在规模小、经济实力差、技术力量欠缺及抗风险能力弱等特性，企业生存压力大，而技术创新的投入大，不确定性高，因此企业既无力，也不愿投入数额巨大的资金、精力与时间到技术创新研究中。科技型中小企业倾向模仿式的再次创新，

这就造成企业内部研发能力持续疲软的状态，也让企业陷入了“技术引进—技术落后—技术再引进”和恶性循环，从而不利于企业的长远发展。

3. 创新人才缺乏

与大中型企业相比，中小企业在工作平台、发展空间等方面都处于劣势，企业无法吸引人才。在留住人才方面，企业的管理机制、分配机制、激励机制均不完善，即使有些中小企业在工资、奖金、分红等方面给予科研人才较高的待遇，希望以此留住人才，可是企业其他配套条件难以满足人才的研发要求，很多人才工作一段时间后发现“巧妇难为无米之炊”，最终离开企业。长此以往，将导致企业研发队伍力量薄弱，不能形成合理的技术人员资源结构，阻碍企业的自主创新。

4. 缺乏内部技术创新平台

技术研发中心是企业开展技术创新活动的保证（吴松强，周娟娟，陈倩，2017）。目前，由于规模或实力有限，很多中小企业生产技术和装备水平都比较落后，没有自己的技术创新中心，设施不完善、科研经费紧张、人才缺乏使得企业在实际运营过程中存在诸多困难，无法开展高效、有序的技术创新活动，从而制约了企业的技术创新。

5. 产学研合作的深度和广度不够

科技型中小企业自主创新难度很大，而开展产学研合作创新是实现资源优势互补、企业和合作院所双赢的有效途径之一（吕克斐，吕月珍，2015）。当前，科技型中小企业大多首选委托开发、技术咨询等企业参与程度低、成本小的合作方式，形式单一、合作期短，没有形成稳定长期的合作。此外，产学研合作对象以本地区高校和科研院所居多，与国内顶尖科研院所跨区域合作的比例较低，且仍以单个项目合作为主，缺乏持续性合作关系。与高校院所合作的广度和深度不够，一方面导致高校科研成果的转化率不高，另一方面影响了企业的产品创新和市场化推广。

（二）外部支持机制问题

1. 融资困难

资金不足严重制约了中小企业的技术创新，导致资金不足的最重要原因是融资渠道不畅。在 2015 年的亚洲金融论坛上，欧洲证券及市场管理局主席史蒂芬迈耶尔在致辞中表示，中小企业发展不能仅依靠银行提供资金，同时应把资本市场纳入资金来源。通过资本市场，包括资产证券化及其他证券市场、IPO 及股票市场来提供相关的资金。通过提供多样化的融资选择，为需要资金的企业提供更多选择，让其根据自身的情况选择最好的融资途径。由于我国长期受传统体制的影响，因此银行信贷市场是企业融资最主要的渠道。中小企业产权制度不明晰、财务制度不健全、经营回报波动性大、贷款担保物不足等问题，企业整体素质参差不齐，其社会信任度低，而银行与中小企业之间又缺乏有效解决信息不对称问题的方式方法，导致中小企业融资和获取资金难的问题一直没有得到很好的解决，成为长期困扰中小企业发展与生存的瓶颈问题（余纪孝，2016）。

尽管国家针对中小企业技术创新的融资需求推出了多项支持政策，但银行受到银监会对企业贷款的标准限制，无法开展相关业务。中小企业能从银行获得的贷款少之又少，甚至很多中小企业连与银行等金融机构接触的机会都没有，资金问题很难解决。

民间融资是中小企业的重要资金来源。然而民间融资一般额度小、期限短、成本高，并不适合作为技术创新投入的资金来源。此外，根据国家税法规定，企业从事民间融资，要缴纳利息收入总额5%的金融保险营业税；个人从事民间融资，在缴纳营业税外还需缴纳20%的个人所得税。为减少税收成本，许多企业和个人与中小企业的融资活动采用私下交易的形式进行，由此导致民间融资的不规范性，为事后矛盾纠纷的产生埋下了隐患。此外，融资利息扣除不足，政府通常把银行类金融机构的贷款利率作为标准，以此为依据扣除中小企业税前的贷款利息，而这加重了中小企业融资的还款压力。

2. 税收激励政策难以真正落实

第一，税收优惠的门槛高。企业所得税法第28条规定“国家需要重点扶持的高新技术企业，减按15%的税率征收企业所得税”，很多中小企业由于不具备建账核算自身应纳税所得额的条件而无法享受国家给予的企业优惠税率，政策覆盖面较窄。第二，缺乏对中小企业技术创新人才的税收优惠。现行税制下，只有取得省级政府和国际组织颁发的教科文卫体方面奖励的科技创新人才才能享受个人所得税免税待遇，而中小企业的科技创新人才缺乏相应的激励，工作积极性和创造性难以得到发挥。第三，税收优惠政策落实不到位。当前，企业与非企业性单位已经纳入增值税与营业税起征点的适用范围，中小企业同样能够享受到优惠。不过，由于税务机关对中小企业一般采取核定征收办法，所以起征点的提高成为中小企业税负上升的动因，导致优惠政策难以充分落实。实质上，由于我国针对中小企业技术创新的税收优惠政策尚未体系化、系统化，加上税务机关对激励中小企业技术创新的税收优惠政策宣传力度不够，导致中小企业税负很难实质性减少。第四，“营改增”后税负不降反升。主要原因是进项税额抵扣不足，许多中小企业由于自身规模、所处行业性质问题，没有大额的固定资产购置，因此，实际可抵扣的进项税额很少，此外，加上一些非税收项目未能扣除，导致税负上升（吴松强，周娟娟，陈倩，2017）。第五，税收政策创新激励指向偏差。税法规定高新技术企业税收优惠不能与小型微利企业所得税优惠叠加享受。例如 A 公司是高新技术企业，2019 年度企业所得税应纳税所得额为 50 万元，该企业同时符合小型微利企业条件。如果 A 公司选择适用高新技术企业 15% 的税率，应纳企业所得税为 50×15% =7.5 万元；如果 A 公司选择适用小型微利企业税收优惠，按照 2019 年的新政策，对小型微利企业年应纳税所得额不超过 100 万元的部分，减按 25% 计入应纳税所得额，税率为 20%，税负为 5%，那么该企业应纳企业所得税为 50×25%×20% =2.5 万元。很显然，A 公司选择适用小型微利企业优惠应缴纳的企业所得税更少，这不利于鼓励企业创新。

3. 法律保护力度不够

健全的立法是中小企业稳定发展的基本保障（余纪孝，2016）。专利法、著作权法、商标法、促进科技成果转化法等相关知识产权法律法规，对激励科技型中小企业进行技术创新投入、开展技术创新活动具有重要意义。杜楠等（2018）根据知识产权保护与技术创新联动效应的理论，构建了“创新投入、知识产权保护、投资回报、再创新、再回报的技术创新的良性循环活动”机理图，如图 1-3 所示。

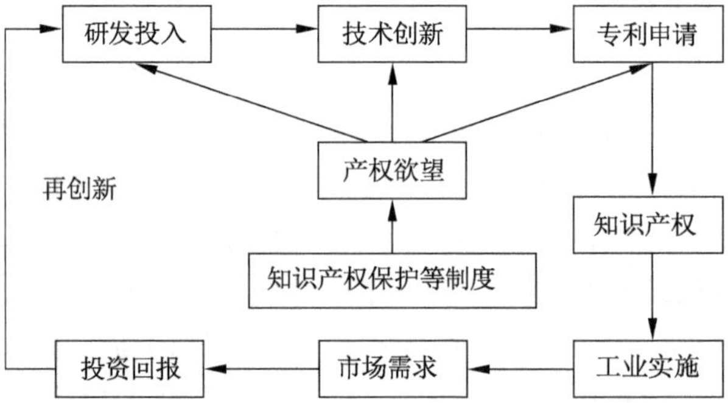

图 1-3　制度因素对技术创新的作用机理

中小企业是我国自主创新和经济社会发展的重要力量，目前超过 65% 的发明专利、70% 以上的技术创新、80% 的新产品都来自中小企业，然而在不断贡献知识成果的同时，如何保障中小企业专利权不被侵犯，已经成为亟待解决的问题。近年来，虽然政府也制定了很多政策保护中小企业知识产权、专利权，包括降低专利费、建构国家专利技术展销交易平台、计划为中小企业专利技术走出国门建立专项基金等，一定程度上促进了中小企业专利权事业的发展，但力度远远不够，侵权行为仍频繁发生。中小企业知识产权保护意识不强，企业内部也往往缺少专门的知识产权管理部门和相关制度，知识产权方面的人才也较为缺乏。许多中小企业的目光常常较为短浅，即使已经申报了专利，但不舍得继续投入资金来维护专利。以上这些原因使得中小企业知识产权得不到有效保护，这大大挫伤了中小企业技术创新的积极性。

4. 社会化服务体系不完善

由于中小企业规模较小，需要外部对其技术创新提供社会化服务才能顺利进行（余纪孝，2016）。技术、人才培训、信息等业务也需要外包或由各种社会化服务机构协助完成，但目前我国的市场体系和社会化服务体系却不能满足中小企业的要求，社会化服务体系亟待完善。中小企业在技术创新、技术创新成果转化的过程中，在创新资源整合、技术改造和升级、知识产权保护、市场开拓等方面，需要科技中介服务机构的帮助，科技中介机构能为中小企业提供咨询、顾问、培训、检测等服务。科技中介服务机构能够帮助中小企业有效降低创新风险、提高创新效率。但同发达国家相比，我国的科技中介发展仍处于较低水平。我国科技中介机构大多是从行政、事业单位改制而来，导致它们官方背景浓厚、市场化程度较低，政府对科技中介机构的干预程度较大，市场竞争的不充分使得我国科技中介服务水平较低。很多科技中介机构的内部运作方式也偏行政化，难以适应市场需要而建立现代企业制度，它们以完成政府分配任务为主业，难以为中小企业提供高效的服务。我国科技中介机构的从业人员素质普遍偏低，拥有硕士以上学历的人员所占比例较低，拥有中高级以上职称的人员较少，从业人员大多缺乏必要的科技、经济、法律等方面的知识，难以为企业提供高质量的服务。

5. 大数据现象的新挑战

近年来，大数据作为新的颠覆性技术变革，引起了企业界和科技界的广泛关注，并逐步被应用于企业创新活动中。大数据驱动的创新给中小企业带来了巨大的创新机遇，同时也使其面临着技术上和管理上的重大挑战（王长峰，2016）。如何获取内外部数据，如何高效率、低成本地进行大数据存储，如何进行大数据降噪处理，如何从半结构化和非结构化的数据中获取有价值的信息，以及大数据的权属和隐私问题等都是企业创新面临的巨大挑战。另外，大数据背景下对企业文化也提出了新的挑战。大数据背景下开展企业创新研发必须要变革传统的企业文化。很多企业在利用大数据进行企业创新时遇到的障碍是现有的企业文化不是由大数据所驱动，使得大数据无法融入企业的创新过程中。企业如果被固守传统管理理念的领导者所把控，由于他们质疑大数据能够产生的影响，通常不愿意改变既有的流程，也就很难实施基于大数据背景的企业文化变革。要克服传统企业文化对大数据的抵制，必须要建立大数据驱动下的企业文化及组织架构。企业领导者和创新研发团队要率先在企业内部带头学习使用大数据需要的知识和能力，尊重大数据专业人才。要在企业内部逐步建立起一种倡导员工之间和部门之间数据分享的文化，帮助大家共同分享和利用大数据带来的优势和利益。

三、中小企业技术创新模式演变

1. “渐进式创新”向“突破式创新”模式转变

渐进式创新是指利用现有资源不断改进技术，主要服务现有用户群的创新方式，如手机制造商在新型号手机上添加新的硬件或软件，增加手机的服务功能。突破式创新是指采用新的技术，导致企业原有生产资源沉没或者主要用户发生改变，如数字技术导致胶片相机的生产资源沉没，电子商务吸引了大量商场消费者等。

渐进式创新具有连续性和积累性特征，重视内部资源，依靠全员创新，对企业发展和产业格局破坏小，投资风险小，有利于现有企业的长期发展，但企业发展相对缓慢，产业结构调整能力相对弱。突破式创新具有非连续性与突变性特征，重视外部资源，依靠少数精英创新，具有颠覆产业结构的能力，企业容易出现爆炸式增长，但投入风险大，不确定性高。突破性创新来源于技术的重大突破，对技术开发的要求很高，需要长时间和多资源的投入。突破式创新的出现往往预示新一轮主导技术的出现与经济方式的转换。显然，自主创新是实现突破式创新的必要条件，在不存在可模仿技术的条件下，只有通过大量研发投入与技术试验，才能促使突破性技术的出现（胡君，郭平，2019）。渐进式创新主要通过技术模仿，即通过技术引进、消化、吸收来实现。

由于受技术条件、资金储备、人才集聚的约束，在过去很长一段时间，我国中小企业以渐进式创新为主。然而随着企业技术水平越来越接近前沿技术水平，中小企业也必须通过自主创新实现技术进步。因此，随着中小企业发展不断成熟，由“渐进式创新”向“突破式创新”转变成为未来的必然选择。大企业在创新的过程中常常存在“既有企业咒语”现象，在稳定的环境下，许多企业通过对原有技术的改进保持行业领先位置。当技术或市场发生突变时，既有企业往往不会积极加入突破性创新的开发和使用以提高现有的技术效率，从而使得领先的公司在行业中失去相应的地位甚至被淘汰。由于中小企业实施短渠道策略能更好地了解消费者消费需求的变化，并能快速地传递市场信息，具有“船小好调头”的优势，因此中小企业在突破性创新中占有优势。根据国家知识总局 2016 年公布的数据，我国约 70% 的技术创新、65% 的发明专利和 80% 以上的新产品来自中小企业，从事高新技术产品研发、生产和服务的科技型中小企业已经成为我国技术创新的绝对主力军。

2. “封闭式创新”向“开放式创新”模式转变

依据资源技术观，可以将创新分为封闭式创新模式与开放式创新模式两种。在旧式经济背景下，企业通过设立大型的研究中心、购买先进的技术设备，聘请高技术人才和相关领域的专家进行技术研发实现技术突破，并将研发成果用于企业内部产品的设计、生产和推广，依靠技术的创新性成果在市场中获得垄断竞争地位，提高企业的营业利润，这种企业内部的一体化整合创新模式即为封闭式创新（徐莹莹，綦良群，徐晓微，2018）。这种只利用内部有限资源实行高风险、高成本创新的行为很难进行持续创新。因此，科技型中小企业需要以开放的心态去吸收外部有利的资源。所谓开放式创新，是通过扩大对外部市场包括供应商、客户、竞争企业、研究机构、中介机构，以及可以通过互联网交流的研究者和普通大众等的利用，提高企业内部创新的速度，即有目的地利用知识流入和流出提升创新效率的过程。开放式创新模式，不仅可以为科技型中小企业创造与新兴技术及科学和市场前沿接触的机会，而且能够让企业将相关技术外包研发或出售，降低企业创新风险成本，让企业更好地把握创新机会，提高企业的外部竞争力。

开放式创新模式通过和消费者密切沟通，帮助企业把握准确的市场需求，从而改进或设计合适的产品；通过和供应商合作的方式缩减不必要的成本；通过和业内其他科技型中小企业合作寻求战略联盟伙伴，实现在研发、生产与营销等方面的资源共享，以及能力互补，等等（王俊贝，2016）。开放式创新为企业成功破解“创新困境”提供了更大的可能，是科技型中小企业可以选择的一条行之有效的重要途径。

3. “个体创新”向“协同创新”转变

在过去相当长的一段时期，我国多数中小企业依靠自身力量“单兵作战”，缺少与政府部门、高等院校、科研机构之间的信息交流；中小企业自身管理水平不高，市场研发能力不足，创新能力薄弱。随着企业竞争加剧，创新能力的重要性日益凸显，中小企业要想生存和发展壮大，必须进行全面协同创新。

协同是在资源共享、价值共创的基础上形成的企业群整体的业务表现，强调企业之间共生互长的关系。当前，中小企业的协同创新模式主要有 3 种：基于价值链的协同创新模式、基于产业集群的协同创新模式和基于产学研结合的协同创新模式（朱奎林，2016）。

基于价值链的协同创新模式。在这种模式下，中小企业基于平等互利原则，与产业价值链上的相关企业建立联盟，互相取长补短，共同开发市场，取得规模经济效益，最终实现双赢，从而更有利于自身的生存和发展。这种模式能使价值链中企业的创新更有效率，并使整个价值链上的企业形成一体化网络，进而产生网络效应来提升中小企业的竞争力。

基于产业集群的协同创新模式。中小企业产业集群是存在于企业与市场间的新型产业组织模式，主要指同种产业的企业以及与该产业存在互补、竞争等相互关联的诸多中小企业在某一领域内形成的集合体。从纵向看，企业间存在不同生产阶段的分工协作关系；从横向看，也存在众多同质者，他们之间进行激烈的竞争。这种新型组织模式在维持中小企业自身独立特征的前提下，将竞争模式由单一企业上升为中小企业群体，实现了产业集群稳固性与中小企业灵活性的有机结合。产业集群模式在我国深入开展至今，已成为中小企业生存和发展的强大动力，同时也是各区域提升核心竞争力的关键。

基于产学研结合的协同创新模式。产学研合作是指企业、高等院校和科研机构之间的合作，其实质是通过技术、人才等生产要素的有效组合来促进技术创新。在此模式中，高等院校提供人才、信息，科研机构输出技术、实验方式，企业集团贡献设备、场地和资金，并致力于将高校、科研机构的创新成果推向市场，进而再向高等院校和科研机构反馈市场效果和需求，最终形成一个整体协同创新系统，确保科技成果向现实生产力成功转换。由于它们之间不存在竞争关系，在合作过程中更能发挥各自的优势，实现优势互补。这种产学研协同创新模式，使科学研究与工业生产紧密衔接，实现技术、资金、人才等创新要素的集约集聚和优化配置，从而加快科技成果产业化，进一步增强中小企业的自主开发和创新能力，带动产业技术发展。

四、中小企业技术创新水平提升策略

（一）政府举措

1. 建立健全法律法规保障体系

第一，以《中华人民共和国中小企业促进法》为核心，建立与之相配套的法律法规。例如，将相关的中小企业金融政策上升到法律层面，建立以中小企业为对象的法律法规，制定“担保公司法”“中小银行法”等，以完备的中小企业金融法律保障体系，确保国家有关中小企业的金融扶持政策得以更好地贯彻落实和有效的实施。应进一步确立中小企业在我国经济社会发展中的重要地位，保护中小企业的权益。第二，细化相关的法律规范，使法律法规更具操作性。一方面，对于中小企业本身来讲，应进一步对中小企业的融资方法进行规范，促进中小企业融资畅通和规范化运营；另一方面，从外部环境来讲，应构建中小企业信用共享平台，消除银行、担保机构及社会大众对中小企业能力的误解，消除因信息不对称而带来的不良影响（余纪孝，2016）。

完善相关技术创新法律法规，政府要建立和完善鼓励中小企业技术创新的法律，如设立《中小企业技术创新法》，从专门解决中小企业技术创新融资问题出发，制定《中小企业技术创新风险投资法》；从促进中小企业与高等院校、科研机构的技术合作出发，制定《产学研技术合作法》等相关法律法规。同时，政府要加强执行力度与监管力度，确保法律真正得到贯彻实施，全面促进中小企业技术创新（吴松强，周娟娟，陈倩，2017）。

2. 制定完善的技术创新政策

第一，支持科技型中小企业建立研发机构。支持科技型中小企业建立企业实验室、企业技术中心、工程技术研究中心等研发机构，提升对技术创新的支撑与服务能力。第二，对拥有自主知识产权并形成良好经济、社会效益的科技型中小企业研发机构给予重点扶持。鼓励和引导中小企业加强技术改造与升级，支持其采用新技术、新工艺、新设备调整优化产业和产品结构，将技术改造项目纳入贷款贴息等优惠政策的支持范围。第三，通过政府采购支持科技型中小企业技术创新。目前，我国还没有从法律上对政府采购扶持中小企业技术创新进行规范，现有的一些相关政策规定虽然具有指导性，但过于宏观，操作性较弱。国家应当对政府采购促进中小企业技术创新给予针对性较强的政策上的支持（林敏，2017）。各级政府机关、事业单位和社团组织的采购活动，在同等条件下，鼓励优先采购科技型中小企业的产品和服务。鼓励科技型中小企业组成联合体共同参加政府采购与首台（套）重大技术装备示范项目（余纪孝，2016）。

3. 完善社会服务机构

完善专门为中小企业提供服务的社会服务机构是促进中小企业技术创新活动的途径之一，社会服务机构能够向中小企业提供信息、技术、咨询等方面的服务，是最能为中小企业解决燃眉之急，并降低中小企业技术创新成本的机构（余纪孝，2016）。特别是随着信息技术和网络技术的发展，社会服务机构的存在极大地降低了中小企业技术创新的成本，并减少了技术创新对企业规模的要求。完善科技型中小企业技术创新服务体系，应充分发挥地方在区域创新中的主导作用，通过政策引导和试点带动，整合资源，加快建设各具特色的科技型中小企业技术创新公共服务体系。鼓励通过政府购买服务的方式，为科技型中小企业提供管理指导、技能培训、市场开拓、标准咨询、检验检测认证等服务。充分发挥专业中介机构和科技服务机构的作用，开放并扩大中小企业中介服务机构的服务领域，规范中介服务市场，促进各类专业机构为科技型中小企业提供优质服务。

直接进行技术支持，促进技术创新（吴松强，周娟娟，陈倩，2017）。第一，成立专门为中小企业提供技术指导的机构。设置开放的科技实验室为中小企业提供信息和咨询服务，解决各种技术问题；在大学院所组建中小企业技术发展中心，专门为进行技术研发提供专业的帮助及技术开发完成后的相关商业化的咨询服务。第二，积极开展中小企业技术创新项目。空有模式与机构是远远不够的，必须通过推行项目进行实践及检验。政府每年应该推出几个相关项目，让中小企业放手去做，在实践中切实促进其技术的进步与发展。

政府部门要为科技成果和技术交易搭建资源自由流通和匹配的大平台，通过系统性地规划和构建创新体系，加大平台建设投入，为经济、技术资源的合理配置创造良好的市场环境（吕克斐，吕月珍，2015）。要深入调查企业技术创新和院校科研成果转化的需求，着力构建完善的技术交易体系，特别是充分发展和应用网上技术市场，为促进企业与高校科技合作搭建桥梁和服务平台。要以企业需求为导向，通过办好网上技术市场、技术交易市场和“知识市场”等形式的创新技术和成果交易平台，开展科技成果展示、对接、交易、拍卖等活动，形成高效的科技成果竞价（拍卖）机制，加快网上网下协同发展，促进技术成果产业化。同时，加快培育发展科技中介服务体系。通过积极培育中介机构、经纪人等方式，及时了解企业需求、科研院所研发进展等情况，并为企业提供培训、投资和咨询综合服务，健全咨询、评估、信用等综合信息体系，利用现代信息网络技术推动科技中介服务的信息化和社会化，充分发挥市场在资源配置中的决定性作用，努力推动中小企业创新激情充分激发、创新成果竞相涌流。

4. 促进政、企、学、研合作，形成长效的产学研利益共同体

为了发展中小企业技术创新活动，促进综合国力和地区经济的发展，发动政府、企业、大学和科研院所采取各种合作形式共同参与技术创新，虽然它们在技术创新过程中的分工不同，作用有别，但是在技术创新上形成了合力，为中小企业技术创新营造出良好的环境，奠定了技术创新成果从研发到应用的现实基础，形成了政府（包括地方政府）、企业界、大学和科研院所密切合作的集科研、开发、生产为一体的联合体。而这种政、企、学、研合作发展最成功、最有效、影响也最大的方式就是创立高科技园区，它们既是政、企、学、研的联合体，又是中小企业技术创新的孵化器（余纪孝，2016）。政、企、学、研合作要进一步突出中小企业的主体地位，明确技术为市场服务的宗旨，以市场需求和产品为导向，引导和鼓励中小企业加强与高校、科研院所全方位的技术合作，充分发挥各方的优势；要以科技成果的商品化转化为导向，积极开展联合共建研发中心、实验室、中试基地等创新载体的合作，建立长期的、战略型的产学研合作关系，提升商品转化率和市场推广率，形成长效的产学研利益共同体（吕克斐，吕月珍，2015）。在强调产学研合作的中小企业主体地位基础上，通过严格的信用审核和绩效评估，以税收优惠、奖励、知识产权保护等政策扶持，激励产学研合作绩效明显者加大创新的深度和广度。

5. 积极开放市场，鼓励多方投资

促进中小企业技术创新活动，资金投入是关键。研究表明，直接财政补贴的长期效应并不理想。直接的财政手段能够提供的资金支持对于中小企业庞大的资金需求来说非常有限，同时也给政府财政带来严重的负担。因此，应学习发达国家采取开放市场、鼓励投资的政策，如美国放松对经济活动的限制措施，实施最广泛的行业准入，开辟广阔的投资空间，为民间资本投入中小企业技术创新活动创造机会。培育和发展市场体系，要塑造合格的市场竞争主体，使生产者、经营者都以市场为导向，依法经营，公平竞争，成为真正的“自主经营，自负盈亏，自我约束，自我发展”的商品生产者和经营者，使其能够依据市场需求和自身条件，不断进行技术创新，推出科技含量高、附加值高的产品，在市场竞争中立于不败之地（余纪孝，2016）。这样不仅能充分发挥

市场机制的作用进行项目优选，提高资金的安全性，而且能发挥乘数效应，调动最广泛的社会力量为中小企业提供资金。

技术创新融资渠道主要有5种（吴松强，周娟娟，陈倩，2017）。① 专门政策性金融机构。政府和相关部门、机构合作，建立专门为中小企业服务的政策性金融机构，并完善相关信用担保体系，从而保证将支持中小企业技术创新活动的融资优惠政策落到实处，为其创造良好、宽松的融资环境。② 商业银行等金融机构。鼓励正规金融机构结合中小企业技术创新的现状及能力特点，不拘泥于传统的方式，不断推出符合中小企业未来发展方向的担保产品，使金融机构授信与中小企业需求相结合；鼓励金融机构提供多样化的短期贷款服务，加大对中小企业的信贷支持，纠正服务不合理收费，降低中小企业融资成本；细化对金融机构的差异化监管，构建良好的对接展示平台与信息网络体系，吸引更多的金融机构提供融资支持。③ 民间融资。政府应该加大对社会投资机构的支持，给予政策上的扶持以减少中小企业融资成本，同时促进民间借贷平台的良性发展。④ 政府引导基金。加大投入，明确功能，更好地发挥政府产学研资金的引导作用，进一步丰富产学研项目的资助方式，全面开放公共项目数据库，鼓励、引导投资机构参与项目产业化实施过程。⑤ 风险投资机构。加快建立和完善产学研合作的风险投资体系，发挥政府产业基金和科技基金的导向作用，建立相对完善的投资体系，鼓励天使基金、风险投资、私募基金与政府基金共同投资具有广阔市场前景和良好社会经济效益的创新项目，承担更多的创新风险。

6. 加强中小企业国际的科技合作

目前，许多国家就加强中小企业的国际科技合作明确提出了推动中小企业技术创新的国际化政策，促进中小企业向国外发展，鼓励科技型中小企业开展国际科技合作。欧盟就已实行专门的计划推动中小企业向海外，尤其是向发展中国家投资。这是我国中小企业进入国际市场、参与国际竞争、学习国外先进技术和管理经验、提高自身技术创新能力和竞争能力的良机（余纪孝，2016）。我国于2019年制定了《关于新时期支持科技型中小企业加快创新发展的若干政策措施》，鼓励科技型中小企业开展国际科技合作。通过强化“一带一路”合作交流，探索开展“一带一路”产权交易与技术转移相关工作，为更多科技型中小企业与“一带一路”沿线国家开展科技合作营造良好的环境。通过加强国际人才交流对接，支持科技型中小企业参与“国际杰青计划”，帮助科技型中小企业与相关领域外国青年人才进行对接，支持科技型中小企业选派专业技术人才参加中长期出国（境）培训。

7. 完善税收政策，降低中小企业税负

扩大中小企业享受所得税税率优惠的范围。① 基于实际情况，降低每个行业的中小企业核定征收的应税所得率标准，同时结合具体情况及时调整应税所得率的适用水平，切实减轻中小企业的税负。对小企业给予比例更高的抵扣或抵免：一种方式是在企业开始盈利后结转成本；另一种方式是以现金方式享受税收返还。这些可以帮助中小企业的技术研发补助落实到实处。② 加大增值税和营业税的支持力度，实现协同激励效应。一是扩大营改增试点范围，使其适用于所有中小企业。二是研究提高中小企业技术创新项目的增值税、营业税、所得税的起征点。三是将增值税、营业税的起征点更改为免征额。通过以上 3 种方式可实现税收政策的普惠与税负的下降，并防范避税行为的发生。③ 降低技术转让收入的认定标准，落实减免优惠政策。中小企业技术创新的收益可以予以税收减免；对中小企业的技术创新给予一定的税收分成；技术研发费用支出超过收入部分抵免税收；给予技术创新的中小企业一定的过渡期，在这期间减免企业所得税（吴松强，周娟娟，陈倩，2017）。

（二）企业举措

1. 选择正确的技术创新战略，树立开放式创新意识

中小企业应该选择适合企业现阶段发展的技术创新战略。中小企业要在“中国创造”背景下成功实施技术创新管理，首先就应该确定企业的创新战略。技术创新战略可分为三大类。第一类是自主技术创新。这类技术创新战略主要依靠企业的硬实力，根据企业现有的资源自主研发和进行技术创新。第二类是模仿技术创新。这类技术创新战略的技术来源主要是其他企业成功的技术创新方式。第三类是合作技术创新。中小企业经常面临资源匮乏的窘境，而生存和竞争的压力又会迫使它们不断进行高投入、高风险的创新活动，因而资源更为捉襟见肘，而借力于外部资源成为解决这一问题的重要途径。这类技术创新战略是通过与其他企业合作进行技术创新。中小企业应该随着其在“中国创造”大环境下所处的地位不同而选择不同的创新战略。对于初创期的中小企业来说，企业可能没有足够的资源进行自主创新，因此可以选择模仿创新的战略进行技术创新管理；而当中小企业的地位逐渐提升以及当中小企业积累了一定的资源之后，就可以尝试合作创新战略和自主创新战略。当中小企业进入成熟发展阶段时，应该以自主创新战略为主导，可以适当考虑合作创新战略（王维，2017）。

中小企业要突破传统的创新思维方式，树立开放思维和培养开放意识，而

创新资源和创新思想不可能全部内生，因此要善于利用外部资源，加强与高校院所的合作以实现共赢目标。此外，中小企业应突破行业边界及时空的界限，与大型企业共同开发技术，或通过聘用兼职人员实现技术联盟，从而形成大中小企业技术创新联合体（吴松强，周娟娟，陈倩，2017）。

2. 根据“中国创造”大背景建立“企业创造”的企业文化

企业文化可以保证一项改革或者措施在企业内顺利推行。在“中国创造”背景下，政府鼓励企业自主创新，中小企业更是“中国创造”的主体。因此，在这个过程中，中小企业要实行成功的技术创新管理，就应该在其内部建立“企业创造”的企业文化。企业文化代表了企业员工整体的价值观，可以潜移默化地影响企业员工的思想和行为。对于大型企业来说，企业文化的改变与形成是一个长久且艰难的过程。但是，对于中小企业来说，企业文化的形成比较容易。首先，企业家应该具有“企业创造”的思想。其次，公司的人力资源管理部门可以制定相关的制度，推动企业文化的创建和形成。由于中小企业的人员配置较为简单，因此，只要推行得当，很快就可以形成“企业创造”的企业文化，从而为成功实施企业技术创新管理提供精神支撑。此外，“企业创造”文化还可以帮助中小企业形成全员创新的氛围，提高中小企业的整体技术创新能力（王维，2017）。

3. 发挥中小企业中企业家创新决策的作用

作为中小企业创新精神核心的企业家，应该根据企业确定的技术创新战略，制定相应的创新决策。对于大型企业来说，由于其在市场上已经占据了一定的垄断地位，企业家更加关注的是稳定发展和创新发展，而中小企业要想在市场上占据一定位置，就必须拥有创新产品。因此，中小企业的企业家会更注重创新发展。此外，由于大型企业的决策程序相对复杂，企业家不能仅仅依靠自己的想法进行决策。相对来说，中小企业的企业家则比较自由，他们除了制定企业的发展战略之外，还会亲自参与产品的技术创新与开发过程，中小企业的企业家既是企业技术创新管理的领导者，也是技术创新的参与者，在中小企业中发挥着极其重要的作用。因此，在中小企业中，更应该发挥企业家创新决策的作用，使中小企业能研发出技术创新产品，从而符合“中国创造”的大背景（王维，2017）。

4. 发挥人力资源管理部门对技术创新管理的积极作用

在劳动力市场上，拥有创新技术和创新意识的人才都偏向选择大型企业，而中小企业相对来说优势较弱。因此，中小企业更应该发挥其人力资源管理部门的积极作用。

一方面要健全技术创新的激励机制。要保证企业内部管理制度适应创新激励机制的运行，同时提高企业的生产服务水平与管理水平。中小企业需要从薪酬福利、职位晋升、股权分配等入手，切实提高企业内部人员进行技术创新的积极性（吴松强，周娟娟，陈倩，2017）。

另一方面要积极引进人才与培养人才，全力留住人才。① 推进人才引进计划。要明确规定技术要素参与收益的分配与职位的晋升，同时设立相关制度，规定为应聘参与企业技术创新活动的人才提供相关优惠措施，以此来吸引更多掌握自主知识产权与核心技术的优秀人才投身于技术创新活动中。② 内部培养人才和留住优秀人才。鼓励中小企业加强与高校院所的合作，进行多层次的技术人员培训活动；对积极加盟的技术人才进行配股，并根据创新成果不断扩大其股份，增加其工资奖金，为其职位晋升提供特别通道，加强人文关怀，并提升相关福利水平（吴松强，周娟娟，陈倩，2017）。③ 灵活用人方式，将人才"为我所有"变成"为我所用"。利用企业先进的生产设备，提供合理的市场化资源，为高校、科研院所提供实习基地和试验基地，打造高校、科研院所人才培养的重要途径（吕克斐，吕月珍，2015）。中小企业可以根据创新战略和技术路线安排，积极引进高层次的专业人才及研发团队，搭建以企业为核心的技术创新平台，逐步由具体项目对接，向创新型人才对接、技术团队整体嫁接转变，形成更为畅通的人才流动机制。企业内部要解放思想，形成鼓励创业的氛围，增强技术人员的创业意识和市场观念，激励科研技术人员通过内部创业、技术成果孵化、联合创业等形式变身为创业者和市场开拓者，大幅提高科技成果转化率。

5. 发挥中小企业各个部门的协调创新作用

"企业创造"的文化不仅仅需要产品研发部门的创新，还需要企业所有部门之间的相互配合。其中，市场部需要进行市场调研，了解"中国创造"背景下市场的需求、市场对创新产品的定义与标准，相关的政策与企业外部资源等；人力资源管理部门需要选拔和培养有创新意识和创新能力的人才，为创新产品的研发做准备；财务部需要整合企业内部资源，保证资源的正常提供，确保在技术创新过程中有足够的资源基础；销售部需要帮助销售创新产品并提供效果反馈，从顾客的需求和要求出发，帮助研发部门改进企业的技术创新产品。总而言之，中小企业的技术创新管理不仅仅是企业研发部门的工作，还需要企业家及企业其他部门之间的相互配合和协调创新，保证企业技术创新管理的成功实施，提升中小企业的地位（王维，2017）。

6. 建立全方位、多层次的投入机制

企业自身要为技术创新增加资金投入，不断完善投入机制。例如，建立内部技术研发基金制度，当年研发基金的数额按照前一年销售收入的一定比例提取，这一做法可以在资金上保证中小企业对研发、技术更新及技术培训的投入（王维，2017）。建立灵活的资金投入形式，典型的方式便是风险投资（刘颖祺，牛冲槐，牛彤，2015）。风险投资与传统融资方式相比，在中小企业技术创新融资问题上有两方面突出优势。① 获取资金的方式灵活多样。风险投资集中利用社会上的大量闲散储蓄资金，以有限合伙形式进入中小企业，其进入方式、时间、拥有股权的百分比均由双方协商。风险投资家通过实地考察创新项目，充分了解中小企业的技术创新能力、项目的可行性，并对未来的风险和收益进行合理评估，有效地解决了风险和收益不对等的问题。在确定投资后，风险投资家充分参与中小企业技术研发和项目运作的整个过程，降低了“信息不对称”和企业“道德风险”发生的概率。② 风险投资家可以积极地提供市场信息与管理经验。风险投资家提供风险资金，在获得预期巨额收益的同时也承担项目失败的风险，而技术创新的成败直接决定风险投资家对中小企业产品的市场潜力和预期收益的判断（邵传林，2017）。因此，风险投资家在提供资金的同时，还密切关注企业技术创新的潜在发展情况，并及时提供有利的专业知识与咨询服务，建立激励机制，帮助企业完善财务制度，增大了技术创新和市场推广成功的概率。

参考文献

[1] 张玉明，李荣，王欣. 小微企业互联网环境与企业家社会资本对技术创新的影响研究 [J]. 管理学报，2018，15（2）：230－236，292.

[2] 何朝林，梁悦. 创业投资引导基金运行中的政府行为——基于科技型中小企业技术创新 [J]. 科学管理研究，2017，35（4）：99－102.

[3] 张美莎，徐浩，冯涛. 营商环境、关系型借贷与中小企业技术创新 [J]. 山西财经大学学报，2019，41（2）：35－49.

[4] 郭淑芬，郭金花，李晓琪. 合作创新质量、知识吸收能力与企业创新绩效——基于太原高新区科技型中小企业的实证研究 [J]. 南京工业大学学报（社会科学版），2017，16（3）：89－99.

[5] 王娟. 科技型中小企业技术创新路径研究——以知识管理为视角 [J]. 技术经济与管理研究，2018，269（12）：51－54，8.

[6] 林敏. 中小企业技术创新的国际镜鉴 [J]. 改革, 2017 (5): 114－123.
[7] 余纪孝. 论我国中小企业的技术创新战略 [J]. 财经问题研究, 2016 (S2): 95－98.
[8] 吴松强, 周娟娟, 陈倩. 亚太国家促进小微企业技术创新的政策与借鉴 [J]. 科学管理研究, 2017, 35 (2): 108－112.
[9] 吕克斐, 吕月珍. 科技型中小企业产学研合作创新的对策研究——以杭州为例 [J]. 科技通报, 2015, 31 (3): 267－271.
[10] 杜楠, 王大本, 邢明强. 科技型中小企业技术创新驱动因素作用机理 [J]. 经济与管理, 2018, 32 (2): 81－88.
[11] 王长峰. 大数据背景下企业创新模式变革 [J]. 技术经济与管理研究, 2016 (3): 29－33.
[12] 胡君, 郭平. 融资异质性如何影响中国制造业企业创新模式选择? [J]. 商业研究, 2019 (1): 78－87.
[13] 徐莹莹, 綦良群, 徐晓微. 低碳经济背景下企业技术创新模式决策机制研究——基于碳税政策视角 [J]. 运筹与管理, 2018, 27 (9): 8－16.
[14] 王俊贝. 科技型中小企业开放式创新探索 [J]. 时代金融, 2016 (18): 125, 128.
[15] 朱奎林. 中小企业"六位一体"协同创新模式研究 [J]. 企业科技与发展, 2016 (12): 1－3.
[16] 王维. "中国创造"背景下的中小企业技术创新管理 [J]. 企业经济, 2017, 36 (1): 78－82.
[17] 刘颖祺, 牛冲槐, 牛彤. 中小企业与风险投资合作创新的博弈分析 [J]. 财会通讯, 2015 (15): 101－104.
[18] 邵传林, 刘源. 风险投资影响中小企业技术创新的研究评述与展望 [J]. 首都经济贸易大学学报, 2017, 19 (6): 101－108.

第二章　网络时代中小企业的营销管理与营销创新研究

营销理论的产生和发展虽然算不上历史悠久，但理论体系已经相对成熟，在企业实践中也得到了较好的应用。因此，近些年对中小企业营销的研究主要集中在营销创新，以及对“互联网 +”环境下出现的新技术和工具的应用方面。

一、中小企业的营销创新

创新和营销作为企业生存、发展的核心战略，是企业必须学习和研究的重要课题，如何理解、开展、落实创新和营销，成为业内人士关心的焦点问题。营销创新是企业在市场竞争中取得成功的重要一环，尤其在新时期，市场和竞争环境发生了剧烈的变化，中小企业需要结合自身的经济实力和市场环境的变化，寻找营销创新的关键点，提升企业竞争的能力和企业价值。我国著名营销专家沈荷生（2019）提出了中小企业营销创新的六项思考理念，包括正确地认识创新；营销智慧——创新的起点；创新的重点在于创造市场价值；从“买”与“卖”的双重角度看创新；创新兼顾低成本与差异化；走出创新“信息不对称”困局。

（一）中小企业的营销战略创新

蓝哥智洋国际行销顾问机构创始人于斐认为，现在许多企业正在遭遇后危机时代，必须建立战略性思考平台，是进行量的扩张还是质的提升，需要从可持续发展方面进行协调，如果找不准定位、理不清思路、选不好模式，不能从需求结构变化的趋势上进行价值链的创新，仅仅凭着一股主观经验式的盲目激情，是支撑不了可持续发展的。中小企业往往面临激烈的同业竞争，产品差异化难度较大，价格竞争也难以奏效，这都要求中小企业对市场营销进行战略创新。通过营销战略的创新，提升企业在竞争中的优势，从而增加企业产品的销售量，提高顾客的忠诚度。

一般认为，市场营销战略创新包括产品创新和市场创新。产品创新主要是指利用先进技术将产品进行加工，以更好地满足客户的需求。市场创新主要是指重新选择产品的销售区域或重新选择产品的销售对象。中小企业要进行有效的营销战略创新，必须正确认识营销战略创新——能促进营销发展、能改进传统营销模式的方法，都可以称为营销的战略创新。对顾客需求和爱好的准确把握，也可以促进营销战略的创新（罗憶，2019）。贾雪莲等（2019）分析了我国中小企业营销战略的薄弱点，指出我国中小企业存在对市场营销的认知落后、市场营销的目标模糊、营销资源的整合利用不足、网络营销的方式单一等问题，因此中小企业要认识到营销的重要性，不断创新传统的营销战略。首先，应该加强对现代营销理论的学习；其次，还要通过客户需求分析、市场细分及有效地整合营销资源，不断创新营销战略，建立完善的营销体系。中小企业要充分利用网络营销手段，其中新媒体营销模式能够在一定程度上帮助中小企业建立完善的网络营销体系。对中小企业而言，虽然产品差异化难度不低，但仍旧需要努力在差异化发展的基础上确立营销的目标，以此细分市场并满足消费者多样化的需求。

近几年，“一带一路”倡议促进了交通的快速发展，也促进了地方经济的发展，中小企业获得了新的发展机遇。因此，很多研究是基于“一带一路”背景探讨中小企业市场营销战略创新的，尤其关注如何通过营销创新来提升中小企业参与国际竞争的能力。“一带一路”倡议的提出，为企业创造了良好的发展环境，提供了更大的发展空间和更多的便利条件。当然，新的环境带来机遇的同时，也给中小企业带来了一定的挑战。如中小企业市场营销理念相对滞后，缺乏自主创新意识，没有形成科学有效的营销思路和策略，高素质营销人才不足，缺乏长远战略布局（如对品牌和售后服务不够重视，不愿创新营销方式）等。

唐坤等（2019）针对中小企业在“一带一路”背景下面临的挑战，提出了中小企业市场营销战略的创新举措：转变传统的市场营销理念；结合企业实际情况，量身定制市场营销战略；建立系统的市场营销管理体系；采取科学合理的营销手段，充分利用互联网、信息发布平台、电商平台等实现与消费者的良好沟通，拓宽营销途径；加强市场营销队伍建设；实现市场营销战略与创新应用的结合，合理布局营销网点，构建营销网络，推动实施多层次、多领域、多角度的网络营销战略，为企业打造知名国际品牌、提高市场份额奠定坚实基础。易善宇（2019）也在分析了中小企业市场营销战略存在的问题后，提出了“一带一路”背景下中小企业构建创新战略体系的建议。“一带一路”视角下的营销理念更注重产品的质量和产品的服务，中小企业需要树立起多样化的营销观念，制定最佳的市场营销战略，积极构建全面、系统的创新管理体系，建设强大的市场营销队伍，提高中小企业市场营销战略创新的能力。研究还分析了“一带一路”背景下我国中小企业市场营销战略创新体系的实现路径：一是营销组织的创新，如通过不同企业之间合作营销的模式，以市场为纽带，组成灵活的生产营销网络；二是营销渠道的创新，如结合互联网平台，扩展营销渠道，完善市场调研，更好地满足顾客的需求；三是以全球营销观念为主，扩展国际市场。陈亮（2017）认为，现阶段我国中小企业市场营销战略实施中存在市场营销观念落后且更新频率低、市场营销方法和模式缺乏多元化和创新性、市场营销战略陈旧、缺少创新型营销人才、市场营销部门与企业其他部门的协调度和配合度不高、网络营销环节薄弱等问题，因此，中小企业市场营销首先要在内部管理和自身条件上寻求创新，在产品竞争优势、营销渠道、市场营销模式和营销评价体系上寻求创新；同时还要在外部资源利用方面寻求创新，既可以借助大企业的资源优势进行营销战略创新，也可以采用同行联合战略实施营销战略创新。

（二）中小企业的营销策略创新

中小企业市场营销创新除了战略创新外，还有营销策略的创新。中小企业市场营销策略创新主要有营销理念的创新、营销手段的创新和营销管理的创新。中小企业的营销理念创新包括重视知识营销理念，崇尚科学营销，提高品牌亲和力，增强消费者对企业的黏性，以及创造性地利用营销工具进行营销活动等。营销手段的创新主要包括卫星营销、缝隙营销、共生营销等。营销管理的创新包括加强柔性管理，重视整合营销及协调企业内外部关系（蒲冰，2017）。

徐焕然（2019）提出了加强现代中小企业营销能力的创新思路。中小企业应寻找各种营销策略，尤其是空白营销策略；采用适当的价格策略，提升企业的竞争力；塑造优秀的营销组织团队；创建科学的营销管理体系；合理利用促销组合策略；提高产品质量，实现产品多样化。吴尚（2019）认为中小企业想要谋取发展先机，需要转变传统发展理念，坚持“创新”发展观念，优化企业发展规划方针，构建创新型营销发展策略；需要综合市场发展状况，制定科学合理的管理模式，提升营销管理的有效性；要落实线上线下多方位销售平台，拓宽企业发展市场，同时优化企业的营销策略。刘美姞（2019）也指出，中小企业由于营销环境恶劣、营销观念落后、营销策略不科学及营销方式过于单一，十分需要转变落后的营销理念，制定出更加科学合理的营销策略，根据不同的受众人群做好相应的市场调研，有针对性地采取多种营销方式和手段，瞄准目标，突出产品优势，充分发挥网络营销的作用。

二、大数据与中小企业精准营销

大数据时代的到来使中小企业的市场营销环境发生了很大的变化，企业可以不再单纯依赖传统的宣传方式而获得良好的宣传效果，市场调研的手段更为丰富，但调研方式和内容更为复杂……这一方面可以为中小企业开展精准营销提供数据支持，另一方面可以推进中小企业服务的多元化。因此，中小企业在进行大数据营销的过程中，应首先获取足够充分的数据，然后在此基础上通过大数据分析构建相关特征数据模型，并应用该模型进行精准营销。赵春艳（2019）则更关注5G时代的到来对中小企业大数据营销的影响，她认为5G对于大数据整体营销影响最大的是营销内容的呈现方式。5G让无屏互动成为可能，不仅促使AR和VR相关内容的爆发，而且会让流动性的故事随时随地变成现实。

（一）中小企业大数据营销

中小企业大数据营销有一定的流程，如大数据营销的基础是内部数据和外部数据的获取，内部数据主要包括用户数据、产品数据和订单数据，外部数据主要包括相关企业数据、产品论坛数据和社交网络信息等。在获取数据的基础上，通过数据分析和模型构建保证企业开展有效的精准营销，如个性化的产品推荐、广告优化、客户细分、市场预测和品牌传播等。彭海静（2016）提出三种中小企业实施大数据营销的方法。第一种是利用第三方电商平台提供的大数据营销分析工具。企业可以根据需要选择相应的分析工具服务，但对于在多平台开展业务的企业则会带来数据整合的困难。第二种是自建大数据营销分析平台。这种方法虽然有利于整合分析和应用数据，但成本较高且对企业信息技术要求较高。第三种是利用第三方大数据分析平台。这种方法使得中小企业可以以低成本应用大数据进行营销，但现有的第三方平台还不够成熟。

虽然充分发挥大数据的作用可以有效提升中小企业的营销绩效，但是大数据的分析和利用本身也是一个复杂、系统的工程，需要具备一定的条件和基础，才能充分发挥大数据在中小企业营销过程中的作用。这也是目前大部分中小企业即使重视大数据的作用，却难以有效利用大数据进行营销的重要原因。

大数据时代背景下，中小企业的发展面临促销手段落后、营销策划案的有效期缩短、市场调研内容趋于复杂等问题，学者们也针对性地提出了大数据时代背景下中小企业市场营销发展策略，中小企业要结合自身的实际情况，不断转变营销方式，强化客户关系，增强自身实力，改革营销组织等。李晓梅（2017）认为，中小企业在利用大数据进行营销的过程中面临一系列的困境，如大数据价值挖掘困境、大数据精准营销困境、大数据安全困境等，中小企业要想充分利用大数据进行营销，首先要构建 ERP 系统，提升大数据信息资源整合能力；其次要发挥大型企业大数据平台的作用，实现大数据信息共享；再次要注重精准营销策略的创新。刘自厉（2017）认为，中小企业必须实现对市场营销方法的创新，要充分加强对客户关系的管理，实现对企业营销组织结构的变革。刘兰芳（2017）指出，运用大数据对营销模式进行创新既是中小企业发展的有力武器，又是中小企业发展的瓶颈。中小企业获取数据资源的能力弱，转化应用大数据的能力弱，因此要想将大数据融入中小企业营销模式，就要提升中小企业对大数据技术的应用能力，运用大数据建立以社会化客户关系为根基的营销模式，探索多种营销模式整合升级的可行性。

营销创新是企业根据营销环境的变化情况，并结合自身的资源条件和经营实力，寻求营销要素在某一方面或某些方面的突破或变革的过程，因此在大数据时代，环境的变化必然带来中小企业的营销创新。大数据时代下，中小企业的营销变革体现在企业营销的关注点从技术转移到信息，消费者的决策过程发生变化，消费者个性化需求越来越明显（谢海英，2015）。因此，中小企业的营销创新主要从三个方面展开：一是营销组合策略的创新；二是低成本营销方式创新；三是云营销模式的创新。李春霖（2016）发现，中小企业对大数据的影响力认识不足，网络基础设施也有待完善，缺乏完善的营销保障机制和专业化的营销人才，所以要对数据进行全面分析，加强网络设施建设，培训具有数据分析处理能力的专业人员，科学设计创新策略，预判市场发展方向，并对消费群体进行针对化、具体化、精准化的促销。马智萍（2015）则提出要从消费者需求的角度进行产品的构思和设计，开展体验式营销，在数据预测的基础上制定产品价格，并预测目标顾客的购物渠道，实行精准化促销。中小企业可以通过移动互联网营销、电子邮件营销、视频营销等创新方式降低营销成本。云营销就是以软件和社会化媒体等为载体，通过网络把多个成本较低的计算实体云整合成一个具有营销能力的解决方案。中小企业开展云营销不但可以有效增加信息获取量，还能够利用云端实现高效管理。戎丹（2016）发现中小企业在开展云营销时存在很多问题，如对云营销定位不清，营销活动与企业产品缺乏实质上的联系，用户本位意识不够等，产生这些问题的原因是企业的营销意识和能力不足，对用户重视程度不够等，因此如何分析用户行为，更好地开展云营销，增强用户体验，是中小企业营销创新的重中之重。

（二）中小企业的精准营销

消费者需求日益呈现出不同个体与群体个性化的特征，精准营销可以精准开发客户、节约成本的优点受到了越来越多企业的关注。莱斯特·伟门在1999年最先阐述了精准营销的概念：通过分析以客户为中心建立的资料库，引导生产企业建立可行的销售方案，并为其提供客户的追踪服务。营销大师科特勒也指出，精准营销可以利用建立的数据库锁定客户，建立客户关系，目标更精确，成本更低且利润可预测。Jeff Zabin 等提出了精准营销影响顾客的4R法则——正确的时间、正确的渠道、正确的顾客与正确的信息。精准营销具有目标对象的针对性、策略的动态性、策略的有效性、营销结果的反馈性等显著特征，中小企业通过精准营销可以准确地定位，针对性地发掘目标客户，从而减少营销成本，实现更大的经济效益。

大数据对于促进中小企业的精准营销非常重要，庞大的信息是精准营销的数据基础。大数据对于精准营销具有较强的时效性，能够促进营销个性化、精准化、差异化，促进营销网络化的形成，从而使用户信息相互关联，对用户目前及未来发展趋势进行判断和预测，进而有针对性地或提前制定相应的营销策略。针对中小企业精准营销面临市场定位不清晰、大数据平台同质化、个性化数据采集困难、大数据价值挖掘难度大、大数据特有的安全困境等问题，裘咏霄等（2019）等研究了数据分析在精准营销中的应用，认为根据大数据分析应用平台的数据分析结果，企业能准确把握客户需求，明确企业产品定位，提高产品投放准确度并完善产品服务。薛维忠（2019）构建了基于大数据的中小企业精准营销模型，精准营销逻辑和实施的起点都是市场调研，在此基础上进行市场细分并明确产品定位；数据采集的渠道、数据获取的类型是精准营销实施的关键环节；数据价值挖掘是不可或缺的重要一环；构建从用户浏览、搜索，信息交流沟通、物流配送、体验及感受等信息反馈于一体的精准营销服务体系，核心点是不断提升目标消费者的体验满意度；持续改进是精准营销模型的最后一个重要环节。马婧（2019）探讨了大数据时代中小企业精准营销策略，提出要更新传统营销观念，树立精准营销理念，坚持以服务为根本，提升用户服务体验。

借助移动互联网进行精准营销成为当下中小企业发展新的选择，也成为学者研究的热点问题。移动互联网的发展给中小企业精准营销创造了必备的条件，特别是新媒体的发展给中小企业精准营销搭建了更好的平台。基于位置的服务（LBS）已经被广泛应用于多种行业的商务活动，它能够为企业和消费者提供精确地定位服务，促进了商家与消费者的互动营销。随着移动互联网营销的发展，精准营销还促使企业形成了新的盈利模式，诸如与团购网站进行利润分成、从团购商家获得利润分成、通过分销获取差额化交易收益、获取平台上的广告收入等（葛成莉，2017）。学者们对于中小企业在移动互联网新环境下如何更有效地开展精准营销进行了研究，基于中小企业应用移动互联网精准营销存在移动互联网精准营销理念不成熟、移动互联网营销效果评价体系不完善、移动互联网精准营销存在个人信息安全隐患、缺乏具备移动互联网精准营销专业技术的人才等问题，提出企业应该在理念建设、营销环境、组织体系、技术应用、支撑资源、评价体系等多方面予以重视。中小企业基于移动互联网实施精准营销，首先需要更新移动互联网精准营销理念，引进或培养具备专业技术的人才，加大 Web 数据挖掘技术的应用，通过打造高效的组织团队和组织体系，构建完善的数据库推荐系统、精准的市场定位体系和顾客传播沟通体系；其次要精准把握市场契机，掌握外部市场信息及政策环境，精准利用企业内部资源，既要实现成本最小化，又要满足消费者的多样化需求，形成精准的顾客服务体系；最后，还应建立有效的移动互联网营销效果评价体系，并加强移动互联网精准营销个人信息的安全保障。伍锐（2018）构建了移动互联网下中小企业精准营销模型，其中中小企业是实施精准营销策略的主体，目标顾客是中小企业实施精准营销策略的客体，大数据是中小企业实施精准营销策略的支撑，移动互联网工具是中小企业实施精准营销策略的媒介，完善的物流配送系统是中小企业实施精准营销策略的保障。在准备期完成市场调查、SWOT 分析、市场定位，然后制定 4C 营销策略，最后运用移动互联网媒介有效吸引消费者注意，促进其购买行为。在 4C 实施后，通过移动互联网媒介扩大营销效果的途径有二，一是顾客满意时，通过“客户服务系统”的跟踪将信息反馈给“客户数据库”，形成跟踪服务的数据；二是顾客不满意时，通过“客户服务系统”将信息反馈给公司，调整营销策略。宋琳（2019）对大数据背景下中小企业 B2C 网络营销的精准化应用进行研究，认为通过深化供应商与客户间的合作、拓展海外市场、合理选择物流模式等使企业和客户形成精准对接，可提升企业运行效率。刘晶（2016）认为，社会化媒体背景下实施精准营销适合我国中小企业的发展，她构建了社会化媒体营销背景下的中小企业精准营销策略体系模型，提出中小企业在社会化媒体背景下实施精准营销的策略应从目标制定、数据调研、项目执行、效果评估与危机处理的管理几个方面展开。图 2-1 显示了在移动互联网普及下的社会化媒体背景下企业实施精准营销的基本框架。

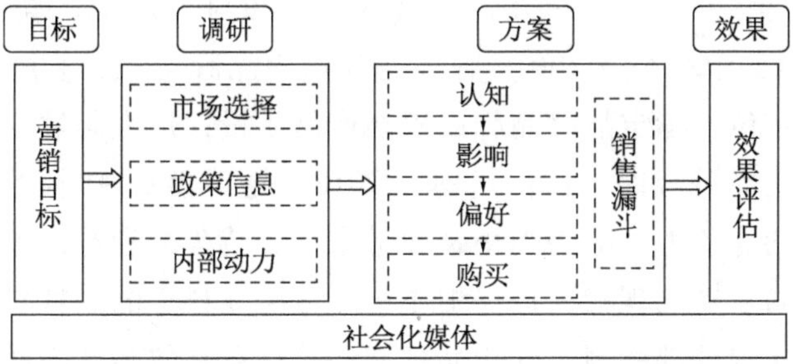

图 2-1　社会化媒体背景下企业实施精准营销的基本框架

三、中小企业品牌营销

品牌营销是通过精密的市场调研找出不同顾客群对产品和品牌的诉求，提升相关产品和品牌的价值，最终满足顾客需求的过程。品牌营销主要通过品牌的识别、品牌的定位、品牌形象的树立和品牌推广等活动来具体实现。品牌营销理论的发展深受品牌理论研究的推动，其中较为有名的有“USP”理论、“品牌形象”理论、“品牌定位”理论等。近些年，关于中小企业品牌营销的热点研究主要集中在面对诸如国际竞争、电商环境、大数据环境、新媒体环境等新情况，中小企业如何进行相应的品牌建设和品牌创新，如何在新环境下提升品牌竞争力和最终提升企业绩效上。

（一）中小企业品牌战略

品牌营销战略是企业为了满足市场需要，适应外部环境的动态变化，使其品牌长期、稳定发展，实现企业经营战略目标而对企业或产品品牌展开的一系列全局性的战略谋划。不少中小企业的品牌战略实施较为随意，品牌价值难以提升。中小企业实施品牌战略的主要问题有品牌意识不足、品牌定位模糊、品牌管理落后、品牌建设系统性不强、品牌价值不高、研发创新乏力等。此外，中小企业普遍融资困难，加上企业的内部环境待优化，品牌战略缺乏人才支持，严重妨碍了企业品牌战略的实施。因此，近些年不少研究都着力于为中小企业如何更有效地实施品牌战略献计献策。

任思远（2017）认为中小企业品牌战略经营存在巨大潜力，应该树立科学的品牌意识，建立品牌经营观念，整合企业内部的资源，提高企业的研发创新力，创造良好的品牌战略实施环境，培养品牌战略型人才，努力克服不利的内外部影响，增强企业的品牌竞争力，扩大品牌效益，使企业通过实施品牌战略建设而不断发展壮大，进而促进我国经济的持续稳定增长。孙玉伟等（2016）也指出，中小企业实施品牌战略要树立品牌意识，实施品牌管理；准确地进行市场定位，确定战略品牌；提高产品质量，加大研发创新力度；建设品牌团队，落实品牌战略。邱丽娜等（2018）也认为，中小企业的品牌战略代表一种潜在的竞争力，能为中小企业带来稳定持久的利益，她结合广东省中小企业品牌战略发展的现状，提出中小企业应树立科学的品牌战略意识，积极创建品牌，优化内外部环境，强化品牌战略管理，高效整合内部资源，进行品牌战略设计，提升品牌核心价值。李凤艳（2019）认为，当下是我国中小企业发展的黄金年代，中小企业在实施品牌战略时要科学定位，树立长远的品牌战略规划；建立完善的品牌管理机制，重视品牌维护；有效整合企业品牌发展的内部资源，并充分利用外部环境发展品牌战略。

也有部分学者是从中小企业品牌战略创新角度展开研究的。中小企业具有很强的品牌战略创新动力，这一方面来自企业发展的内在动力，开展品牌战略创新是中小企业生存发展的必经之路，利用企业有限的资源培育具有自主知识产权的自有品牌，以品牌为核心整合中小企业的研发、生产、营销、人力资源、财务等各个环节，有利于增加竞争的砝码。另一方面则是来自外在压力，包括竞争压力和政策推动。张红梅（2018）分析了中小企业品牌战略创新的发展模式，如 OEM－OBM 品牌战略发展模式、自创品牌战略发展模式、外购品牌战略发展模式、特许品牌战略发展模式、共生（联合）品牌战略发展模式。在此基础上，她构建了中小企业品牌战略创新的整合模型，认为品牌战略创新的前提是品牌战略创新的条件分析和目标设定，品牌战略创新的内核是品牌战略创新的具体运作，品牌战略创新的定性产出是品牌竞争力的获取和评价，品牌战略创新的价值再续和提升需要品牌竞争力的结果反馈。

（二）中小企业自主品牌的培育与建设

自主品牌是一个企业及其产品的综合体，是由企业自主研发，拥有自主知识产权的品牌，它涵盖了企业的市场定位、创新能力、营销服务、企业管理等方面的综合特征。中小企业自主品牌建设是企业在市场上获得核心竞争优势的基础，因为自主品牌可以使企业和产品在消费者心目中形成独有特征，为企业带来稳定的客户群体。由此可见，企业自主品牌具有有形经济价值和无形经济价值，其中无形经济价值主要体现产品具有优良的质量和一定的附加价值，这是客户购买产品的重要因素。

很多学者对中小企业如何培育和建设自主品牌提出了自己的见解，主要集中在如下几点：① 自主品牌的定位和内涵建设；② 自主品牌的传播和宣传；③ 自主品牌的成长与提升。

1. 自主品牌的定位和内涵建设

在自主品牌的定位和内涵建设上，中小企业应结合行业特点和企业自身情况，确定企业自主品牌定位策略。

“互联网+”环境下，品牌定位应该充分迎合消费者的高度差异化需求，运用网络品牌整体营销进行精准的品牌定位，加强网站的个性化设计与推广，追求鲜明的个性，充分挖掘消费者的自我概念，了解消费者“寻求差异”的心理状态，使品牌对消费者产生吸引力（黄凤，2018）。徐沛等（2018）以江苏省中小企业为例，探讨了中小企业自主品牌的设计创新途径。江苏省中小企业获得长久发展的关键点在于首先要聚焦核心业务，发展品牌文化，打造企业特色；其次要强化质量管理，加强员工的质量理念教育；最后要坚持创新，以新颖的产品吸引消费者。杨莹（2016）关注了微信营销在企业品牌创建中的应用，认为并不是所有的营销策略都能无限制地在企业中推广应用，企业应细分市场，准确定位，突出个性，丰富内容，把握时机，增强互动。张宁（2017）指出，中小企业在进行品牌差异化定位时，应着眼于消费者对于品牌产品、服务等多方面的差异化需求，利用互联网信息丰富的特点，提升企业品牌的竞争优势与附加价值。一是利用大数据进行消费者定位诉求检析；二是竞争对手定位诉求检析；三是产品自身核心优势检析。冯冈平等（2017）从品牌要素的角度，提出中小企业应构建三大核心品牌体系，确定品牌定位与价值主张，并进行模块化要素建设。中小企业品牌建设落地的方法就是模块化，分步落实品牌要素建设。

2. 自主品牌的传播和宣传

品牌的真实价值在于利益相关者的内心感受与评价，利益相关者对品牌的认知很大程度上会受到企业品牌传播和宣传的影响。“互联网+”环境改变了传统的品牌宣传方式，品牌宣传具有更强的开放性、平等性和公平性，并具有网络覆盖率高及品牌宣传成本低的特征。企业可以通过设计风格特别、使用方便的门户网站，在产品设计、包装、宣传方面与用户互动，树立良好的、个性一致的品牌形象，促使品牌消费者向品牌忠诚者转变；也可以通过虚拟社区设计低成本的互动参与，打造多元化推广方式，提高品牌知名度，培养消费者品牌忠诚度和黏性。

新媒体环境下中小企业网络品牌传播是近几年研究的重点，新媒体使品牌传播形式更加多样化，新媒体下的品牌传播有助于强化企业整合营销效果，品牌传播也使新媒体形象更加立体。在互联网环境下，品牌传播有几个很重要的组成部分，即品牌自带的传播价值、企业独有的沟通方式和商品本身的核心竞争力。品牌自带的传播价值可以在品牌传播中引起消费者的注意；企业独有的沟通方式可以帮助挖掘消费者的潜在需求意识，激发消费者的购买欲望；商品本身优质的核心竞争力可以使消费者相信此品牌的力量，成为品牌的追随者（薛瑾，2016）。在“互联网 +”时代，信息传播方式的转变对品牌传播产生了重要影响，使得品牌传播具有自发性、区域性和双向性，对中小企业品牌定位的精准度和媒介的整合度提出了更高的要求（潘学，2018）。

作为目前最为常见的一款手机 APP 社交软件——微信以其高速有效、低门槛、传播范围广等特点成为企业品牌传播的一个重要渠道。对于中小企业而言，微信既能以极低的成本获取良好而广泛的宣传效应，又能较好地解决中小企业自主品牌传播中出现的品牌传播渠道相对单一、传播连续性不足等问题。许多中小企业通过建立微信公众号与用户进行高效的交流与互动，培育客户忠诚度。李敏（2017）提出，中小企业在利用微信媒体做好企业自主品牌传播时，要注重塑造良好的微信公众号形象，充分利用朋友圈进行“病毒式”传播，也可以通过漂流瓶推送品牌信息、使用扫一扫二维码宣传品牌，通过查找附近的人挖掘客户资源。徐梦阳（2016）基于对社交类网站、微博类、分享类等不同平台特点的比较，提出了新媒体时代提高中小企业品牌的国际传播效果的策略——中小企业要选好平台、选对内容、选准“红人”。

3. 自主品牌的成长与提升

中小企业不仅要认识到品牌对于企业的重要性，更要学会如何在有限的资源下创建和提升品牌，因此，研究自主品牌的成长路径是很有必要的。中小企业自主品牌成长具有一定的竞争优势，主要表现为中小企业主体优势及品牌发展客观优势——当前中小品牌市场未被有效开发；另外，品牌在消费者心目中的地位尚未固化，可以按照企业的目标打造自主品牌在消费者心中的形象，巩固品牌地位（刘洋，2017）。然而，技术水平不高，创新能力不足，无长远战略规划，盲目选择产业方向，管理水平不高，人力资源匮乏，普遍采用贴牌和无牌生产模式，出口商品价格低廉，这些问题都会影响中小企业自主品牌的成长。总之，中小企业在品牌建设过程中虽有一定优势，但存在能力有限的先天劣势。

中小企业自主品牌成长的驱动力可以分为外显性竞争力和潜力性竞争力，同样，中小企业自主品牌成长途径也取决于该企业在这两个维度上的能力。

白元龙等（2017）运用政策工具理论，分析了政策工具对中小企业自主品牌成长的作用机制。一是供给推动政策的品牌竞争力推动机制；二是环境塑造政策的品牌竞争力塑造机制；三是需求拉动政策的品牌竞争力拉动机制。这三类政策工具共同作用，能增强中小企业研发创新、生产制造及市场营销等价值创造能力，提升自主品牌的知名度、美誉度和忠诚度等外显性竞争力，从而加快中小企业自主品牌的成长和转型升级。政府应从中小企业自主品牌成长的核心驱动力入手，增强供给政策的推动作用和环境政策的塑造作用，强化需求政策的拉动作用。刘洋设计了基于品牌竞争力的中小企业品牌成长路径模型，包括起步阶段—区域品牌发展阶段—知名品牌阶段的品牌发展路径和开始时期—借势发展时期—强势品牌时期品牌发展路径。这两种发展路径中企业在各个时期的成长都与品牌竞争力的体现有关，品牌竞争力可以协助企业按照竞争能力的高低来选取品牌发展的途径，同时还可以监控和检查公司品牌发展的进程。也有人提出了品牌成长的三种路径类型：以外显竞争能力为主的发展路径、以潜在竞争能力为主的发展路径和直线型发展路径。刘凡（2017）指出，中小企业只有同时注重内部和外部影响因素，才能提升企业的品牌竞争力。从内部而言，应构建品牌形象识别系统、完善技术创新支撑体系、整合品牌传播渠道、系统跟进品牌载体；从外部而言，应加强政府政策支持、优化产业环境、提高消费者消费观。胡晓丽（2018）研究了中小企业品牌建设的途径，提出应该创建具有企业文化特色的品牌，以多样化的渠道利用媒体进行品牌宣传，提高品牌维护意识，并充分利用政府对中小企业的扶持政策，履行社会责任，提升品牌形象。黄永春等（2017）通过跨案例研究，分析了资源与环境双约束下中小企业品牌成长策略的动态演化，指出中小企业成长的资源储备和面临的外部环境决定了其品牌成长的能力结构，而品牌成长的能力结构又决定了品牌成长策略的选择，品牌成长策略的选择将促使中小企业品牌成长资源和能力的重构，从而推动中小企业品牌的转型升级。中小企业应根据成长各阶段外部环境和内部资源的差异性，动态选择品牌成长策略。

（三）品牌管理创新

1. 建设与创新集群区域品牌

中小企业集群经济的持续发展与区域品牌建设相辅相成的。中小企业集群为区域品牌建设提供了理想的平台，具体表现为集群在空间上的集聚性为区域品牌提供了外部装备，集群根植性为区域品牌奠定了坚实的基础，集群专业性为区域品牌实现了多种可能性，集群自我组织性为区域品牌发展提供了强有力的保障，技术外溢性为区域品牌的强大提供了有力的技术支持。相应的，区域品牌也反过来促进了中小企业集群的健康发展，品牌先进性提升了企业集群的核心竞争力，区域连带性发挥了区域品牌的共享效应，区域品牌共生性促进了企业集群的长远发展，广域性加速了企业集群的国际化进程。

中小企业集群区域品牌的建设中存在一些明显的问题，诸如产权不明晰，缺乏系统化管理，对企业品牌价值评估不够准确，缺乏相应的品牌维权意识，在国际流通领域中认可度较低，品牌建设人才相对缺乏，队伍建设的整体化程度不高等。针对这些问题，王平（2016）认为需要大力发挥政府在区域品牌建设中的主导作用，建立健全区域品牌建设与发展的行政法规；建立企业品牌的维护系统，并与网络智能化相结合；制定有关区域品牌的规章制度，明晰产权的所属问题；强化相关组织对区域品牌的培育力度；进一步加大对相关品牌建设人才的重视力度，强化企业之间的合作与竞争。李玉萍（2018）研究指出，区域性中小企业的品牌创新主要包括路径、内容和要素三个层面。区域性中小企业品牌创新的路径是包含原因、目的、行为和评价四个环节的完整过程，且这四个环节互相影响、环环相扣。区域性中小企业品牌创新的原因包括政策原因、市场原因和企业战略调整等；区域性中小企业品牌创新的目的主要有新产品上市、新业务拓展、市场拓展、渠道拓展和产品促销等；区域性中小企业品牌创新的行为主要有新建品牌、创新品牌元素、创新品牌产品、创新品牌业务、创新品牌传播途径、创新品牌销售渠道等；区域性中小企业品牌创新的评价主要包括对市场占有率、盈利率、销售额等的评估。区域性中小企业品牌创新的每一部分内容都对应有重点要素。

2. 品牌国际化与建立国际品牌联盟

中国加入 WTO 后，中小企业日益融入全球化，但外向型中小企业在品牌战略实施方面存在一定的不足，打造国际化中小企业的自有品牌一直是研究的重点。中小企业品牌国际化存在品牌定位不够科学、品牌区域色彩过于浓厚、品牌管理缺乏理论指导等问题，但在国家对外输出政策利好的情况下，中小企业品牌国际化已成为可能，并且前进的道路将会越来越光明。在国际化进程中，中小企业应完善品牌质量管理体系，包括做好全面质量管理、重视新技术和新产品研发、重视售后服务；注重多品牌战略的有效实施；明确市场定位；增强品牌战略意识，注重出口品牌战略的实施；重视对品牌战略的规划管理；

重视品牌价值管理（付悦馨，2018）。高文娇（2019）指出，中小企业品牌国际化的路径模式包括经销商品牌的路径模式、贴牌的路径模式、品牌合作的路径模式、收购品牌的路径模式、自创品牌的路径模式、联盟品牌的路径模式和品牌特许的路径模式等。周丽雯（2018）则分析了中小企业品牌国际化的特点及总体运作机制，指出中小企业必须有步骤、有阶段地实施品牌国际化战略。在发展品牌国际化时，中小企业更倾向于选择品牌本土化改造，这是国际化程度最低的品牌国际化战略。张文进等（2019）对中小企业跨境电商出口品牌策略进行分析，指出必须增强品牌意识，准确定位品牌的核心价值，以多种渠道推广品牌，并着力于提升品牌的附加值。

由于中小企业面临在国际竞争中势单力薄、国际话语权弱的问题，越来越多的中小企业开始倾向于抱团发展，资源共享，通过建立品牌联盟来保证竞争优势。通过联盟合适的品牌，企业可以减少进入一个新市场所需的费用，使得投入成本最小化。Swaminathan 等（2012）研究发现，品牌联盟与参盟品牌之间呈交互正向关系，品牌联盟对参盟企业的选择会影响品牌溢出价值。品牌联盟对参盟品牌市场占有率、运营成本、品牌能力有较显著的影响，对品牌的市场竞争力、市场份额和综合实力都有较显著的提升作用。因此，中小企业国际品牌联盟应从最佳参盟企业的选择、联盟危机管理和联盟文化管理等方面加强联盟内部管理，同时加强品牌创新和培育，培养联盟管理人才，以更好地促进品牌联盟的发展（黄启义，2019）。黄启义（2019）以义乌中小企业自发成立的义乌国际品牌联盟为例，分析了国际品牌联盟对义乌中小企业的国际竞争力的影响，证实了义乌国际品牌联盟能显著提高义乌中小企业的国际竞争力，义务国际品牌联盟与义乌中小企业的国际竞争力具有正向的交互作用，联盟品牌资产与品牌联盟实力会对中小企业的国际竞争力起到更好的推动作用。因此，中小企业应优化品牌联盟的内部合作机制并加强品牌保护和技术创新，借助品牌联盟发展占据竞争优势，持续提升国际竞争力。

3. 采用品牌故事营销策略

由于受资源的限制，中小企业只能选择成本较低的品牌传播方式。新媒体环境为中小企业提供了很多可供选择的低成本品牌传播方式，这些方式在引入用户流量方面卓有成效，但在提升品牌在消费者心目中的价值方面效果相对较差。在这种情况下，品牌故事营销逐渐得到中小企业的重视。品牌理论创始人杜纳 · E. 科耐普曾说："品牌故事赋予品牌以生机，增加了人性化的感觉，也把品牌融入了顾客的生活。"企业的品牌故事主要来源于品牌自身的发展历程，涉及品牌产品与服务的起源、发展及相关人物。吕玉明

（2019）强调，企业在进行品牌故事营销时必须保证故事的真实性。品牌故事传播的渠道是多样化的，包括广告、软文及各种公关活动等。因此，中小企业品牌故事的营销要善于挖掘真实的故事，注意保持品牌故事和品牌产品的高度一致性。

四、中小企业产品营销

对企业产品营销的研究由来已久，也相对成熟。近年来，有关中小企业产品营销领域的研究内容主要集中在产品创新和产品营销策略上。

从营销角度看，中小企业产品创新存在产品创新与市场需求匹配性差、产品研发定位准确性低等问题，近年的研究热点集中在如何更好地利用数据和信息技术促进产品创新方面。林德（2015）研究了数据库营销对产品创新的作用，认为产品创新可以在数据库营销系统理论的基础上，衍生出符合产品创新特点、适应当前新环境要求、更为精确的产品创新模式，而大数据为实施更完善的产品创新模式提供数据支持。他研究构建了数据库营销的产品创新概念模型，该模型包括的基本模块有基于数据结构的数据分析、营销数据库的数据计算框架、基于数据结构的产品政策、新产品研发模型构建、创新产品的销售预测及评估。

产品决策是企业市场营销的重要组成部分，也是整个市场营销流程的基础，对企业经营十分重要。产品决策水平直接影响企业市场营销水平，产品的寿命周期直接影响企业的发展，产品的完善性是企业发展的重要前提，投入时期对产品的销售和企业有重要的影响。刘一鹏（2017）发现在互联网高速发展的背景下，中小企业的产品决策过程受到多种主观和客观因素的影响，这些因素包括供应商的议价水平、商品的定价因素、互联网信息对市场的影响、同行业竞争企业的影响、替代品的威胁等。游静（2017）则关注了电商生态系统下中小企业产品策略的变化，认为中小企业不能继续应用以量取胜的野蛮营销策略，因为它会导致中小企业单纯追求短期效率与利润，而忽视产品的质量与品牌塑造。电商 3.0 时代生态化的特点，中小企业要遵循可持续营销的四大原则，即绿色营销、关系营销、个性营销、人性化营销；还要转变传统的营销理念，重视互联网品牌的塑造，加强企业的自主创新能力建设，提高产品开发设计能力，产品描述和产品包装应该突出品牌特色，同时把握好度。

五、中小企业渠道营销

渠道是增强企业抗风险能力的重要工具。中小企业渠道营销的设计既有利于提高其市场竞争能力，又为企业展示自身优势提供了桥梁，有利于建立战略联盟。在设计渠道营销时要注意合理化的宽度，加强渠道营销成员合作，分销渠道混合化并保证对渠道营销的有效控制。这样才能较好地解决中小企业渠道营销管理中存在的部分问题，如难以有效地控制销售渠道，金字塔式营销渠道使中小企业丧失价格优势，不能准确、及时地反馈信息；中小企业品牌影响力有限，对渠道推力不足，渠道营销建设管理人才匮乏等。中小企业在选择营销渠道时，企业规模和实力、企业声誉及市场地位、企业经营管理能力及企业的渠道控制力都是重要的影响因素。

学者们针对中小企业营销渠道管理中的问题及对策展开研究。

首先是在电子商务环境下，中小企业网络渠道营销建设的研究。电子商务环境下的网络营销给中小企业的经营带来了更多机遇和挑战，网络营销作为一种低成本、高回报的新型营销方式，必须受到中小企业的重视。林泉君（2015）认为网络分销为企业拓展了网络销售的渠道，网络分销的渠道分为直接渠道和间接渠道，可以通过主动定向搜索招募、专门分销平台招募及发布信息被动等待招募等方式招募网络渠道分销商。周志胜等（2018）针对中小企业农产品与其销售市场对接困难，销售不及时的情况，基于电子商务平台探索中小企业农产品的销售渠道。当前农产品电子商务平台的普及率低且缺少监管制度，农产品物流配送成本高，平台的灵活度也较低，因此应该扩大农产品电子商务平台的普及率，加强对农产品电子商务平台专业人员的培养，建立健全关于农产品电子商务平台的法律法规，完善农产品电子商务平台的物流配送系统，提高农产品电子商务平台的灵活度。陈蛟（2015）指出，在网络营销中，定位是核心，而企业网站建设是企业网络营销的基础。网络营销需要中小企业拥有较为完备的技术团队，善于应用和整合当前的营销工具，监控网络营销效果，注重客户关系维护。冯琪芳（2019）指出网络渠道类型有网络直销、网络中间商、新媒体—微信—网络营销、全渠道零售（即线下实体渠道、线上电子商城渠道、移动端应用渠道等的结合）等。作为中小企业，在新时期构建网络渠道可以从以下途径进行考虑：一是自建专项网站，实施网络直销，二是与分销商联合构建网络平台，三是借助第三方网络平台拓宽网络渠道。

其次，研究集中在中小企业营销渠道的变革与创新。中小企业的营销渠道变化原因：① 外部环境的压力，如业态结构的调整、购买方式改变、消费者购物个性化；② 企业自身希望更好的控制和反馈渠道信息；③ 扁平化的快速流通对传统渠道结构提出了挑战。高国盛（2015）从以提升客户满意度为目标，重新审查、制定渠道策略和战略，充分利用新媒体开辟新营销渠道等三个方面探讨了中小企业营销渠道变革策略。鲁艺伟（2018）提出了中小企业营销渠道的创新方法，认为中小企业应主动转变营销渠道观念，自觉提升营销渠道管理水平，积极推广营销渠道信息技术的应用并广泛推进营销渠道的开发，这样才能使产品生产、输出与消费者需求有效对接；发掘、利用和共享营销渠道资源，为消费者提供更优质的服务，提高企业销售利润和竞争力，促进企业的全面发展。

再次，由于营销渠道冲突是影响中小企业营销渠道建设的重要因素之一，因此营销渠道冲突的应对研究也是研究热点之一。一般而言，营销渠道冲突按照冲突具体内容的不同分为资源冲突、服务冲突、价格冲突、控制冲突和政策冲突。邓丽红等（2017）以黑龙江省科技型中小企业为例进行了营销渠道的博弈分析，发现这些企业存在的渠道冲突主要分为三类：企业与下游代理商之间的垂直渠道冲突、网络代理商与地方代理商之间的水平冲突和直销渠道与代理渠道之间的多渠道冲突。从支付矩阵展开的博弈分析结果显示，对于传统代理商、网络代理商和企业而言，只有选择不合作策略才是最保险的，即三方都选择不合作。当没有建立起具有约束效力的渠道合作机制，彼此缺乏信任感时，营销渠道成员不会选择最好的共赢策略。网络代理商、传统代理商和企业如果以自身利益最大化为目标进行决策，必然会导致营销渠道冲突的加剧，只有彼此之间进行深度合作，才能摆脱囚徒困境，提高整个营销渠道结构的运行效率，改善自身收益状况，使营销渠道结构和谐健康发展。王存（2015）认为，要想建立系统、完备的营销渠道，必须对渠道冲突进行有效管理，中小企业必须转变观念，科学管理营销渠道冲突，合理运用法律手段，通过建立灵敏监察部、注重网络均匀性和有效性解决窜货问题。除此之外，还要运用报酬力解决控制力。

六、中小企业的网络营销

网络是一种主动式信息传输渠道，具有很强的互动性，为中小企业提供了低成本的营销策略。网络营销是借助于互联网更有效地满足顾客的需求和愿望，从而实现企业营销目标的一种手段。网络营销已经成为整体营销战略的重要组成部分，凭借其交互式、便捷化、低成本的优点，被越来越多的中小企业所应用。

中小企业的网络营销具有不同于大企业的特点。中小企业的网络营销活动往往是开创自主品牌的主阵地，但其网络营销行为难以轻松取得相关群体的信任，加上相关复合型人才的匮乏，使得中小企业开展网络营销难度增加。中小企业要想提高网络营销的效果，就应当深化对网络营销的认识，构建全面营销战略，加大在网络营销方面的投入力度，积极引进和培养高素质网络营销人才，建立完善的网络营销渠道管理体系，灵活运用各种网络宣传推广方法，促进网络营销与线下营销的整合等（谢黎明，2017）。

洪顺（2016）对中小企业网络营销模式的分析是从微博营销、微信营销、网络广告营销、电子邮件营销、电子商务平台营销等方面展开的。研究发现，中小企业开展网络营销的数量大幅度上升，营收规模不断扩大；网站建设稳步发展；网络广告营销高速发展；会员制营销广泛应用。值得说明的是，中小企业的网络营销依然存在许多问题：从企业外部来说，主要是受政府政策、网络发展环境的影响；从企业自身来说，则受企业资金实力、技术实力等因素的影响。中小企业建立网络营销的策略包括搜索引擎优化、建立自身网站、微信和微博营销。李康（2015）重点研究了集群竞争优势对中小企业网络营销策略选择的影响，认为在集群背景下，中小企业形成了成本、品牌、创新及产品差异化四方面的竞争优势。从集群内部的具体中小企业来看，品牌优势、创新优势和产品差异化优势促进了网络营销产品策略的应用；成本优势和产品差异化优势促进了网络营销价格策略的应用；成本优势促进了网络营销低成本策略的应用；创新优势促进了渠道策略和促销策略的应用。

（一）大数据时代的中小企业网络营销

大数据时代为不同规模的企业创造了相同的机会，中小企业可以增加数据信息的获取量，更具针对性地开展网络营销，进而提升客户的满意度。大数据背景下，我国中小企业网络营销存在企业重视程度不够、大数据处理能力较弱、网络信息安全问题严重、网络技术人才匮乏、营销策略相对陈旧、配套服务水平较低、网络营销效果评估检测机制不健全、政策的支持和引导不足等诸多问题。

针对以上问题，学者们从不同角度提出了大数据背景下中小企业网络营销的对策建议。例如，陈卓（2016）认为，中小企业要从重视网站建设和运营管理、建设复合型网络营销人才队伍、提高网络服务水平、完善网络信息安全相关制度、建立科学的网络营销效果评估检测体系、采用网络营销新手段等方面来提高其基于大数据的网络营销效果。孔颖（2015）则认为，在大数据背景下，要提高中小企业网络营销效果，首先，要合理地进行市场定位，并建设企业自己的网站，因为网站建设是网络营销的基础；其次，要在网上进行有效的品牌传播；再次，要树立正确的网络营销观念，完善网络营销的管理机制，吸收培养具备网络营销技术的人才。唐琦（2016）也提出中小企业要加大对大数据及互联网营销的重视度，强化专业人才的保障作用，提升营销策略的有效性，加强与相关企业如大数据公司和互联网企业等的深入合作，此外，还需要政府完善相关政策的支持和引导。

从学者们提出的对策建议可以看出，对中小企业而言，可以通过开展网络营销占领传统上只有大规模企业才可以进入的市场，网络为中小企业创造了一个良好的发展空间。中小企业要想持续地开拓网上市场，扩大网络营销效果，就要构建并推广自己的营销网站。目前，中小企业建设网站的积极性不高，设计、规划不合理，缺乏个性及有效的管理，域名保护意识淡薄，推广不力及推广方式单一，导致中小企业网站拥有率低，网站内容简单，网站信息更新频率低，网站的应用水平不高。中小企业可根据自身的实际情况，选择一些成本低、效果好的推广策略，如充分利用传统媒体、搜索引擎登录及竞价排名，在一些门户网站、综合性商贸网站、行业性或区域性网站中发布广告，提供友情链接，采用邮件列表发布广告，开展在线交互式主题活动进行宣传。

（二）中小企业的移动营销

移动营销是指通过手机等移动终端开展的营销活动。菲利普·科特勒认为，精准的投放和全面的整合是移动营销最突出的优势。一般认为，移动营销大致经历了短信彩信营销、二维码营销、APP 营销、微信营销等四个阶段。由于移动营销具有传播内容精准性高、传播效果更明显、高频次贴身效果传播、互动体验更加流畅、方便获取用户位置信息等特征，因此会对原有的营销方式和途径带来冲击，引发新的变化，如改进了原有的营销工具和方法，改变了营销活动人员的营销方式，品牌的打造更为迅速，品牌传播更为广泛，企业与用户之间的关系和格局被打破并重构等。

中小企业移动营销发展的现状和发展趋势是大家关注的热点之一。我国中小企业移动互联网营销发展已进入温和增长阶段，并呈现出新的发展趋势，在很大程度上影响着中小企业未来的营销活动。梁瑞仙（2017）指出，中小企业移动互联网营销的发展趋势主要体现在三个方面：一是借助大数据进行精准营销；二是移动互联网营销的内容将移动支付手段的开发涵盖在内；三是移动互联网营销内容更加多元化。针对目前中小企业移动营销理念不成熟、精准度不够、人才储备不足、效果评价体系不完善等问题，梁瑞仙提出了相应的对策。裴芳芳（2016）对移动营销的四种传播方式进行了比较分析，认为微博营销传播是典型的“意见领袖带来的粉丝经济”，微信传播实现了点对点的精准互动营销，搜索引擎传播则是主动获取的信息搜寻模式，移动视频传播的主要机理是“蒲公英”式的扩散效应。中小企业移动营销渠道日益丰富，多元化移动互联网营销格局逐渐形成，因此她提出了中小企业移动营销新的模式拓展，包括移动定位和搜索营销模式、移动 SNS 平台和手机二维码营销模式、网络游戏和移动广告平台营销模式、移动信息 APP 营销模式等。

为了顺应移动营销的发展趋势，学者们竞相提出了中小企业发展移动营销的途径和对策。魏颖（2015）提出了中小企业移动互联网营销模式的应用思路，认为中小企业要增强市场意识，利用移动互联网把握用户需求；科学构建营销体系，利用移动互联网把握市场；培养专业营销人才，为移动互联网背景下营销服务的开展创造条件。李松等（2016）指出，移动互联网营销与中小企业市场营销的适应性主要表现在三个方面：一是移动营销依赖大数据下的精准营销，而移动设备的便携特点促使精准营销更加具有时效性，营销成本也有所降低；二是移动营销的重要内容将为移动支付，有利于中小企业在获得大量订单的同时促使交易直接完成，提升顾客的购物体验；三是移动互联网营销的内容将更加多样化。中小企业移动营销要准确把握用户需求，构建互联网与线下商务整合营销的模式，实现线下快捷性支付并加强专业营销队伍的建设。金环等（2019）提出了品牌企业营销模式、独特企业营销模式、针对性企业营销模式和体验企业营销模式等移动互联网下中小企业营销模式的创新策略。田娴（2018）认为，为适应移动互联网背景下消费者思维碎片化、体验化和感性化的趋势，中小企业要将移动营销贯穿于整个经营活动中，同时培育移动互联网营销理念、引进移动营销专业人才、整合移动营销工具和产业链资源，实现精准营销，并借助移动互联网做好本地化服务。

（三）4I 原则下的社会化媒体营销与微营销

4I 营销原则是顺应网络时代而产生的，包括趣味原则（Interesting）、利益原则（Interests）、互动原则（Interaction）和个性化原则（Individuality）。这些原则相较于传统的营销组合理论，更符合新媒体时代中小企业运用社会化媒体展开营销的需要。因此，国内外关于 4I 营销原则的研究也主要立足于中小企业的新媒体营销策略。4I 原则不仅是新媒体营销的理论基础，更是新媒体营销的突围方向。因此，大多数对中小企业社会化媒体营销的研究，也都是基于4I营销理论框架展开的。

社会化媒体营销是指营销过程中使用社会化媒体网站的营销方式，如Twitter、Facebook、YouTube等（2011）。Kaplan和Haenlein（2010）认为，社会化媒体最重要的两大要素是社会性和媒体性，他们将社会化媒体分为6类，分别是合作类、博客类、社交网站类、内容社区类、虚拟社交类和虚拟游戏类。一般而言，社会化媒体营销工具包括论坛、微博、微信、博客、SNS社区、自媒体平台及组织媒体平台。它们改变了传统的营销模式，成为现代社会具有重要战略意义的营销模式。

中小企业通常以微博、微信及搜索引擎为主要新媒体营销工具，其他新媒体工具使用较少。大多数中小企业应用这些媒体的主要目的是信息发布，但这些媒体互动性差，无法使企业与用户建立良好的关系；新媒体平台大多用于企业报道、活动通知及活动报名，公众号发布多是企业资讯、产品展示和各类无创意的营销活动，大量内容重复乏味，价值性弱，趣味性差，无法吸引用户，便无法使用户从中获取利益（季芳，马雪荣，2019）。由此可以看出，虽然中小企业已经开始重视并采用社会化新媒体营销，但无论从4I原则的哪一方面分析，依然存在诸多问题。此外，中小企业在开展社会化媒体营销时还会面临企业信用风险、人才不足等问题。4I原则下的社会化媒体营销与微营销是能为中小企业带来巨大潜在收益的途径之一。

季芳等提出，基于趣味原则，中小企业新媒体营销应该挖掘娱乐性话题、设计趣味性活动、采用多元化的内容呈现形式；基于利益原则，中小企业新媒体营销应该以抽奖、返现、代金券、打折等方式实现用户经济上的优惠，以等级、勋章、称号等来满足用户的炫耀心理需求；基于互动原则，中小企业新媒体营销则要求企业应用AR、VR、LBS等技术开发品牌小游戏，构建虚拟需求场景，设置话题、创意活动等引导用户之间、用户与平台互动；基于个性化原则，中小企业新媒体营销应该充分了解用户的个性化需求，创新活动内容，将个性化内容呈现给用户。郑秀梅（2015）在分析了中小企业社会化媒体营销具有的优势后，指出企业要选择合适的社会化媒体形式，保证信息的可靠性，注重发布内容的创意性，营销发布内容以客户需求为主，实现“对话”营销。

微营销则侧重以移动互联网为主要的沟通平台，配合传统网络媒体和大众媒体，通过有策略、可管理、持续性的线上线下沟通，建立和转化、强化顾客关系，实现客户价值的一系列过程。微营销能够帮助中小企业有效降低企业运营成本，及时了解客户需求，获得有效数据和反馈，开展口碑营销，提高用户黏性（刘振增，2014）。

常见的中小企业微营销模式有活动营销、有奖转发、在线客户服务、植入式广告、全员参与、网络硬广告等。中小企业应明确自身产品定位及目标消费群体，根据所选择的社会化媒体选定相应的微营销模式；应重点使用一种或使用尽可能少的社会化媒体平台以集中用户注意力；应制定切实可行的微营销目标和合理的营销周期，并注重营销的手段和技巧；应不断地创造热点话题，积极开展线上线下活动，提高用户的参与度（卢海涛，2016）。刘晓伟（2016）认为，中小企业微营销可能面临口碑传播的风险、信息受众具有局限性和信息过载等问题，他提出在微营销模式的流量引入上要利用目标客户群人性弱点来设计微平台引流方案，运用 SEO 技术激励目标客户关注微营销公众号；在客户沟通中要加大微营销模式下营销者与客户间的互动沟通力度，以人性关怀为导向设计中小企业的情感式微营销策略，建立针对目标客户群需求的快速响应机制；在精准促销方面应以实现目标客户价值最优化为目标设计微营销的促销方案，并针对不同等级客户制定差别化精准促销策略。杨谦（2017）也提出在“互联网+”时代背景下，中小企业要强化微营销意识，注重客户的维护及与客户的互动，明确客户群体和价值定位，创新微营销方式。

1. 中小企业的微信营销

微信是腾讯公司在 2011 年年初推出的即时通信软件，能帮助企业实现与客户的点对点营销。随着微信应用的普及，微信营销迅速成为热门的营销策略。微信用户数量庞大，传播及推广效果显著，使得微信营销具有不可比拟的优势，如低成本实现企业和用户的双赢，点对点的高精准度和接受率可以使企业的推送内容更好地满足用户的个性化需求，高曝光率可以在短时间内提高企业的知名度和公众的关注度。基于此，可以将微信营销纳入企业的整体营销战略之中，提高微信营销的实际效用（王筱蕾，2016）。中小企业的微信营销，主要是基于微信基本功能的营销策略和一体化营销策略等，如建立微信公众平台、形成线下与线上互动的 O2O 模式、朋友圈营销模式、基于二维码的信息交互模式及基于实时定位的移动营销模式等。

目前，微信营销也存在很多明显的问题，给企业和客户带来了困扰。首先，过度频繁的营销在一定程度上给微信圈带来负面影响；其次，微信营销不够成熟，缺乏法律约束和管制，导致客户对微信营销的信任度不足；再次，企业跟风营销，缺乏定位、盲目投入。同时在微信营销的内容设计上，存在人性化不足、滥用自动回复、推送内容过于频繁、内容质量不佳、缺乏后期互动等问题；最后，缺少专业化的营销队伍控制和实施微信营销活动（陈刚，李安琪，2018）。马红军（2016）提出，现阶段企业在进行微信营销的过程中，存在微信营销形式单一、不注重用户体验、过度重视粉丝数量而轻质量、营销效果不显著等问题。

针对中小企业微信营销中普遍存在的问题，一些学者研究提出了很多对策。锁箭等（2016）基于 STV 三角模型提出中小企业微信营销的策略：从公司战略层面主要是针对市场细分、目标市场、市场定位等因素展开微信营销；在公司战术层面，针对客户差异化、微信营销模式组合和销售等方面，建议完善中小企业客户管理系统及提供相应的个性化服务等；在公司价值层面，主要从品牌、服务体系和流程等因素入手，加强微信平台建设，同时加大力度引进技术人才，并完善相应的服务体系。牛晓雪（2017）等指出，目前中小企业对微信营销认识不足，客户定位不够精准，推送信息粗糙，阅读率低，用户体验差，缺乏专业的营销团队。因此，中小企业应注重营销的精准性、推送信息的可读性、推送频率的适度性，加强对客户的管理，重视用户的体验，建立专业的营销团队。陈刚等也提出中小企业微信营销需要注重品牌形象塑造，重视内容推送并改进推送的形式，增强线上和线下的互动并注重用户的体验和反馈等。努尔曼古丽·努尔买买提（2018）针对新疆中小企业的微信营销，提出企业只有建立正确的营销理念，精准定位，设置和推送有创意并符合客户要求的营销内容，选择适合企业特点的营销模式，建设专业的营销团队，注重与客户之间的互动及用户体验，才能增强营销效果，提高企业品牌影响力，打破地域闭塞，进一步扩大市场空间。

微信公众号是用户在微信平台上常用的功能之一，并已经形成成熟的网络推广商业模式，是近些年最受关注的一种微信营销模式。利用微信公众号平台推送信息的精准度和阅读率较高，增强了营销个性化，提升了客户的购物体验，也便于分享，形成二次传播。但是，要想通过微信公众号实现精准营销，企业需要投入大量人力与财力，相对而言，微信公众号的精准营销并不是一种低成本的营销模式。蒋欣羽等（2017）通过问卷调查发现，商业公众号受众年轻化，消费者关注公众号的目的往往是获得信息，粉丝转化的关键是给以专属优惠，定期优惠和信息的及时传递是粉丝保持的关键，消费者并不关心流量的消耗而更看重内容。由此可以看出，微信公众号的营销模式并非普遍适用，要根据产品和客户的特点合理选择。

就目前来看，中小企业的公众号营销平台搭建并不完善，企业对品牌推广也不够重视，发文频次过少或过多，加上推送内容质量不高和反馈及回复不佳，导致微信平台的活跃程度普遍偏低。很多中小企业对微信公众平台营销定位模糊，内容策划能力和运营能力都不足。鉴于此，针对中小企业如何更有效的运用微信公众平台开展营销活动，学者们从各自角度提出了很多的见解，包括微信公众平台的定位、平台内容的策划、忠实用户群体的培育、平台推广的策略等多个方面。马红军（2019）从公众平台账号选择、账号的基本设置、账号的功能拓展三方面探讨了中小企业微信公众平台的建设策略，在微信公众平台运营上则提出要以内容为王，不断创新，充分利用各种编辑软件，持续、精准地进行内容推送，通过线上线下活动增加精准用户数量，并做好用户互动。欧亚非（2018）认为，企业需要优化微信公众平台的后台服务，重视微信后台服务网络的信息化与智能化建设，提高平台信息的沟通效率；加大企业品牌推广力度，强化品牌特色展示，增加公众平台的信息推送频率，但控制在一日三次以内；完善微信平台的整体运行体系。

2. 中小企业的微博营销

微博不仅改变了互联网中信息传播的方式与结构，也改变了互联网用户获取消费信息的习惯，为中小企业进行微博营销创造了良好的契机。然而，中小企业在对微博的认识上还存在偏差，专业人才的缺失及微博平台的缺陷一直阻碍中小企业微博营销的进步；目标市场定位不够精准也造成了资源浪费，加上监管机制不完善，使得中小企业微博营销难以取得预期的效果。

微博平台的建设是微博营销的基础，企业应准确选择微博平台，改变企业微博平台的开放程度，应用第三方软件与微博进行战略合作，大力发展微博手机客户端（胡长深，2016）。中小企业的微博营销，主要是采用精准营销、互动营销、口碑营销等策略。季芳（2015）分析了微博用户心理对中小企业实施微博营销的影响，发现了微博具有的特殊性：个人发布、评论、转发、创建话题等功能，使得微博催生了新一代媒体——“自媒体”，因此，微博用户与以往信息传播者相比更具参与性、主动性与个体性的特点。林安凡（2016）在对企业微博营销做了 SWOT 分析之后发现，尽管中小企业微博营销正如火如荼地开展，但其在发展中依然存在企业重视程度不够、专业人才匮乏、个性化不强和互动性不够等问题，这严重制约了中小企业微博营销的发展，使得中小企业的微博营销效率低下，长远发展受到了阻碍。因此，中小企业应提高认识、打造精品；培养人才、组建专业团队；创新形式、构建个性化的营销方式；利用热点、借力打力。张燕琳（2016）等认为，微博营销具有信息分享的便捷性、信息传播的快速性、信息传播的低成本性，以及内容的多样性等特点，适合于各中小企业，企业可以利用微博开展多元化营销，如互动营销、事件营销、整合营销等方式，培养忠诚粉丝，开拓市场领域。

3. 中小企业的视频及直播营销

视频和动态直播符合人类是视觉系动物的本性，可有力驱动流量和提升转换率，制造深刻印象和话题，甚至可有效降低退货率而节省营销及客户关系管理的成本。同时，视频也是提升搜寻排名的重要利器。中小企业的资源有限，要想在竞争激烈的市场中快速提升知名度，社会化视频的强大威力是绝不可忽视的。视频营销具有成本低、效果好、互动性强、目标精准的优势，为中小企业开辟了新的客户交流渠道。自 2017 年以来，短视频行业的发展尤其迅猛，其营销价值日益凸显。视频的长度通常在几十秒到几分钟之间，主要依靠移动智能终端设备进行快速拍摄和美化编辑，并在社交媒体平台上实时分享和无缝对接。而直播的直接互动性则更强，具有更为明显的交互功能。2017 年开始，网络直播行业开始趋向理性发展，进入平台的品牌化和纵深化发展阶段。网络直播营销低成本、低门槛的准入方式，与高效率、高到达率的传播效应，获得了众多中小企业的青睐。目前，国内互联网企业巨头纷纷在短视频和直播市场布局，以腾讯系的微视、快手为代表，以头条系的抖音、西瓜视频、火山小视频为代表，以新浪系的秒拍、小咖秀为代表的平台占据主要的市场（马红军，2019），传播速度惊人，各大短视频的去中心传播也使得优质的内容更易于流动。

目前，中小企业利用短视频和直播平台展开了丰富的营销活动，取得了显著的成效，但短视频创作缺乏创新，跟风现象明显，视频低俗化特点突出，更缺少系统的营销策划。因此，中小企业要想更好地利用短视频带来的巨大流量，必须组建起专业的团队。该团队除了要具备营销策划能力外，还要熟悉短视频平台的运营规则，掌握基本的短视频运营、摄影、剪辑等技能；应以营销为目的来设计短视频内容，根据企业自身和产品特点做好短视频的内容定位和规划；注重短视频的策划和美化，并实行多平台联动、多营销模式并行。目前比较成功的网络直播营销模式有“企业 + 直播 + 电商”模式、“企业 + 直播 + 发布会”模式、“企业 + 直播 + 互动内容营销”模式、“企业 + 直播 + 明星、个人 IP”模式、“企业 + 直播 + 广告植入”模式等。对于中小企业来说，“网络直播 + 电商直播”模式能够最大限度地，能够更加直接、多维地向用户传递产品的价值和企业的文化，大幅提升消费者的用户体验，能够直接促成销售，给企业带来收益（梁利鹏，2018）。

参考文献

[1] 沈菏生．中小企业营销创新的六项思考理念［J］．商讯，2019（2）：99－101．

[2] 罗憶．新经济条件下中小企业的市场营销战略创新探析［J］．科技经济导刊，2019，27（10）：248．

[3] 贾雪莲，李冰．现代营销观念下我国中小企业的营销战略创新［J］．商场现代化，2019（8）：58－59．

[4] 唐坤，姜新．"一带一路"背景下我国中小企业市场营销创新战略探析［J］．产业创新研究，2019（2）：60－61．

[5] 易善宇．"一带一路"背景下我国中小企业市场营销创新战略研究［J］．现代营销，2019（9）：41－42．

[6] 陈亮．"一带一路"背景下我国中小企业市场营销创新战略研究［J］．特区经济，2017（4）：119－120．

[7] 蒲冰．市场营销创新和风险管理在新时期中小企业的实施［J］．宏观经济管理，2017（11）：204－205．

[8] 徐焕然．现代中小企业强化市场营销能力的创新思考［J］．中外企业家，2019（2）：57．

[9] 吴尚．新时期中小企业营销策略创新问题的研究［J］．农家参谋，2019（3）：238．

[10] 刘美姞．中小企业市场营销策略分析［J］．中国市场，2019（5）：148－149．

[11] 赵春艳．5G时代中小企业营销策略创新探索［J］．中国中小企业，2019（9）：147－149．

[12] 彭海静．中小企业大数据营销策略研究［J］．江苏商论，2016（7）：15－17．

[13] 李晓梅．中小企业利用大数据营销的困境及改进策略［J］．中国统计，2017（12）：16－18．

[14] 刘自厉．大数据时代背景下中小企业的市场营销研究［J］．商场现代化，2017（3）：92－93．

[15] 刘兰芳．大数据时代中小企业营销模式困境分析［J］．安徽商贸职业技术学院学报，2017（4）：16－19．

[16] 谢海英．大数据时代中小企业营销模式创新与改革研究［J］．企业科技

与发展，2015（18）：5－6.
［17］李春霖．大数据时代的中小企业营销创新方式选择［J］．经贸实践，2016（1）：212，214.
［18］马智萍．大数据时代的中小企业营销创新方式选择［J］．商业经济研究，2015（4）：62－63.
［19］戎丹．大数据下中小企业云营销模式探讨［J］．才智，2016（5）：26.
［20］裘咏霄，唐潇．数据分析在保定中小企业精准营销中的应用研究［J］．现代商贸工业，2019（30）：38－39.
［21］薛维忠．基于大数据的中小企业精准营销模型构建研究［J］．中国物流与采购，2019（18）：53－54.
［22］马婧．大数据时代中小企业精准营销策略探讨［J］．课程教育研究，2019（34）：233－234.
［23］葛成莉．基于移动互联网视阈下中小企业实施精准营销的策略［J］．中国商论，2017（5）：106－107.
［24］伍锐．移动互联网下中小企业精准营销模型构建［J］．商业经济研究，2018（18）：59－61.
［25］宋琳．大数据背景下中小企业B2C网络营销的精准化应用研究［J］．现代营销（经营版），2019（4）：101.
［26］刘晶．社会化媒体背景下我国中小企业精准营销策略研究［D］．兰州：甘肃政法学院，2016.
［27］任思远．中小企业实施品牌战略的问题及对策［J］．商业经济，2017（2）：91－93.
［28］孙玉伟，李军霞．我国中小企业实施品牌战略的研究［J］．管理观察，2016（5）：55－57.
［29］邱丽娜，邱雪云．广东省中小企业品牌战略探析［J］．中国市场，2018（8）：138－139.
［30］李凤艳．中小企业建立品牌战略的重要性与发展契机［J］．现代企业，2019（7）：30－31.
［31］张红梅．中小企业品牌战略创新研究［J］．北方经贸，2018（7）：121－122.
［32］黄凤．“互联网＋”环境下中小企业的品牌建设对策浅析［J］．商场现代化，2018（11）：99－100.
［33］徐沛，李若辉．江苏中小企业自主品牌的设计与创新研究［J］．大众文

艺，2018（4）：244－245.
[34] 杨莹．微信营销在中小企业品牌创建中的应用研究［J］．吉林广播电视大学学报，2016（1）：50－51.
[35] 张宁．电子商务环境下我国中小企业品牌建设研究［D］．长沙：湖南科技大学，2017.
[36] 冯冈平，黄韵铃，何维．基于品牌要素的中小企业品牌建设研究［J］．现代营销，2017（9）：67－69.
[37] Christian F, Gimmon E, Claudio A. Clusters or un-clustered industries? Where inter-firm marketing cooperation matters [J]. Journal of Business & Industrial Marketing, 2012 (5): 8－11.
[38] 薛瑾．新媒体环境下中小企业网络品牌传播研究综述［J］．合作经济与科技，2016（12）：72－73.
[39] 潘学．"互联网＋"时代中小企业品牌推广策略研究［J］．品牌研究，2018（4）：52－53.
[40] 李敏．浅谈微信媒体在中小企业自主品牌传播中的应用［J］．全国流通经济，2017（1）：102－103.
[41] 徐梦阳．新媒体时代如何提高中小企业品牌的国际传播效果［J］．中国商论，2016（12）：9－10.
[42] 刘洋．基于品牌竞争力的中小企业品牌成长路径研究［D］．哈尔滨：哈尔滨理工大学，2017.
[43] 刘洋，徐岸峰．品牌竞争力视角下的中小企业品牌成长路径研究［J］．科技与管理，2017（3）：23－29.
[44] 白元龙，赵仁康．品牌竞争力视角下扶持中小企业自主品牌成长的政策工具研究［J］．南京社会科学，2017（5）：26－32.
[45] 刘凡．提升中小企业品牌竞争力对策研究［J］．贵阳学院学报（社会科学版），2017（6）：117－120.
[46] 胡晓丽．我国中小企业品牌建设的途径与实践［J］．中国中小企业，2018（5）：29－30.
[47] 黄永春，李光明，张钰．资源与环境双约束下中小企业品牌成长策略的动态演化［J］．企业经济，2017（3）：34－41.
[48] 王平．中小企业集群区域品牌建设初探［J］．淮海工学院学报，2016（11）：84－86.
[49] 李玉萍．区域性中小企业品牌创新的路径、内容和要素的多案例研究

[D]. 兰州：兰州大学，2018.
[50] 付悦馨. 外向型中小企业 RG 公司品牌战略优化路径探寻 [D]. 武汉：武汉工程大学，2018.
[51] 高文娇. 中小企业品牌国际化探析 [J]. 现代经济信息，2019 (3)：105.
[52] 周丽雯. 中小企业品牌国际化的路径分析 [J]. 内江科技，2018 (12)：148，118.
[53] 张文进，夏青. 中小企业跨境电商出口品牌策略研究 [J]. 淮南师范学院学报，2019 (2)：20 – 24.
[54] Swaminathan V, Reddy S K, Dommer S L. Spillover effects of ingredient branded strategies on brand choice：A field study [J]. Marketing Letters. 2012, 23：237 – 251.
[55] 黄启义. 国际品牌联盟对义乌中小企业竞争力影响的调研报告 [J]. 商场现代化，2019 (4)：58 – 60.
[56] 黄启义. 品牌联盟对义乌中小企业持续竞争优势的影响 [J]. 北京工业职业技术学院学报，2019 (4)：99 – 104.
[57] 吕玉明. 中小企业品牌故事营销策略研究 [J]. 市场周刊，2019 (5)：46 – 47.
[58] 林德. 基于数据库营销的中小企业产品创新策略研究 [D]. 哈尔滨：哈尔滨理工大学，2015.
[59] 刘一鹏. 关于互联网中小企业产品决策过程的影响因素分析 [J]. 环渤海经济瞭望，2017 (8)：136 – 137.
[60] 游静. 电商生态系统下中小企业的可持续营销产品策略研究 [J]. 商场现代化，2017 (14)：103 – 104.
[61] 林泉君. 简述中小企业网络分销及其渠道建设 [J]. 中国商论，2015 (10)：79 – 81.
[62] 周志胜，李彬. 基于电子商务平台探索农产品中小企业销售渠道策略 [J]. 现代经济信息，2018 (4)：342.
[63] 陈蛟. 传统中小企业网络营销渠道建设 [J]. 管理工程师，2015 (4)：37 – 38.
[64] 冯琪芳. 中小企业分销渠道网络构建机理分析 [J]. 全国流通经济，2019 (5)：7 – 8.
[65] 高国盛. 中小企业营销渠道变革驱动因素及策略研究 [J]. 中小企业管

理与科技，2015（5）：3－4.
[66] 鲁艺伟．浅谈中小企业营销渠道创新［J］．现代经济信息，2018（9）：142.
[67] 邓丽红，李媛．基于“囚徒困境”模型的黑龙江省科技型中小企业营销渠道博弈分析［J］．经济师，2017（6）：59－60，65.
[68] 王存．我国中小企业营销渠道冲突研究［J］．黑河学刊，2015（6）：6－7.
[69] 谢黎明．中小企业网络营销研究［D］．武汉：华中师范大学，2017.
[70] 洪顺．中小企业网络营销策略优化研究［D］．武汉：湖北工业大学，2016.
[71] 李康．集群背景下中小企业网络营销研究［D］．天津：天津财经大学，2015.
[72] 陈卓．基于大数据的中小企业网络营销问题及对策探讨［J］．中国市场，2016（3）：21－22.
[73] 孔颖．分析大数据时代背景下中小企业网络营销策略研究［J］．现代经济信息，2015（12）：287－288.
[74] 唐琦．大数据背景下我国中小企业互联网营销问题研究［J］．商业经济，2016（12）：77－79.
[75] 梁瑞仙．我国中小企业的移动互联网营销策略研究［J］．改革与战略，2017（2）：110－112.
[76] 裴芳芳．移动互联网背景下中小企业营销模式研究［D］．天津：天津大学，2016.
[77] 魏颖．中小企业移动互联网营销模式的应用探究［J］．商场现代化，2015（25）：89－90.
[78] 李松，宋文光．中小企业移动互联网营销现状分析与发展模式建议［J］．北京工业职业技术学院学报，2016（7）：98－100，109.
[79] 金环，秦宏真．小企业移动互联网营销创新探讨［J］．环渤海经济瞭望，2019（3）：30.
[80] 田娴．中小企业移动营销存在问题与对策分析［J］．长沙大学学报，2018（5）：36－39.
[81] Wollan R Smith N. The social media management handbook：everything you need to know to get social media working in your business［C］. New Jersey：John Wiley 8c Sons，Inc，2011.
[82] Kaplan A M，Haenlein M. Users of the World Unite The challengers and opportunities of social media［J］. Business Horizons，2010，53：59－68.

[83] Scott. Social Media Marketing and PR [M]. Machinery Industry Press, 2011.
[84] 刘振增. 中小企业微营销策略研究 [D]. 北京：华北电力大学，2014.
[85] 季芳，马雪荣. 基于4I营销原则的中小企业新媒体营销研究 [J]. 贵州商学院学报，2019 (3)：56-60.
[86] 郑秀梅. 浅析中小企业的社会化媒体营销策略 [J]. 新闻战线，2015 (1)：93-94.
[87] 卢海涛. 中小企业微营销策略研究 [J]. 商业经济研究，2016 (19)：54-55.
[88] 刘晓伟. 中小企业微营销的模式选择与构建 [J]. 商业经济研究，2016 (23)：55-56.
[89] 杨谦. "互联网+"背景下微营销策略对中小企业的影响和发展研究 [J]. 环渤海经济瞭望，2017 (10)：96-97.
[90] 王筱蕾. 浅析微信在中小企业市场营销中的应用 [J]. 知识经济，2016 (9)：77-78.
[91] 陈刚，李安琪. 我国中小企业微信营销策略 [J]. 现代企业，2018 (8)：98-99.
[92] 马红军. 中小企业微信营销实施策略研究 [J]. 电子商务，2016 (10)：46-47.
[93] 锁箭，张晶. 基于STV三角模型的中小企业微信营销现状及对策研究 [J]. 经济问题探索，2016 (4)：66-71.
[94] 牛晓雪，潘天泉，薛斌. 中小企业微信营销研究及分析 [J]. 科技视界，2017 (7)：198-199.
[95] 努尔曼古丽·努尔买买提. 新疆中小企业微信营销策略研究 [D]. 石河子：石河子大学，2018.
[96] 蒋欣羽，朱晓敏，杨金晶. 中小企业微信营销策略分析 [J]. 商场现代化，2017 (13)：74-75.
[97] 马红军. 基于微信公众平台的中小企业网络营销策略研究 [J]. 现代商业，2019 (5)：34-35.
[98] 欧亚非. 让微信公众号"更受欢迎" [J]. 传播力研究，2018 (7)：93-94.
[99] 胡长深. 浅析中小企业微博营销中存在的问题及对策 [J]. 市场经济与价格，2016 (1)：25-28.

[100] 季芳．微博用户心理对中小企业实施微博营销影响［J］．现代商贸工业，2015（1）：55－56．
[101] 林安凡．以 SWOT 为基础对中小企业微博营销的分析［J］．知识经济，2016（12）：57－58．
[102] 张燕琳，李乙冉，蔡世凡．中小企业微博营销的应用策略分析［J］．新闻研究导刊，2016（3）：296．
[103] 马红军．中小企业短视频营销策略研究［J］．太原城市职业技术学院学报，2019（5）：47－49．
[104] 梁利鹏．我国中小企业在线网络直播营销策略研究［D］．北京：北京邮电大学，2018．

第三章　中小企业供应链管理策略与可持续发展研究

供应链管理理念已被我国制造业企业普遍接受，它是一种集成的管理思想和方法，执行供应链中从供应商到最终用户的物流计划和控制等职能。企业重视供应链模块的管理，以客户为中心打造供应链体系，可增强企业的核心竞争力。目前我国的中小企业供应链管理水平处于初级、表层阶段，经营者们对供应链的认识也具有片段性与局限性，无法对供应链进行正确合理的定位，难以统筹协调管理企业的供应链。

一、中小企业供应链管理的问题与对策研究

通过实施供应链管理，很多中小企业取得了一定的成效，精简了供应商，与具有竞争力的企业建立起了战略合作伙伴关系，节约了成本，提升了效益，更重要的是提高了满足市场需求和应对市场变化的能力。然而，有研究发现，从 2014 年开始，一部分中小企业出现了较为明显的“倒闭潮”，这很大程度上是由于中小企业在供应链条中处于弱势地位，因此，加强中小企业供应链管理建设，提升中小企业在供应链条中的地位，能够有效降低中小企业面临的风险并促进中小企业的发展。

中小企业在实施供应链管理方面是存在一定优势的。首先，中小企业的数量多，可以选择具有相似规模的上下游企业合作。其次，中小企业规模小，组织结构简单，内部沟通较为方便。再次，中小企业具有较高的灵活性，能快速对市场变化做出反应。中小企业的供应链有非常明显的特点，即反应快、柔性高，很多小企业因具有以快速交付、能应付交付的波峰波谷、高柔性的特点从大企业手中抢得订单。最后，中小企业集群化的发展促进了供应链上各中小企业之间的合作，也使其能专注于核心业务而增强竞争能力（董红永，刘峥，2016）。然而，供应链管理在中小企业的发展却明显滞后，仍然处于初级的认知阶段，普及程度也有待提高。此外，中小企业受资金、技术及观念的制约，对于电子数据交换（EDI）、销售终端（POS）、综合业务数字网（ISDN）、射

频识别（RFID）、EOS、准时制生产（JIT）、条形码（BC）、自动分拣系统（ASS）等重要的供应链管理技术的应用有限。

中小企业供应链管理存在的问题，可以归纳为认知观念落后、相关人才匮乏、技术应用和基础建设不足、社会网络存在缺陷等。这些问题也可总结为内生风险和外生风险两大类，前者主要包括企业内部进行生产、管理活动时产生的过程风险和概念性方面的控制风险，后者主要指来自企业上下游的供应风险和需求风险，外生风险多数不可控并难以预测（胡长深，2015）。学者们在提出问题的基础上，进行了有针对性的对策研究。刘琼等（2016）发现，我国中小企业供应链管理存在未与供应商建立良好关系、严重缺乏专业人才、无力承担信息化建设方案等问题，并从国家和企业自身层面提出了对策。如国家应该加大对中小企业供应链信息技术应用的财政扶持力度，并加强供应链管理人才的培养，企业需要与供应商建立合作伙伴关系，适当外包，强化核心竞争力。董红永等（2016）也提出，除了企业应加强其内部员工的教育培训外，政府也应更新服务观念，建设服务型政府，完善中小企业供应链管理的社会化服务平台。益邦供应链咨询提出，中小企业应快速渗透供应链管理理念，以客户为中心打造供应链，在企业的微、小阶段，供应链应该定位为交付中心；在企业的中级阶段，需将供应链定位为企业的利润中心，为未来企业扩张的供应链配置做铺垫。周艳（2016）对供应链管理环境下的中小企业做了 SWOT 分析，认为优势在于推广供应链理念、专业化分工、信息化改造成本等方面，劣势在于参与供应链管理的积极性不够、信息化程度较低、运作模式不规范、人才缺乏、诚信缺失等方面，机会有宏观经济复苏和政策扶持力度加大、信息系统普及、经济全球化等，威胁有宏观环境中的不利因素、同行业中小企业的竞争等。因此，中小企业应抱有积极的态度，树立供应链管理理念，积极参加供应链动态联盟；提高企业的核心竞争力；进行业务流程重组；与供应链节点企业建立新型伙伴关系；培养和启用精通供应链管理知识的人才；重建信息管理平台。任谦（2017）认为，中小企业对上下游控制能力弱，信息化程度低，信用体系不健全，所以必须着重加强对上下游的控制和整合，这可通过战略联盟，甚至前、后向一体化的方式来实现。此外，还要对链上资源进行有效整合。为了强化供应链企业间的信任与合作，可通过信息披露等方式实现信息共享，减少信息不对称，建立完善且有效的信用管理机制。董冠群（2017）认为，中小企业供应链管理存在行业信息共享困难、生产与物流各个环节配合不足、企业运作模式缺乏标准化规范及专业人才不足等问题，想要解决这些问题，就要加快信息化建设进程，建立企业节点联动合作关系，规范企业各部门工作流程，创新运作模式，并做好人力资源的开发工作。

信息技术设施建设是中小企业实施供应链管理的基础，但中小企业信息技术设施建设水平低，因此需要加快中小企业信息技术设施建设的步伐，制定并完善中小企业信息技术设施方面的法律法规，完善中小企业信息技术设施政策体系。中小企业也要根据需要加快基础设施建设，应用管理信息系统（MIS）、决策支持系统（DSS）、企业资源计划（ERP）等技术，加快信息系统集成应用的步伐。供应链信息化建设可采取“引进、消化、吸收、再创新”的方式，选用成熟度高的系统，通过与软件服务方深度合作，在企业内上线标准化的管理模块，成熟之后可进行二次开发，满足企业需求和个性化需要，最终形成自己的信息化标准并推广应用到整个供应链（蒋加星，2016）。需要注意的是，IT 系统是将管理者的方法与流程固化、信息化的一个工具，本身不具备控制与管理的能力，因此必须“先流程再 IT”，任何 IT 系统的上线均需要先梳理内部管理流程、步骤、方法，再通过 IT 系统固化，便于使用者的操作。蒋加星提出借助信息化提升中小企业供应链管理能力的对策，即首先在企业内部完成局域网、互联网接入的建设，将单机联网、共享数据作为工作重点，接着导入并实施以 ERP 为核心的信息系统，这样就解决了企业内部物流、信息流和资金流的问题。如要将管理内容拓展到企业外部，就需要实施以 SRM 为主的系统，并使该系统能与 ERP 整合应用、共享数据。最后充分挖掘信息系统中的共享数据，不断优化系统的深度和广度，可以在生产制造模块中逐步实施 MES 系统，借助智能装备在车间的推广部署，通过 MES 系统将 PLC 编程器、条形码、测试仪器、机械手等联系起来，打通车间制造与上层管理的信息通道，保证生产数据及时、准确地得到统计与分析，促使产品质量的标准化；还可以在合适的阶段部署 BI、DSS 等决策工具，实现企业大数据分析，为企业的发展战略和供应链管理提供技术支持。

供应链管理实质上是流程的管理。对中小企业的供应链管理而言，业务流程重组是必需的环节。业务流程重组致力于打破企业原有的标准化业务流程，将所有成员企业的核心业务吸纳到供应链之中，形成新的业务流程，并从供应链的整体性角度进行业务的运作，这对于中小企业的供应链整合有极大的推动作用。中小企业需要从职能部门内部业务流程、职能部门之间业务流程和企业在产业链中与其他企业之间的业务流程这三个层次进行业务流程重新定位（樊恺盈，2015）。成立等（2018）也指出了重建企业的业务流程和组织结构的重要性，他们认为民营中小企业应认真清点自己的业务，发挥本企业具有优势的核心业务，重新分析和审视公司的业务流程和工作分工，根据民营中小企业所处的发展阶段，按部门或者业务流程，结合供应链管理的需求，适当调整或者重新设计企业的组织结构，顺应公司的发展规模和市场与顾客的需求，更好地发挥企业员工的主动性与创造性，实施扁平化的网络状组织结构，实现信息化管理，保证供应链管理涉及的企业各个业务环节得到信息化管理的支持；加强对供应商和客户的管理，增强各企业间的信息交流，实现对整个供应链的有效管理。

二、中小企业供应链管理策略实施

按照李雪琴等（2018）的观点，供应链采购管理、供应链库存管理、供应链生产运作管理及供应链物流管理都可以划归到供应链管理策略实施范畴之内。

（一）中小企业供应链采购管理

国内中小制造企业的采购存在采购流程复杂、供需双方信息不透明、采购监控和供应商关系管理不足、采购策略不明确、采购成本较高、库存积压严重等问题。为了提高采购效率，降低采购成本，一些中小企业采用采购软件管理日常采购业务，取得了一定的成效，但由于系统设计与中小企业采购管理的需求不吻合，也存在不少的问题。近些年，学者们分别从采购决策、采购模式、采购系统、采购策略等方面对中小企业供应链采购管理展开探讨。对采购决策的研究发现，企业一般从自身角度出发进行采购决策，这种决策方式明显缺乏对供应商利益的关注，无法实现与供应商的共同成长，不适应供应链环境下对整个供应链协同的要求。现如今，企业竞争主要是供应链层面的竞争，企业的采购行为须与供应链协同，维持与供应商的良好关系，执行更为科学的采购决策，并实时监测和评估采购绩效，从而实现与供应商协同的目的。吴梦杰（2015）对云制造环境下采购联盟的动态构建进行了研究，详述了联盟的构建过程、联盟运作模式和联盟的组织结构；从云平台的角度，对平台上发布的采购需求按照订单属性和企业初始评估结果，建立了横向联盟成员评价指标体系；提出基于 K-means 的改进粒子群优化算法，将候选企业进行聚类，构建动态横向联盟，然后根据供需智能匹配的结果从潜在的供应商中选择最优供应商，从而组建战略联盟关系。陈民伟等（2018）认为，基于供应链协同的中小企业采购决策支持系统，可以解决目前采购过程中存在的高成本、低效率问题，提高采购的有效性。他们从采购决策支持系统的规划内容、目标，系统的功能及系统的实施各方面展开了分析和设计。李超然等（2015）运用供应链金融思维研究中小企业零售商采购决策，在关于供应链协调优化的研究思路和方法的基础上，引入供应链金融下存货质押融资，构建优化供应链发展的新采购决策模型和方法——核心企业回购担保下采购决策模型，并对模型中销售回款周期和融资质押比对供应链运营的影响做了分析。陈书龙（2017）从物质采购对策、采购渠道对策、采购结算对策三方面探讨中小企业采购策略。在采购环节，中小企业要对所需物料进行风险与支出分类，对采购政策进行细分并确定战略政策方向；根据采购人员的要求进行招募，根据本公司订单物料需求，进行供应商评估，选择和保留供应商，并且要注重议价谈判，加强采购风险分析和控制。具体的采购对策，则是推荐中小企业通过采购联盟、并购或参股来提升公司议价能力，并确保持续的有质有量的货源，制订具有建设性的“采购联盟 + 支付策略转变”的采购方案。

中小企业的采购管理与大型企业是有明显区别的。首先，由于中小企业员工少，组织相对扁平化，采购管理较为灵活，管理效率有所提升，但是在采购决策中，更容易出现主观性和随意性。中小企业在采购方面的弱势主要包括采购部门受重视不够、采购缺乏计划性、采购重价格轻质量、供应商管理差、无议价权等。其次，大企业的采购管理系统一般不适用于中小企业，一方面大企业的管理系统对中小企业而言过于庞大，另一方面大企业管理系统中有很多模块及细化项目在中小型企业中无法使用，因此需要针对中小企业的采购管理需求开发相适应的系统，比如基于 Java EE 的中小型企业的采购管理系统具备高耦合性的特点，因此更适用于中小企业。常有强（2016）针对中间商类型的小型企业进行需求分析，在 MyEclipse 开发工具上，运用了 SSH 框架设计和实现了中小型企业的采购系统。该系统主要包括公共信息管理模块、供应商管理模块、采购申请管理模块、采购管理模块、评价管理模块和报表管理模块。国燕萍（2015）基于会计信息化视角研究了中小企业的存货采购管理，重点分析了如何利用信息化手段对存货采购流转的各个环节进行科学管控，如中小企业应建立存货信息化档案，建立供应商数据库，自行设置微信公众号；利用信息化手段制定预算和完成预算审批；通过信息化渠道了解市场和供应商的情况，并利用信息化手段发布购买存货的信息；更新维护存货采购档案；等等。

产品成本构成中，采购的原材料及零部件成本占企业总成本的比重平均在60%以上，而采购环节每节约 5%，企业获得利润将增加 7.5% 以上。因此，采购成本的控制问题一直都是研究的重点。Leenders（2002）提出，在采购中要特别留意“供应的保证、供应的维持、成本的减少、环境的变迁及竞争的优势”，中小企业的资源和利润空间有限，因此，中小企业要通过有力的控制和监督、优化供应链来分散和控制风险，降低采购成本。黄华（2016）提出，大数据给供应链管理创造了很多条件，如库存的优化、大量即时数据反馈、企业间的无缝对接、实现更高的协同效率、物流平台规模发展等，因此在大数据环境下，中小企业采购成本可以更好地通过企业内部和外部加以控制。在内部层面上，中小企业应实现采购的数据化管理，培养专业人才，增强专业管理能力；建立新的采购系统，增加有效的采购成本数据化评估模块，使系统更加智能化。在外部层面上，则要建立供应商数据库和供应商数据化评价模块，并全面利用数据化交易平台。

B2B 电子商务为中小企业采购集成供应商信息，减少交易环节，节省人力，对中小企业降低采购成本，提高采购效率，转变利润增长方式具有重要作用。虽然中小企业电子商务采购发展潜力巨大，但目前中小企业电子商务重销售轻采购，电子商务采购采用分散采购方式，电商采购运营战略模糊且需要外部资源的支持，电子商务采购管理水平较低，并未给中小企业带来明显的效益提升。造成这种现象的原因主要有采购决策方式粗放、缺乏对采购影响因素的调查评估，以及对电子商务的认识不够深入，且管理不到位。许向南（2017）调研后发现，中小企业未来电商采购管理的发展趋势是优化电商采购流程，建立与供应商的长期合作伙伴关系，对采购模式进行精准数据分析下的决策。他从采购事前规划、事中合作、事后控制等方面优化了基于电子商务平台的中小企业采购模式流程，构建了采购模式综合评价模型。

（二）中小企业供应链库存管理

中小企业一般难以在供应链中占据支配地位，为了保证生产持续、顺利地进行，有必要保持一定数量的库存。考虑到购买价格等因素，为了降低生产材料成本，中小企业往往采用批量购买的方式，因而占用大量的资金，对于本就资金有限的中小企业而言，有效提升库存管理能力就意味着提高了资金的使用效率。中小企业应基于供应链视角，根据企业自身状况制定企业库存管理的优化策略。

1. 中小企业库存成本管理

在大数据技术应用日益广泛的背景之下，中小企业的库存成本管理离不开信息化手段的应用，尤其是 ERP 系统的应用。中小企业虽然应用了 ERP 系统，但并未产生明显的库存成本降低的效果。胡晓鹭（2018）发现，以 ERP 为依托的存货管理系统不健全，管理制度的设计缺乏科学性，导致实施 ERP 系统前后期间企业内部控制制度衔接混乱；内部管理费用升高使库存成本并未显著降低。赵秉友等（2017）从价值链分析视角探讨了中小企业库存成本的管理问题，认为中小企业在营销和库存管理方面手段相对落后，造成产品滞销、废品损失，使企业库存成本居高不下，其相应的库存管理作业也将成为无效作业，因此企业必须将库存环节的成本控制与其他环节的成本控制联系起来，将信息化手段引入库存管理，对库存数量、种类、日期等进行量化、细化的管理，进而降低由于产品过期、变质、长期存放而带来的额外库存管理成本。

2. 中小企业库存管理的评价

库存管理是一个动态的系统过程，包括物流、资金流、信息流等，涉及与供应商在时间、效率等维度的协调与企业仓库库存的面积大小，并关系到满足顾客需求的供货时间和效率，以及企业自身的成本控制、质量控制等众多内容。魏艳（2015）从成本控制、周转效率、质量控制、服务能力四个方面构建了包含 20 个指标的中小企业库存管理评价多层指标体系，从与供应商衔接、与顾客衔接、企业内部及供应链四个方面提出了企业优化库存管理的策略。其中，库存成本包含订货成本、运输成本、存货成本、缺货成本、丢单成本、搬运成本和库存信息化成本等内容；周转效率反映在库存的数量和库存金额方面；控制质量反映在库存货物的收发正确率、库存物资的供应率、仓库使用效率、货物的损毁率、订单满足率、库存物资供应计划完成率等方面；服务能力则体现在准时交货率、订单完成时间、交货准确率、缺货率、客户满意程度、订单满足率、投诉率等方面。

3. 中小企业库存管理的优化

针对中小企业存货管理中存在的主要问题，学者们从采购和库存计划、库存管理制度、库存核算方法等多方面提出了优化策略。于平（2019）认为，中小企业要建立全面预算管理制度，根据销售计划制订科学合理的采购计划；选择合适的存货计价方法，确保核算的准确性；健全存货管理及内控制度并相互监督执行，管理层要加强内部控制制度建设，加强采购环节监管并重视存货质量的控制。李茜雅（2019）在分析了中小企业存货管理的问题后，指出要完善采购计划，定期盘点存货，建立合理的内部控制制度，选择与企业相符的存货计价方法，提高企业员工素质，加强各部门间的沟通合作。李光福（2017）提出要建立存货管理制度，完善存货内部稽核制度；明确设定公司库存周转率目标值；定期盘点；加强供应商管理；仓库部门要设定库存预警机制，控制仓库规模；提高产品品质，强化品质管理。王丽惜（2015）认为，中小企业需要采用供应链库存管理模式，采用 VMI 库存模式或联合库存管理模式，并加强科学分类，采用 ABC 类管理方法和合适的预测工具；从供应商的评价、供应商的选择、供应商关系管理三个方面加强供应商的管理；重视库存管理人才的引进和培养。于海涛（2019）指出，存货在企业外部的流通过程主要涉及原材料采购和库存商品出库两项业务，风险主要源自采购的随意性、采购审批不严、采购监督机制不够完善、库存商品出入库混乱无序、存货流通不畅等；存货在企业内部的流通过程主要涉及各种原材料、半成品、低值易耗品等在各部门之间的流通和日常保管储存，其风险主要源自库房准入制度不完善、存货领用制度不完善、存货保管措施不到位、存货日常盘点制度不完善、库存商品积压过多等。因此，要想降低中小企业存货管理的风险，就要制订完善的采购和生产计划，完善内部控制制度，加强存货仓储管理，定期计算分析存货周转率和月存货平均余额等指标，并根据行业特点和企业自身情况设置预警值，此外还要重视制度的执行情况。

近年来企业普遍重视通过合理采用中小企业库存管理信息系统来优化库存管理的方法。首先，ERP 信息化管理系统在中小企业的应用及效果分析是研究的重点。中小企业引进先进的 ERP 信息化管理模式，可以解决存货采购管理中存在的计划不科学、信息不准确、库存资源无法共享等问题；可准确地核算企业的期末结存存货数量及成本金额，提高企业存货管理的精确性和正确性，提高企业的管理水平；可简化存货盘点工作，降低存货盘点的成本。许多中小企业在引入 ERP 系统时只考虑购买成本，没有重视自身需求和软件功能价值的契合，存货管理信息化程度不够。要想较好地利用大数据和 ERP 解决中小企业的存货管理问题，就需要建立健全 ERP 系统机制，完善存货管理模块，并通过大数据集成，实现有效的存货管理。此外，还要提高管理人员和专业人员对于 ERP 和大数据的认知，进行在岗人员 ERP 系统方面的知识培训。李光福（2017）提出提高管理系统信息化水平可以有效把握整体库存状况，合理控制库存。通过完善 ERP 操作流程，保证物流、单据流、信息流的共享和畅通，实现各模块数据之间的衔接，保证数据的准确性、及时性和完整性，以便计划部门做出精确的需求预测、生产部门及时制订生产计划、采购部门制定最佳采购周期并考虑安全库存。徐玉春（2015）对中小企业 ERP 库存管理模块进行了设计，在完成数据信息的基础设置和物品编码的基础上，设计出库存管理系统功能框架，主要包括原材料入库管理模块、原材料出库管理模块、库存查询及盘点模块、存货分类管理模块、库存信息分析模块、产品结构模块和库存数据维护模块。其次，中小企业库存管理信息系统的优化也是研究的重点。

中小企业库存管理信息系统应分为入库管理、出库管理、盘点管理、库存报警等数据流程。考虑到中小企业的资源限制，该系统应具有易安装、易维护和易操作特性；系统运行应稳定、安全可靠；系统应操作灵活、界面友好且具有灵活、细分的权限控制功能；应实现规范的入库、库存、出库一体化管理；应具有强大的库存报警功能和查询分析、统计功能。王建明（2018）对中小企业库存管理信息系统进行了系统功能模块设计、数据库设计，采用 VisualBasic 6.0 作为开发语言，SQL Server 2000 作为后台数据库，将系统划分为资料管理、入库管理、出库管理、库存管理、统计分析、系统登录 6 个主要功能模块，通过 SQL Server 2000 实现数据共享。根据工作流程设计的数据库包括供应商资料表、商品资料表和客户资料表等。

人工智能概念的提出，使人工智能仓储设施设备逐渐成为大家关注的热点。智能仓储系统是基于现代互联网技术，结合云服务器、物联网技术，通过云计算、计算机技术实现仓储管理的系统。它将“机械学习”的人工智能算法运用到现代化的仓储设备中，使得自动化立体货架、堆垛机、引导车、AGV 小车、自动分拣设备等能够具有一定的自主判断能力和分析能力。这种系统不仅可以提升 70% 的空间利用率，提高盘点效率和准确率，而且可以明显减少人工的参与，从而降低出错率和人力成本，还能降低物品遗失与耗损率，缩短响应时间节约等待成本。基于智能仓储系统巨大而明显的优势，有相当多的学者对 RFID、AGV 等设备的应用关键模块及存在的问题进行了分析和阐述，对企业如何优化智能仓储的系统构建做了较为充分的研究。但是对于中小企业而言，多数研究忽略了企业在引入智能仓储方面的资源投入、资金及收益回报率等问题。李胜馨（2019）指出，中小企业应分阶段进行规划，循序渐进地根据企业当前的实际情况及未来的需求预测制订符合企业实情的智能仓储方案。中小企业引入智能仓储存在一定的劣势，智能仓储的建设不仅资金投入大，而且建设周期长，后续的维修保养成本也高。自动化仓库对企业的库房面积和高度也有较高的要求，且整体架构受到钢制结构的限制，难以变动和拓展。李胜馨分析了中小企业构建智能仓储的成本及效益，根据初期立项过程中的人力成本、研发搭建成本、人员固定工资成本计算出项目总成本，提出通过自主研发节约成本的观点。在信息化系统的搭建方面，成本回收需要 4.17 年，但是在整体的仓储作业过程中，利用 WMS 系统实现全作业流程的信息化管理，能够使仓储作业效率提高 30% ~50% 。在固定资产投入方面，在三年内能够收回投入成本的同时，还增加了作业的日工作时长，整体提高仓储作业的效率及正确率。

（三）中小企业供应链生产运作管理

生产运作就是将生产要素转化为产品或服务的过程，包括对生产运作活动进行计划、组织和控制。生产运营规划是为了实现公司目标而编制和实行的、指导公司全部生产经营活动的综合性计划，是在公司战略的指引下，按照公司的方针、结合公司内外环境分析，来达到经营预期而制定的一系列行动方案。基于供应链管理的生产管理技术主要有准时制生产（JIT）、精益生产、敏捷制造（AM）、最优化生产技术（OPT）、高级排产技术（APS）、协同生产管理等。

生产运行管理对中小企业的发展具有至关重要的作用，企业管理者必须对此提高重视程度。中小企业的生产运作直接影响企业竞争能力的提升。具体而言，中小企业生产运作管理能帮助企业最大限度地满足社会公众的实际需求，赢得客户群体的忠诚，进而在市场站稳脚跟并有能力实施细化与深化的生产运作管理的改革，以此节约资本、提高技术水平、改进机械设备，提升企业的市场竞争实力与地位。

然而近年来专门针对中小企业供应链生产运作管理的研究并不多，这可能是因为生产运作的相关理论相对成熟，中小企业的基本生产运作与大企业并没有本质的差异。所以，对中小企业供应链生产运作管理的研究主要是针对中小企业在生产运作管理中存在的问题展开的对策研究。如周昱（2014）认为中小企业要想提升生产运作管理水平，需要推行多元化的企业生产组织模式，构建具有“环节紧凑、职责明确、可操作性强”特点的高效生产运作管理体系，创设生产运作管理流程支撑空间，树立生产运作管理流程不断创新的思想理念。张作成（2016）等针对中小企业生产组织模式与实际脱节、生产运作管理体系效率低下、产品装配空间存在限制、思想理念意识淡薄等问题，提出了与周昱观点类似的提升中小企业生产运作管理水平的对策。

（四）中小企业供应链物流管理

物流成本成为中小企业核心成本，物流管理通过对物流流程和模式的优化提高工作效率，帮助中小企业控制成本，提高竞争力。近些年，对中小企业物流管理的研究，一方面结合新的环境背景，如“互联网 +”、供应链管理环境等，探寻物流管理的创新；另一方面则将研究重点放在了一些新的模式、新的技术或工具等在中小企业物流管理中的应用方面。

1. 中小企业供应链物流成本

在企业成本核算中，物流成本占有较高的比例。尤其是中小企业，不仅物流管理水平较低，而且在物流成本管理与控制上缺乏科学的成本意识。学者们对中小企业物流成本管理问题始终保持高度关注，并从各自角度提出了对策建议。孙一榕（2015）在分析了中小企业物流成本管理常态问题的基础上，提出相关优化建议，认为中小企业需要健全物流管理体制，树立正确的物流成本管理理念；需要构建物流信息系统，全面推进物流管理信息化建设。毛凌云（2019）阐述了中小企业物流成本管理中存在的问题，提出中小企业需要树立先进的物流成本管理理念，完善物流成本管理制度，创新物流管理方式，有效降低物流成本，促进物流成本管理信息化建设。江娟等（2017）对中小企业物流运输成本、仓储成本、物流管理成本进行分析，建立起物流成本控制的实施模型，通过对这三种物流成本同等量投入所获得的收益进行比较，发现在企业允许投入的临界点内，收益越高，这种物流成本就越值得投入精力和资本去控制。

对于中小企业来说，选择合适的成本核算方法至关重要。传统的中小企业物流成本管理将精力放在仓储、运输、配送等显性环节，对于企业物流隐性环节中所产生的成本认识不足。作业成本法可有效解决这一问题。包红霞（2015）认为作业成本法突破产品界线，在成本核算上深入到资源、作业层次，并采用多样化分配标准进行间接费用的分配，从而使成本信息更加准确，企业也可以更有效地控制物流成本，增强竞争优势。如今，作业成本法理论体系日趋完善，物流管理理念不断增强，管理人员素质不断提高，中小企业信息化程度不断提升，技术条件不断成熟，企业组织规模较小，生产工艺和业务流程相对简单，实施操作更加便捷。中小企业运用作业成本法进行物流成本控制的步骤：① 进行物流作业分析，界定企业物流系统所涉及的各项作业，建立作业中心；② 进行资源动因分析，确认物流系统中各项作业所消耗资源，形成作业成本库；③ 进行作业中心成本动因分析，计算作业中心成本分配率，将作业成本分配到成本对象；④ 汇总计算各成本对象总成本和单位成本。李红（2015）也认为，中小企业在物流成本核算时可以采用时间驱动作业成本法进行计算，这样不仅能计算出每一项作业所花费的时间和成本，还能计算时间和成本利用率。她以基于云 ERP 及 TDABC 的中小企业物流成本核算为主题展开研究，在物流成本核算模型的基础上，对中小企业的物流成本进行验证性分析。研究发现云 ERP 系统利用现代高科技信息技术实现对企业内外部资源的有效管理，提高企业管理水平。时间驱动作业成本法（TDABC）作为一种简便、高效的成本核算方法，其与云 ERP 的完美结合，完善了 ERP 在物流中的作用，提高了云服务的适用性。云 ERP 在物流领域的直接影响是降低物流成本，大大提高企业物流的社会效益。

2. 供应链管理环境下的新物流管理

物流管理是供应链管理的重要组成部分，相比传统的物流管理模式，供应链管理环境下的物流管理更强调供应链不同组成部分的物流系统的协同合作，从而更好地实现对市场需求的快速响应。供应链管理环境的物流管理具有更高的合作意识，服务水平提高，物流信息的真实性高，实现了对物流信息的实时监控，创新了物流制度。目前，基于供应链管理环境的中小企业物流管理尚存在一些明显的不足之处，例如供应链管理是一种流程的管理，要求打破和超越企业边界进行计划和运营，但很多企业现有的管理制度和流程都难以适应这一点；再如中小企业对信息化建设的投入普遍不到位，对供应链需求反馈机制认识不到位，使得以客户需求为驱动的无缝供应链所要求的信息共享难以实现。谢月梅（2018）提出了基于供应链管理环境的中小企业的物流管理创新措施，包括重新组织流程，合理设计和利用供应链网络结构，合理运用信息技术和利用第三方物流等。孟琪（2016）发现，供应链管理环境下中小企业物流管理的组织化程度较低、部门衔接存在问题、改进制度不完善、信息化程度不高，因此，应该不断完善企业物流系统，注重物流监控，注重考察各个约束条件并引导职工积极参与。郭秀红（2018）以晋陕豫黄河金三角地区的中小型民营企业为对象展开研究，发现它们普遍存在信息化的物流机制欠缺、各部门的密切配合不足、组织化程度较低等问题，要想使物流管理全面结合供应链管理，应当健全企业现有的物流体系，多部门密切配合并做好多环节的物流监控。

3. “互联网＋”时代的新物流管理

“互联网＋”时代，如何构建快捷、高效、准确的物流管理体系是当前中小企业的重要任务之一。胡万达等（2018）调研了重庆市中小企业，发现它们存在管理理念落后，现代信息技术滞后；物流投入不足，信息化水平偏低；物流软硬件投入不配套，效率发挥不充分；虽然采用最多的物流管理模式是第三方物流，但第三方物流不发达，服务传统且同质化严重；企业物流业务较为单一，对物流管理重视程度不够等问题。在经济新常态下，发展“互联网＋”高效物流，降低企业物流成本，为“互联网＋”时代重庆中小企业创新物流管理模式指明了方向。中小企业应坚持以信息技术为核心的物流管理模式创新，坚持供应链一体化重组，坚持协同发展、创新发展和特色发展。研究最后提出了“互联网＋”时代重庆市中小企业物流管理模式的创新发展策略，包括制订物流发展规划，实施三级物流网络体系集约化管理策略；加快全市商贸物流大数据中心建设，实施智慧物流城市一体化发展策略；根据供应链物流一体化要求，实施企业物流重组策略；建立健全组织机构，实施企业内部物流优化策略；降低仓储管理总费用，实施“互联网＋”仓储管理模式创新策略；发挥社会行业组织作用，实施城市共同配送联盟策略。

对于物流信息化程度普遍较低，且在建设自己的物流信息系统上存在资金和技术方面诸多难题的中小企业而言，物流平台的研究与建设非常重要。作为物流战略联盟组建和管理活动的基本环境，物流信息平台能够搜集和存储大量的物流联盟成员日常经营管理和市场的相关信息，实现基于流向的中小企业物流联盟物流信息化管理。有人提出了整合的物流信息平台的构建，也有人提出了区域物流信息平台的规划，但是由于物流主体、业务内容和服务范围等细节的复杂性，物流平台的实现层次应该是多种多样的，应在不断的实践中去发现适合企业发展和市场需要的应用方案。杨雪峰（2016）使用 J2EE 平台、SOA 系统结构和多层体系的思想，设计了基于中小企业实际物流业务特点的通用中小企业物流平台，它包含 GPS 车辆监控系统、ERP 系统和平台核心系统三个部分。GPS 车辆监控部分可以实现车辆监控、调度和运营管理功能；ERP 部分可以实现运营统计、财务核算、客户服务、仓储管理、运力管理、运单管理和客户管理等功能；平台核心部分则主要负责完成系统设置和后台管理。

4. 中小企业物流管理模式

物流管理模式一般分为自营物流（SCM）、第三方物流（TPL）和第四方物流（FPL）三大类别。第五方物流顺应互联网＋物流、电商发展迅速、物流众包兴起、电商物流企业联盟的新形势，虽然也得到了一定的发展，但目前我国第五方物流业发展的操作性还不算太强。针对中小企业的物流模式，主要有自营物流模式、第三方物流运作模式、中小企业间的物流联营模式，以及由自营物流模式和第三方物流运作模式发展而来的功能性外包物流模式（贺勇，刘从九，2016）。其中，物流外包已经成为各个企业物流管理的主流模式。这是因为物流外包对中小企业而言具有明显的优势，它能让企业将资源集中发展主业，加速企业商品周转，减少库存，降低管理难度，提升管理效率，并且能帮助企业降低风险，提升企业形象（段富强，2016）。

（1）中小企业物流外包

关于中小企业物流外包的研究主要集中在风险及其防范方面，因为物流外包涉及众多环节，存在系统性风险，而中小企业的经营范围、规模、经济实力等与大型企业相差甚远，在进行物流外包时，遭遇的风险因素也会明显不同。对于中小企业物流外包的风险，学者们主要从内部和外部两方面进行了归纳，其中研究最多的是第三方物流商的选择、合同风险和信息风险等。车飞龙等（2019）提出，中小企业物流外包存在企业内部管理架构的变更风险、第三方物流商选择的风险、外包合同责任不明风险、信息沟通不畅风险、出现不确定因素风险等。中小企业应积极优化内部组织结构，实现流程再造；根据自身的能力和顾客的相关需求，设定第三方物流商服务评价体系，根据评价标准来寻找合适的物流商；明确双方合作责任，加强双方信息沟通；建立风险应急机制。李倩莹（2016）认为，中小企业缺少对物流服务商的管理和评价机制，无法直接对外包管理流程进行有效的监控，缺乏专业人员进行项目设计和系统评估，因此在物流外包中，必须建立物流服务商服务质量的评价机制、建立以营运质量为中心的流程监控机制并培养专业的物流人才。梅宝林（2016）指出，中小企业面对的物流外包风险有物流商选择和合作风险、物流服务和管控风险、内部管理架构的变更风险、信息安全风险，因此企业要谨慎选择物流商，强化合同风险控制，搭建物流信息管理平台，增强物流管控，调整内部组织架构，实现流程再造，发挥保险的风险转移作用，建立风险应对机制。宋松健等（2015）在分析了我国中小企业物流外包的 SWOT 后指出，从内部看，主要存在企业机密泄露风险、失控风险、部门和员工抵制风险、客户流失风险；从外部看，主要存在增加外包依赖风险、合同风险、服务提供商可能提供劣质服务或提高价格使企业利润受损风险。要想防范这些风险，应正确判断企业的核心竞争力，采取适合企业的物流管理方式，调整优化内部组织结构，提高企业效率。在选择物流服务提供商前，要深入分析企业内部物流状况和员工心态，评估供应商综合能力，确保物流服务提供商的能力与企业发展水平、业务需要相匹配。此外，还应该加快企业物流管理信息系统建设，采用第三方物流及物流联合运作方式来提高核心竞争力。杨宇航（2015）专门对中小企业物流外包中的合同风险进行了研究，并针对可能出现的外部社会因素风险、信用安全风险、合同漏洞风险、合同管理风险、违约与纠纷风险等提出了相应的防范措施，包括建立完善的信用评价体系、建立专业化的物流外包合同管理团队、建立合同跟踪管理制度并及时进行信息交流、制定全面无歧义的合同条款。翟荣兵（2016）认为，中小企业物流外包风险既有一般企业业务外包风险的共同特点，又具有中小企业物流外包风险的独特特征，内部风险包括战略决策风险、财务风险、人力资源风险和组织管理风险，外部风险包括社会系统风险、市场竞争风险、信息技术风险和物流服务商风险。中小企业要选择合适的物流外包伙伴和合作模式，与物流合作伙伴建立战略关系；建立联合风险防范机制，成立专门的风险管理小组；建立基于企业核心竞争力的物流外包管理机制；加强物流信息化建设，构建物流外包绩效评价体系；加强企业间的文化交流，建立风险预警机制；完善外部条件并加强基础设施建设。翟荣兵还基于模糊综合评价与模糊层次分析，从内部因素和外部因素分两方面构建了物流外包风险评价指标体系。曾晓宏（2015）构建了中小企业物流外包风险控制模型，提出中小企业物流外包的风险控制方法——风险矩阵法，该方法建立在传统风险矩阵法原理的基础上，融合了德尔菲法、BORDA 序值法、层次分析法的精髓，对风险指标进行赋权，并提出了一种更加先进的风险值算法。

中小企业物流外包绩效主要从第三方物流企业所提供服务的质量、成本和时效性方面进行评价。目前，关于中小企业物流外包项目绩效的评价和提升，以及物流外包范围的研究已较为成熟，但对中小企业物流外包项目绩效的影响因素研究相对较少。逯相雪等（2016）构建了中小企业物流外包项目绩效影响要素体系，一级指标分别为项目委托方、被委托方和市场成熟度，其中，委托方指标包括物流外包范围明确度、员工支持度、供应商选择能力强弱和绩效评价机制完善度；被委托方指标包括第三方物流企业的项目管理能力强弱、业务能力强弱和物流外包关系强弱；市场成熟度指标包括被委托方的市场结构是否合理和物流外包项目行业法规健全度。一级指标构建之后，应用决策实验室分析法和解释结构模型法集成甄别出影响中小企业物流外包项目绩效的不同层次的关键要素。从委托方来看，需要界定企业的核心业务和外包业务的范围，并明确告知被委托方，然后在企业内部宣传到位以获得员工的理解和认同。从被委托方来看，第三方物流企业必须提高专业化水平，并与委托方建立信息共享机制和战略合作伙伴关系。从市场成熟度来看，行业法规健全度是中小企业物流外包项目绩效的关键要素。

（2）中小企业物流联盟

绝大多数中小企业在解决自身面临的物流问题时，一般都采取自营物流和物流外包的传统方式，但这两种方式都存在或多或少的弊端，因此亟需一种新的物流组织模式来解决上述两种模式的弊端。周行（2015）提出基于流向的中小企业物流联盟，其具备的特征有：构建的基本思想为“基于流向一致或者大体一致”；物流战略联盟合作伙伴的内部高度协调配合；构成物流战略联盟合作伙伴之间知识集中化、功能集成化。因此，在构建基于流向的中小企业物流联盟时，应考虑具有流向一致或者大体一致的中小企业，共同出资建立物流联盟，中小企业在物流联盟委员会中的权限取决于各自出资多少；物流战略联盟合作伙伴在缴纳合理费用的前提下，可根据事先约好的分配比例对联盟合作中所带来的收益进行分配。

三、中小企业供应链金融和信用评价

2001 年深圳发展银行在中国开展供应链融资业务，拉开了中国供应链金融的序幕。供应链金融有着巨大的市场潜力，已经成为改善中小企业融资难问题的一种积极有效的模式，不仅符合中国经济发展的要求，也降低了金融机构的风险，改变了银行等金融机构单一企业主体的授信模式。随着信息技术、物流、科技的快速发展，在互联网背景下，供应链金融展现出更大的优势，极大地改变了中小企业的传统融资方式，优化了企业的融资结构，创新了企业的融资渠道，成为中小企业获得资金的新方式。互联网技术、信息技术、大数据技术的应用及物联网的发展，改变了供应链金融的运作模式，使金融服务效率进一步提升，因而供应链金融成为近些年中小企业供应链领域研究的前沿热点问题。

（一）中小企业供应链金融的优势

中小企业供应链金融研究关注的第一个问题集中在中小企业供应链融资的优势方面。这种优势集中体现在它对中小企业绩效产生积极影响方面。供应链金融强调的是借贷企业基于整个供应链网络结构产生的交易信用，因为组织间的交易和资金流情况更能够刻画企业的真实运营状况。Zuqlurnain Ali（2018）研究了供应链金融对中小企业绩效的影响，发现在供应链网络谈判与协作中采用供应链金融等融资解决方案，对于满足中小企业的日常财务需求至关重要，供应链融资显著增加了企业营运资金，降低了企业违约风险，进而提高了供应链效率。供应链金融是一种重要的金融资源，能够直接提高企业绩效。宋华等（2019）探讨了供应链整合、创新能力与科技型中小企业融资绩效的关系，发现在创新生态系统中，中小企业内外活动和能力在提高其融资绩效的作用中存在互补关系，并且外部协同网络在提高中小企业竞争力方面起着更重要的作用。宋华和卢强（2017）进一步从网络和能力的理论视角出发，构建了供应链网络中弱连接与强连接通过外部供应链整合与内部创新能力影响中小企业融资绩效的理论模型，发现中小企业在供应链网络中的强连接和弱连接对提高其能力和融资绩效具有重要作用，特别是弱连接，更利于供应链融资的实现。此外，从能力要求看，中小企业要实现良好的供应链融资，需要具有较强的供应链整合能力或良好的创新能力。卢强等（2019）构建了中小企业创新能力与市场响应能力通过供应链融资方案影响供应链融资绩效的模型，结合信息不对称理论，探索供应链金融减少借贷双方之间事前与事后信息不对称的作用机制。研究发现，中小企业的创新能力与市场响应能力积极影响供应链融资绩效和供应链融资方案采用；供应链融资方案采用在中小企业能力与供应链融资绩效之间具有中介作用；供应链整合与信息技术应用对中小企业能力与供应链融资方案采用之间的关系不具有积极的调节作用，但信息技术应用本身在缓解事前信息不对称方面具有重要作用；供应链整合与信息技术应用对中小企业供应链融资方案采用与供应链融资绩效之间的关系具有积极的调节作用，供应链整合在减少事后信息不对称方面发挥更大的作用。牛似虎等（2017）发现供应链金融业务的开展对中小企业实际绩效的影响主要包括：客户关系绩效水平大幅度提高；中小企业信息跟踪和实时信息反馈能力显著提高；可能会导致员工满意度降低。研究结果表明，供应链金融降低了中小企业的融资成本，有效提高了中小企业的运作能力与管理水平。陈夫华等（2018）以创捷供应链作为案例，发现基于产业供应链服务平台的供应链金融通过贷方对借方全节点供应链运营的控制与协调嵌入贷方对合作行为规则的正式结构安排，形成完整的交易结构，实现完全的结构性控制，有效降低借贷双方的信息不对称程度，极大地提升了中小企业融资可得性。基于产业供应链服务平台的供应链金融风险控制方式最终会由结构性控制演变为信用控制，其演化过程就是帮助中小企业提升融资绩效的过程。全节点的供应链整合是基于产业供应链服务平台的供应链金融实施的基础和关键，是帮助中小企业健康发展、获得更高融资绩效的内在机制。

（二）供应链金融在中小企业应用中的创新设计

中小企业供应链金融研究关注的第二个问题集中在供应链金融在中小企业应用中的创新设计方面。创新设计主要从融资模式和信用评价体系两方面重点展开。

1. 中小企业供应链金融模式创新

供应链金融的基本模式包括基于采购阶段的预付账款融资模式、基于生产阶段的动产质押融资模式和基于销售阶段的应收账款融资模式（王菲菲，2018；张文洁，2018）。“互联网 + 供应链金融”提高了融资的稳定性和可靠性，带来了融资模式的创新。一是传统供应链金融的电子化、线上化，即传统预付账款融资、存货融资、应收账款融资三种融资模式的线上整合。二是电商供应链金融，主要包括电子仓单融资和电子订单融资两种模式，电子订单融资模式又可进一步分为卖方融资和买方融资，较为普遍的是基于 B2B 平台、基于 B2C 平台和基于 C2C 平台等的融资模式。三是基于电商平台的银行供应链金融，又可细分为基于自营平台的银行供应链融资模式和基于第三方电商平台的银行供应链融资模式。四是基于第三方支付平台的供应链金融。史金召（2015）将互联网背景下的供应链融资模式划分为供应链金融 web 2.0、电商供应链金融和基于电商平台的银行供应链金融三种主要类型。刘思薇等（2016）根据是否依托 B2B 电商平台，将线上供应链金融分为银行主导的线上供应链金融、基于 B2B 电商平台的银行供应链金融及电商企业主导的供应链金融。李咏庭（2016）提出，国外供应链融资常见的有银行主导的融资模式、物流企业主导的融资模式及企业集团主导的融资模式。与国外不同，我国的供应链融资模式较为单一，都是以银行为主导的模式。

2. 中小企业供应链金融中的信用风险与信用评价

信息不对称是我国中小企业融资渠道不通畅的最主要的因素，而信息技术在供应链金融中的应用，使得中小企业的信用水平可以随时被监控，风险得以控制，有利于金融机构更好地为企业服务。供应链金融基于真实的贸易背景，将银行信用融入上下游的中小企业中，通过产业链上核心企业的信用优势来弥补中小企业的信用缺失，提高中小企业的信用水平，不仅满足了中小企业的融资需求，也优化了供应链上的资源配置，提升了整条供应链的竞争能力。此外，由于供应链是一个整体，通过整合资金流、信息流和物流提升了效率，可以让银行不再歧视中小企业，愿意对供应链上的中下游小企业进行融资。应收账款融资、预付账款融资和存货融资有效简化了融资流程，提高了整个供应链的运营效率，降低了信用风险的产生。

很多研究利用层次分析法、模糊综合评价法等建立模型进行企业信用水平和风险评价（Gordana，2014）。邱伟等（2016）构建了基于供应链金融的中小企业信用风险评价指标体系，运用 Logistic 模型对中小企业的信用风险进行全面客观的评价。张建同等（2019）运用 KMV 模型对违约风险进行精准量化，发现 KMV 模型能够有效降低汽车供应链金融中的信用风险。张诚（2018）运用系统动力学原理，把单个中小企业放在整个供应链上进行研究，证明了供应链金融的稳定性与有效性，认为供应链上的中小企业面临的信用风险远远低于单个中小企业自身的信用风险。潘炜（2015）在对供应链金融的特征进行论述后，着重强调了中小企业信用风险的成因及监控方法等，并构建了基于供应链的中小企业信用风险评价模型。Guo 等（2015）基于实例通过 Logistic 模型评价 P2P 贷款模式的信用风险，为贷款企业进行投资决策提出建议。Bozorgi – Amiri 等以救灾物流中心为研究对象，分析了供应链上的上下游企业是如何通过融资模式提高自身信用风险水平的。Spyridon 等（2016）采用大样本实证研究了不同情形下的供应链融资信用风险定价模型，认为应基于担保物（质押物）的价格风险进行信用风险定价，这种风险评价方法可以更加准确地衡量供应链融资中的信用风险。周文坤等（2015）基于供应链金融视角，运用基于左右得分的模糊 TOPSIS 算法与层次分析法对中小企业的信用风险进行综合评价，最终证明此方法能够有效应用于多层次指标评价方面，为全面评估中小企业的信用风险提供决策依据。郭亚涛（2018）将系统性工程思维引入供应链融资过程中，从供应链融资业务到融资主体，再到供应链运营，运用层次分析法和 BP 神经网络法，构建 AHP – ANN 模型对供应链中的中小企业信用风险进行识别与预测。隋文文（2019）从品德、能力、资本、抵押、条件五个方面分析中小企业信用风险的影响因素，从而构建评价指标体系，选用模糊综合评价法进行评估。张奇（2018）运用网络层次分析法和模糊分析法，得出了新形势、新背景下的供应链信用评级体系，其包括外部环境、中小企业素质、供应链关系状况、核心企业素质和融资项下的资产情况五个一级指标。王超（2018）用熵权法和 TOPSIS 方法设计了信用风险评估体系，并提出供应链融资模式下的信用风险管理措施。陈剑波（2019）认为，现阶段的大多数评估体系都以经济效益为唯一标准，缺乏对企业可持续发展的整体考量，需要从可持续发展视角出发，从经济、环境、社会三方面确定中小企业供应链融资决策的评估指标，他将三角模糊数与 TOPSIS 相结合提出模糊 TOPSIS 模型，对中小企业发展现状做出客观评估，进而帮助商业银行做出合理科学的投资决策。

四、中小企业供应链管理与可持续发展

（一）中小企业供应链管理与可持续竞争优势

供应链管理是提升企业持续竞争优势的有效途径之一，它主要通过整合资源、实现客户价值两个方面作用于持续竞争优势；反过来，竞争力的存在，巩固和加强了合作伙伴关系，并促进了供应链管理的实施。供应链视角下的中小企业动态持续竞争优势构建路径为“核心能力—供应链管理—组织

创新—技术积累 + 创新核心能力—企业持续竞争优势—供应链持续竞争优势—主流市场”。中小企业可以作为核心企业组织其他中小企业构建供应链，或作为节点企业参与大企业主导的供应链，与合作伙伴之间开展非交易性合作，开发、创新自身核心能力，开展交易性合作实现优势互补，协同运营，实现成本优势和快速、高效的市场响应（交易性合作使中小企业借助供应链拓展市场边界，供应链也成为其竞争优势）。业务流程重组、业务外包、供应链联盟等都是中小企业持续竞争优势构建路径的策略保证。基于供应链视角构建中小企业持续竞争优势的方法包括构建诚信体系，为战略合作伙伴关系的建立营造宏观环境；通过知识培育，转变经营理念；推动建设统一化的行业标准；提升信息技术水平；加强供应链管理人才的引进和培养；构建合理的供应链绩效评估机制；拓展中小企业融资渠道，加强融资渠道创新等（胡培业，2017）。

王卉（2016）提出，电子商务环境下的供应链管理是提升中小企业核心竞争力的有效策略，具体策略包括快速反应策略、有效客户反应策略，以及电子订购系统的应用。此外，建立企业间网络式供应链系统也能有效提升中小企业核心竞争力。总之，中小企业通过供应链管理，能够降低供应链管理中的风险如库存积压、送货不及时等，进而通过优化供应链管理，在企业内部集成各供应链流程管理体系，降低供应链管理成本，提高中小企业的效益；在中小企业外部，通过利用供应链管理信息化技术策略及与供应链上下游企业之间建立友好合作关系，实现信息共享，以满足客户对产品及信息的需求为目标，提高中小企业供应链管理过程中对客户需求的反应速度，更好地适应新的市场环境，更大地提升中小企业核心竞争力。供应链管理与持续竞争优势相互作用关系见图 3-1。

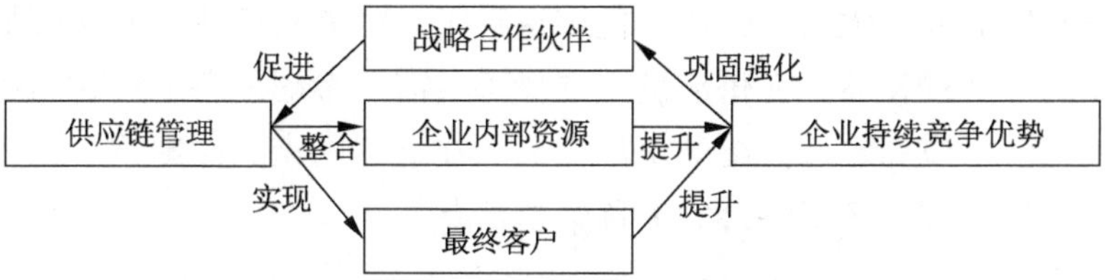

图 3-1　供应链管理与持续竞争优势相互作用关系

（二）中小企业绿色供应链

随着全球生态环境问题日益严峻，人们的环保意识和绿色消费理念逐渐增强，企业的环保压力也不断增大。在此背景下，绿色供应链管理模式必将成为中小企业优化资源配置利用，减少生态环境污染，提升核心竞争力，获得最优发展效果的重要选择。绿色供应链是在整个供应链中综合考虑环境影响和资源效率的现代管理模式，以绿色制造理论和供应链管理技术为基础，涉及供应商、生产商、销售商和用户，目的是使产品从物料获取、加工、包装、仓储、运输、使用到报废处理的整个过程对环境的副作用最小，资源使用效率最高。传统的供应链是一个连接供应商直至用户的物料链、信息链、资金链和增值链，节点企业间既是一种需求与供应的关系，也是一种长期的战略合作关系。绿色供应链充分利用具有绿色优势的企业外部资源，并与具有绿色竞争力的企业建立战略联盟，实现在整个链条中所有节点产品资源利用效率最高，对环境影响最小，以促进经济效益与环境保护、资源利用和生态平衡的协调统一。环保部政策法规司的王力副处长认为，绿色供应链是目前改善环境质量、推动节能减排，尤其是中小型企业减少污染排放的重要抓手，因为绿色供应链充分依托大宗商品由买方主导的自由市场机制，引导各个行业的核心企业购买污染排放少、环保绩效高的上游企业产品，倒逼供应链上成千上万家企业主动遵守环境法规和标准，实现从少数企业到整个产业体系的绿色升级和可持续发展。

实施绿色供应链管理能为中小企业带来显著的经济效益，有利于增强企业的核心竞争力，为整个供应链带来更多增益，如可以降低供应链运行成本，提高其运作效率，改善公共关系，降低风险，提高顾客认可价值，增强顾客的忠诚度等，还有利于合理配置利用资源，协调社会、环境、资源三者之间的关系。对于国际化的中小企业而言，绿色供应链管理的实施还能突破“绿色技术贸易壁垒”障碍，扩大出口市场范围。曹秀丽等（2017）研究了科技创新型中小企业供应链可持续化发展的工具选择，发现在环境问题中引进企业投资是实现可持续发展有力的动力，而中小企业一般在供应链中采用可持续融资工具获得竞争优势并扩大市场份额，使用这种工具也能跨产业提升品牌形象。要实现产品的可持续发展，在供应链中选择工具需要考虑原料地蕴含的挑战与机会、协调上游供应商、匹配终端市场特征，在这些因素共同影响下，企业承诺实行环境保护管理，环保管理方案逐渐变严苛。

中小企业绿色供应链管理实施和效能提升的空间是很大的。葛颖波（2014）比较了绿色供应链与传统供应链结构模式，发现绿色供应链与传统供应链链状结构形式、具体流程内容、出发点和目的都不同，并提出了中小企业实施绿色供应链管理的路径选择策略。从企业内部视角看，应着手内部环境改革，构建企业内部绿色供应链体系。具体而言，要强化新型绿色供应链理念，打造绿色企业文化；全方位构建企业内部绿色供应链体系；加强企业自身的完善，提升实施绿色供应链管理的软硬实力；满足客户个性化、多样化的需求。从企业外部视角看，应着手改善企业外部环境，增强绿色环境管理动力与约束力。具体来说，要加强供应链成员之间的合作，构建低碳供应链管理体系；开发绿色供应链管理支撑技术，构建绿色资源数据库；建立和完善政府对企业的激励与约束机制，强化绿色政策法规支持与约束；构建绿色供应链管理绩效评价体系。姚芷晨（2019）研究发现，中小企业供应链对节能政策敏感程度低，能效管理缺乏内生动力；绿色管理缺乏专业统筹，通过管理提升节能效果的空间巨大；通用设备节能潜力巨大，投入成本低且效果明显；积极性受激励政策主导，节能动力难持续。针对这些问题，她提出了绿色供应链推动中小企业能效提升的建议，如增强中小企业能效管理意识，提升品牌商绿色供应链管理意识，通过供应链伙伴利益共享提升内在主动性，加强节能合规性建设以提供能效管理抓手，积极探寻惠及中小企业的绿色金融渠道，降低绿色融资成本，鼓励企业模式创新，优化供应链管理流程。

（三）中小企业供应链管理与社会责任

中小企业在履行社会责任方面具有不同于大企业的特殊性和复杂性，主要表现为中小企业在供应链中同时扮演购买者和供应者的双重角色，并且缺乏履行社会责任的积极性和履责能力。中小企业的履责能力受到很多因素的影响，其中供应链管理是影响中小企业履责能力和履责积极性的重要因素。中小企业一直被认为是被迫履行社会责任的，受自身规模小、资源短缺等因素的影响，很多中小企业认为实施绿色供应链管理并践行企业的社会责任是大企业的事情。尤其是在供应链管理下，企业社会责任的边界从单个企业延伸到了供应链的各个环节，供应链社会责任与单个企业社会责任相比面临更大的挑战，因而学者们从供应链管理的视角，研究如何发挥供应链核心企业的引导、组织、协调、监督等方面的作用，进而提升中小企业的社会责任。

中小企业实践绿色供应链管理时履行社会责任的被动性引起了很多研究者对其内部驱动力的关注。邹非等（2016）通过博弈演化模型得出，成本是中小企业履行社会责任的最主要因素，只有社会责任履行收益大于支出，中小企业才愿意履行社会责任。陈远高（2015）认为，基于供应链的企业社会责任动力源自企业内部的经济需要、文化需要和战略需要。黄湘萌（2017）基于绿色供应链管理分析了中小企业社会责任履行的内部需求，在对江苏省 10 个城市进行问卷调查获得数据的基础上，运用 SPSS 分析软件进行回归分析，结果发现经济利益和企业家价值观是企业在绿色供应链管理视域下履行企业社会责任的内驱力，经济利益内驱力和企业家价值观内驱力越大，企业基于绿色供应链管理的社会责任履行实践的积极性也越高。她在另一个研究中还指出，企业社会责任驱动力包括政策法规驱动力、利益相关者驱动力、社会价值观驱动力、经济利益驱动力和企业家价值观驱动力，产品行业企业受这五个驱动力的影响要大于服务行业企业，并且产品行业企业目前最重要的驱动因子是社会价值驱动力，服务行业企业目前最重要的价值驱动因子则是政策法规驱动力（黄湘萌，2017）。刘辉（2015）提出，企业社会责任的内部驱动力主要有企业经济利益驱动力、企业价值观驱动力、企业融资驱动力和管理层驱动力。刘文纲（2015）认为，供应链治理通过准入管理、利益分配、绩效考评与监督、沟通与信任、技术知识转移等机制影响供应链上中小企业成员的社会责任需求、激励、约束、评价等，进而影响中小企业履行社会责任的积极性和履责能力。此外，研究还强调在发挥供应链核心企业主导作用的同时，应对利益和责任的不对称性给予补偿。

中小企业履行社会责任对绩效，尤其是供应链管理绩效会产生何种影响，这是理论研究和企业实践都关心的问题。各项研究基本都证实社会责任的履行对供应链管理绩效会产生积极影响。如黄湘萌（2017）对企业社会责任对于可持续供应链管理绩效的影响进行了实证研究，发现企业社会责任会对可持续供应链管理绩效产生正向影响，中小企业履责可以提高企业可持续供应链管理的绩效。其中，可持续供应链社会责任是一个多维度的概念，供应商、客户、员工、环境、社会等都是中小企业可以履责并提高供应链绩效的切入点；同时，可持续供应链管理绩效的评价和衡量也不能片面，要综合企业获得的经济绩效、环境绩效和社会绩效。从长期看，绿色而友好的供应链伙伴关系、企业生产运营各环节的可持续发展措施及对环境的全面质量控制都会帮助中小企业节约成本、增加收益，进而提高企业整体绩效。万松钱等（2015）研究了中小企业在供应链社会责任中的传导作用，发现供应链上的中小企业能否有效发挥企业社会责任的传导作用受各种条件的制约，主要有客户的企业社会责任要求水平、购买者的资源和能力、中小企业对供应链社会责任的认同程度。供应链上的大型企业是向中小企业供应商施加社会责任要求的主要客户，而公共机构在推动供应链社会责任方面发挥的作用极其有限。

（四）中小企业供应链协同创新

供应链协同创新强调的是供应链上各成员全方位合作，在供应链协同创新平台上，供应链上各成员企业需确立共同利益基础上的“共赢”思维，调动各协同主体参加创新活动的积极性，实行供应链产品信息共享与互动，从而提高创新效率，取得真正意义上的协同创新。中小企业在人力、物力、财力方面都有限，只有积极参与动态联盟，才会提高在供应链协同创新过程中的效益，因此，在中小企业供应链协同创新中，合作关系就显得尤为重要。王城松（2017）提出了影响中小企业供应链利益分配的四个因素，分别是创新资源贡献率、创新执行度、风险因素及创新补贴，并以此建立 Shapley 值法修正模型，研究中小企业供应链协同创新收益分配问题。胡湘云等（2017）也研究了基于 Shapley 值法修正的中小企业供应链协同创新收益分配问题，提出利用 Shapley 值法解决中小企业供应链协同创新的收益分配问题应当充分考虑除贡献率以外的其他因素，保证收益分配的合理性；供应链企业要想取得更多的收益，必须在供应链的创新资源贡献率、创新执行度、风险因素和创新补贴方面发挥更大的作用。更为重要的是，中小企业面对日趋激烈的市场竞争环境，需要借助协同创新平台的外部资源，积极参与供应链的协同创新，并利用政府大力扶持的特殊优势不断发展，取得良好的效益。刘晓燕（2015）认为技术供应链集聚模式是提升中小企业创新能力的有效模式，这就需要成立中小企业技术供应链研究所，形成技术供应链核心力量，并且充分借助政府力量和民间组织的力量，搭建互动交流网络体系平台。

参考文献

[1] 佚名．益邦供应链咨询：中小企业供应链管理发展趋势［J］．营销界，2019（1）：14－15.

[2] 董红永，刘峥．我国中小企业供应链管理存在的问题与对策［J］．宿州教育学院学报，2016（6）：20－21，49.

[3] 胡长深．中小企业供应链管理面临的风险和应对策略研究［J］．物流技术，2015（7）：211－212.

[4] 刘琼，翟晓叶．我国中小企业供应链管理存在的问题及对策分析［J］．中国管理信息化，2016（7）：115－117.

[5] 周艳．中小企业在供应链管理环境下的 SWOT 分析及发展对策［J］．经济论坛，2016（7）：116－117.

[6] 任谦．中小企业供应链管理问题研究［J］．纳税，2017（9）：83.

[7] 董冠群．中小企业供应链管理策略研究［J］．商业经济，2017（5）：23－24.

[8] 蒋加星．基于信息化的中小企业供应链管理研究［J］．中国经贸导刊，

2016（11）：72－74.
［9］樊恺盈．我国中小企业的供应链发展现状探究［J］．价值工程，2015（5）：35－37.
［10］成立，崔然红．我国民营中小企业供应链管理发展对策研究［J］．内蒙古科技与经济，2018（9）：57－58.
［11］李雪琴，谢佳佳，招莉莉．供应链管理［M］．长沙：湖南师范大学出版社，2018.
［12］吴梦杰．云制造环境下中小企业采购联盟研究［D］．重庆：重庆大学，2015.
［13］陈民伟，林朝朋，叶新荣，等．基于供应链协同的中小企业采购决策支持系统［J］．物流工程与管理，2018（10）：69－72.
［14］李超然，罗鄂湘．供应链金融下中小企业零售商采购决策模型优化［J］．企业经济，2015（3）：54－58.
［15］陈书龙．中小企业物资采购的弱势性与对策建设［D］．昆明：云南财经大学，2017.
［16］常有强．中小企业物资采购管理系统的设计与实现［D］．北京：北京工业大学，2016.
［17］国燕萍．基于会计信息化视角的中小企业存货采购管理新探［J］．财会月刊，2015（31）：42－44.
［18］Michiel R. Leenders. Purchasing and Supply Management［M］．Mc Graw-Hill/Irwin，2002.
［19］黄华．大数据环境下中小企业采购成本控制策略［J］．企业改革与管理，2016（2）：131－132.
［20］许向南．基于电子商务平台的中小企业采购模式研究［D］．大连：大连交通大学，2017.
［21］胡晓鹭．大数据时代 ERP 环境下中小企业存货管理的研究［J］．中国市场，2018（19）：195－196.
［22］赵秉友，刘强．基于价值链分析的中小企业库存与销售成本管理研究［J］．商场现代化，2017（6）：100－101.
［23］魏艳．中小企业库存管理评价及优化策略研究［D］．石家庄：石家庄经济学院，2015.
［24］于平．浅谈中小企业存货管理中存在的问题及对策［J］．中国商论，2019（5）：96－97.

［25］李茜雅．中小企业存货管理问题及对策研究［J］．中国管理信息化，2019（9）：18－19.

［26］李光福．浅析中小企业库存管理存在的问题及对策［J］．中国商论，2017（3）：89－90.

［27］王丽惜．中小企业库存管理策略探讨［J］．物流工程与管理，2015（9）：73－74.

［28］于海涛．中小企业存货管理风险成因及对策［J］．财会学习，2019（8）：182－183.

［29］徐玉春．中小企业 ERP 库存管理模块设计［J］．中国管理信息化，2015（5）：84－85.

［30］王建明．中小企业库存管理系统优化研究［J］．现代工业经济和信息化，2018（8）：72－73.

［31］李胜馨．基于中小企业智能仓储物流发展效益浅析［J］．经济研究导刊，2019（21）：32－33.

［32］周昱．浅谈中小企业生产运作管理的思路［J］．商场现代化，2014（26）：116－117.

［33］张作成，薛玉玲．中小企业生产运作管理存在的问题与对策［J］．科技创业月刊，2016（9）：118－ 120.

［34］孙一榕．中小企业物流成本管理的常态问题与应对策略［J］．企业改革与管理，2015（9）：121.

［35］毛凌云．中小企业物流成本管理存在的问题及应对措施［J］．商讯，2019（4）：70，72.

［36］江娟，钟剑浩．中小企业物流成本控制的问题和对策研究［J］．物流工程与管理，2017（6）：37－39.

［37］包红霞．基于作业成本法的中小企业物流成本控制分析［J］．物流技术，2015（6）：139－141.

［38］李红．基于云 ERP 及 TDABC 的中小企业物流成本核算研究［D］．长沙：湖南大学，2015.

［39］谢月梅．基于供应链管理环境的中小企业物流管理创新分析［J］．商场现代化，2018（10）：71－72.

［40］孟琪．供应链管理环境下的民营中小企业物流管理研究［J］．企业改革与管理，2016（7）：11.

［41］郭秀红．供应链管理环境下的晋陕豫黄河金三角民营中小企业物流管理

研究［J］. 三门峡职业技术学院学报，2018（6）：32－35.
［42］胡万达，周孝华. “互联网＋”时代中小企业物流管理模式创新发展策略研究［J］. 西南师范大学学报（自然科学版），2018（5）：42－48.
［43］Chen R S，Hsiang C H. A study on the critical success factors far corporations embarking on knowledge community-based-learning［J］. Information Sciences，2007，177（2）：570－586.
［44］杨雪峰. 基于 SOA 架构的中小企业物流平台研究［J］. 物流科技，2016（5）：46－50.
［45］贺勇，刘从九. 中国企业的物流模式研究物流技术［J］. 2006（3）：1－3.
［46］段富强. 浅谈中小企业的物流外包［J］. 现代经济信息，2016（11）：335.
［47］车飞龙，尚飞超，李云. 中小企业物流外包风险及对策分析［J］. 农村经济与科技，2019（14）：106－107.
［48］李倩莹. 我国中小企业物流外包问题研究［J］. 劳动保障世界，2016（12）：52，54.
［49］梅宝林. 中小企业物流外包的风险及策略研究［J］. 中国管理信息化，2016（1）：124－126.
［50］宋松健，潘经强. 我国中小企业物流外包风险防范研究［J］. 科技创业月刊，2015（4）：58－60.
［51］杨宇航. 中小企业物流外包中的合同风险及防范［J］. 物流技术，2015（9）：80－82.
［52］翟荣兵. 中小企业物流外包风险因素解析［J］. 郑州航空工业管理学院学报，2016（6）：126－129.
［53］翟荣兵. 基于 FAHP 的安徽县域中小企业物流外包风险评价研究［J］. 物流工程与管理，2016（3）：83－85，78.
［54］曾晓宏. 中小企业物流外包风险控制模型与方法［J］. 统计与决策，2015（12）：165－168.
［55］逯相雪，于东平，高冬冬. 中小企业物流外包项目绩效关键要素识别研究［J］. 项目管理技术，2016（12）：47－52.
［56］周行. 基于流向的吉林省中小企业物流联盟的构建［D］. 长春：长春工业大学，2015.
［57］Wandfluh M，Hofmann E，Schoensleben P. Financing buyer-supplier dyads：an empirical analysis on financial collaboration in the supply chain［J］. In-

ternational Journal of Logistics Research and Applications, 2016. 19 (3): 200 - 217.

[58] Zuqlurnain Ali. 供应链金融对中小企业绩效影响的实证研究 [D]. 合肥：中国科学技术大学，2018.

[59] 宋华，陈思洁. 供应链整合、创新能力与科技型中小企业融资绩效的关系研究 [J]. 管理学报，2019 (3): 379 - 388.

[60] 宋华，卢强. 什么样的中小企业能够从供应链金融中获益? [J]. 管理世界，2017 (6): 104 - 121.

[61] 卢强，刘贝妮，宋华. 中小企业能力对供应链融资绩效的影响：基于信息的视角 [J]. 南开管理评论，2019 (3): 122 - 136.

[62] 牛似虎，方继华，苏明政. 基于供应链金融的中小企业绩效评价与实证 [J]. 统计与决策，2017 (1): 64 - 66.

[63] 陈夫华，赵先德. 产业供应链服务平台是如何帮助中小企业获得融资的? [J]. 管理案例研究与评论，2018 (12): 577 - 591.

[64] 王菲菲. 供应链金融在中小企业融资中的应用研究 [D]. 合肥：安徽大学，2018.

[65] 张文洁. 中小企业供应链融资模式研究 [D]. 武汉：武汉工程大学，2018.

[66] 史金召，郭菊娥. 互联网视角下的供应链金融模式发展与国内实践研究 [J]. 西安交通大学学报，2015 (7): 15 - 21.

[67] 刘思薇，张精，柳震. 互联网背景下线上供应链金融发展模式分析 [J]. 经济论坛，2016 (12): 67 - 69.

[68] 李咏庭. 中小企业供应链融资模式及其效率问题研究 [D]. 长沙：湖南大学，2016.

[69] Nair S, Basu P. Supply chain finance enabled early pay unlocking trapped value in B2B logistics [J]. International Journal of Logistics Systems and Management, 2015 (3): 334 - 353.

[70] Gordana. Supply chain rish modeling by AHP and Fuzzy AHP methods [J]. Journal of Risk Research, 2014 (17): 337 - 352.

[71] 邱伟，张建同. 基于供应链金融的中小企业信用风险评价研究 [J]. 上海管理科学，2016, 38 (4): 46 - 50.

[72] 张建同，张敏，郭卓琦. 基于修正 KMV 模型的汽车供应链金融风险分析 [J]. 工业工程与管理，2019 (1): 28 - 135, 143.

[73] 张诚．中小企业供应链金融风险测控的研究——基于系统动力学仿真模型 [J]．系统科学学报，2018，26 (3)：76-80.
[74] 潘炜．基于中小企业供应链金融信用风险评估的 H 公司授信评估研究 [D]．南京：南京理工大学，2015.
[75] Yanhong Guo, Wenjun Zhou, Chunyu Luo, et al. Instance-based credit risk assessment for investment decisions in P2P lending [J]. European Journal of Operational Research, 2016, 249 (2): 417-426.
[76] Spyridon D, Alejandro S. Supply chain finance for small and medium sized enterprises: the case of reverse factoring [J]. International Journal of Physical Distribution & Logistics Management, 2016 (46): 367-392.
[77] 周文坤，王成付．供应链融资模式下中小企业信用风险评估研究——基于左右得分的模糊 TOPSIS 算法 [J]．运筹与管理，2015，24 (1)：209-215.
[78] 郭亚涛．中小企业供应链融资信用风险评价研究 [D]．石家庄：河北经贸大学，2018.
[79] 隋文文．供应链金融视角下中小企业信用风险评价研究 [D]．烟台：山东工商学院，2019.
[80] 张奇．供应链金融下中小企业信用评级模型构建及应用 [D]．南宁：广西大学，2018.
[81] 王超．供应链融资下中小企业的信用风险管理 [J]．信息系统工程，2018 (12)：51-55.
[82] 陈剑波．可持续发展下中小企业供应链融资决策模型研究 [J]．上海经济，2019 (4)：107-115.
[83] 胡培业．供应链视角的中小企业持续竞争优势构建路径研究 [J]．渤海大学学报，2017 (2)：81-85.
[84] 王卉．中小企业运用电子商务供应链管理提升企业核心竞争力 [J]．商场现代化，2016 (15)：42-43.
[85] 曹秀丽，郭彩云．科技创新型中小企业供应链可持续化发展的工具选择研究 [J]．物流科技，2017 (5)：141-143.
[86] 葛颖波．基于可持续发展的中小企业实施绿色供应链管理路径研究 [J]．物流工程与管理，2014 (8)：91-95.
[87] 姚芷晨．绿色供应链推动中小企业能效提升工作建议 [J]．节能与环保，2019 (8)：30-32.

[88] 邹非，朱庆华，夏西强. 中小企业履行企业社会责任的动力机制研究——以服装加工企业为例 [J]. 山东工商学院学报，2016，30 (4)：14 –21.
[89] 陈远高. 供应链社会责任的概念内涵与动力机制 [J]. 技术经济与管理研究，2015 (1)：75 –78.
[90] 黄湘萌. 绿色供应链管理视域下中小企业社会责任履行的内驱力 [J]. 中国市场，2017 (12)：128 –131.
[91] 黄湘萌. 绿色供应链压力下企业社会责任的价值驱动分析 [J]. 金融经济，2017 (11)：65 –68.
[92] 刘辉. 中小企业社会责任的价值驱动研究 [J]. 西南交通大学学报，2015，16 (4)：131 –135.
[93] 刘文纲. 供应链、产业集群与中小企业社会责任管理模式 [J]. 经济研究参考，2015 (69)：17 –23.
[94] 黄湘萌. 企业社会责任对可持续供应链管理绩效的影响 [J]. 中国商论，2017 (11)：83 –87.
[95] 万松钱，鞠芳辉，谢子远. 中小企业在供应链社会责任中的传导作用研究 [J]. 东北大学学报，2015 (7)：369 –375.
[96] 王城松. 基于修正 Shapley 值法的中小企业供应链协同创新收益分配研究 [D]. 长沙：湖南大学，2017.
[97] 胡湘云，王城松，刘小红. 基于 Shapley 值法修正的中小企业供应链协同创新收益分配研究 [J]. 工业技术经济，2017 (7)：143 –149.
[98] 刘晓燕. 技术供应链集成模式下的区域中小企业自主创新能力提升研究 [J]. 物流技术，2015 (12)：163 –166.

第四章 新环境下中小企业信息化建设研究

我国的企业信息化建设是从20世纪80年代开始的，如今信息化已成为推动社会发展的重要动力之一。信息化建设是中小企业发展的内在要求，是中小企业适应互联网时代的必然选择。从2005年开始，我国实施了中小企业信息化工程，努力推进信息化与工业化深度融合，以充分发挥信息技术的先导和拉动作用，使信息技术成为增强企业特别是中小企业的竞争力，和推动“两化”深度融合的重要力量。可见，中小企业在推动企业“两化”深度融合中发挥着重要作用。企业信息化建设的基本内容通常包括工程设计信息化、经营和管理信息化、生产制造信息化、商务活动信息化、支撑环境信息化等方面。

一、中小企业信息化建设现状

经过多年中小企业信息化工程的有力推进与企业自身的积极建设，中小企业信息化的政策环境和服务环境得到较大改善，中小企业增强了信息化意识，获得了支持与服务，信息化建设取得了较大的成效。相应的信息化服务企业也开拓了服务市场，实现了转型和发展。

（一）中小企业信息化需求

价格和服务是困扰中小企业购买信息化服务产品的主要问题。中小企业需要操作简单、稳定性高的产品，以在缺乏IT专业人才的情况下能有效使用信息化产品，于是对供应商的服务质量保障提出了高要求。

作为成长期的中小企业，有着与大企业不一样的信息化产品需求。中小企业信息化建设主要是对企业自身架构和体系做出拓展，必须在技术的更新、应用的升级和技术的结构上不断健全。云计算下更要确保极强的冗余容错性，还要避免用网高峰时的运营错误，甚至系统崩溃。

目前，中小企业信息化存在诸多问题，如信息化产品供给与需求不适应、应用软件建设滞后、人员培训质量不高、业务和管理基础差、网络软硬件基础条件差、资金问题、信息技术服务商质量问题、组织和定位问题。在信息化过程中，中小企业普遍缺少信息知识，缺乏信息技术资金和信息技术专业人才，管理基础薄弱。

（二）中小企业信息化战略与信息管理模式

为了取得信息化建设预期的收益和效果，制定合理的信息化战略对中小企业来说非常必要。信息化战略这一概念最早是由 Boynton 等提出的，信息化战略属于职能战略的一部分，支撑企业总体战略。Levy M 和 Powell P（2000）提出了适合中小企业的信息化战略方法模型，在制定企业信息化战略时需要考察业务环境、业务流程及企业战略内容。现有的研究多数认为，信息化战略对中小企业的物流、生产、管理及销售等产生影响，其作用渗透在方方面面，如企业信息化战略改善了企业人力资源的整体水平，提高了企业资源配置的效率和管理水平，优化了业务流程和组织结构，提高了企业的产品质量并扩大了企业主导产品的市场，提升了中小企业的融资能力。赵晶晶（2015）认为，中小企业的信息化战略水平总体来说比较低，大多数处于信息化战略实施的初级和中级阶段，且信息化战略水平与中小企业的行业相关。随着信息化战略水平的提高，中小企业的规模会逐渐变大，企业的法治环境、产业环境及融资环境都会随着被改善。信息化战略首先通过产品和市场、业务流程这两个因素促进企业的盈利能力和运营能力的提升，其次通过资源的高效配置及管理水平的提高对企业整体的运营能力产生影响。为了获取持续的增长，中小企业应积极实施信息化战略，政府应积极引导扶助。

对中小企业信息管理模式的研究相对较少。中小企业的信息化一般包括两部分内容：一部分是生产全过程自动化，另一部分是管理过程信息化。中小企业现行信息化管理的主要模式有企业组建自己的 IT 部门、企业自有管理维护部门、依靠部分员工兼职处理信息化问题。其中，第一种模式下企业能够有效控制风险，但对企业信息化程度要求较高；第二种模式下信息化建设由兼职部门管理，管理维护部门做好前期分析和规划、后期维护和普及；第三种模式主要体现为外包。

（三）中小企业信息化基础建设

企业信息化的实施和成效的显现，需要诸如全员关注、专业人才、资金投入等强有力的支撑。然而，中小企业由于人力资源、资金等匮乏，因此信息技术配置严重落伍，基础建设相对滞后，基础设施投入较少。

戴晓梦（2017）对黄石78家中小企业进行调查，发现尽管中小企业对信息化较为关注，但是由于资金等方面的原因，实际行动尚未落实。对信息化建设的投入停留在软件投资和设备投资等基础性设施上，忽视了信息化软件和服务的投入。更为重要的是，中小企业主还缺乏利用数据实现经营目标的能力，往往将信息系统提供的大量数据束之高阁，不能利用数据实现决策支持。黄石市有较多的中小企业为自己搭建了网络平台，拥有初步信息化的基础设施，为企业信息化管理和网络业务的深入展开奠定了基础，但运营水平较低，导致无法创造效益。

现阶段，几乎所有企业都认识到了信息化的重要性，但仍有部分中小企业的管理者未充分认识到信息化管理系统涉及企业制度、组织框架、业务及管理流程等一系列配套问题，对大数据、互联网、云计算的整体认知水平不高，还停留在企业投入和技术转变的初步认识上，阻碍了企业信息化的创新与发展。有些管理者只是把信息系统当成节省时间、节约劳动成本的自动化工具，在信息化管理方面方式落伍、制度缺失，导致信息化功能未得到有效的发挥。信息化管理项目的实施是一个全员参与的过程，如果企业员工不主动积极配合，而是被动接受，必然影响信息化项目实施的效果。

中小企业信息化建设与管理人才缺乏。中小企业对于懂技术、会管理的人才和专业化的复合型信息化建设人才的吸引力较弱，缺乏足够的管理信息化软件的能力。运营管理人员、专业技术人员、专业实施人才等均存在明显缺口。

企业信息化建设与管理需要投入较大财力，且周期长、见效慢。中小企业信息化建设投入不足，信息化总体应用水平偏低。中小企业在网络系统开发和基础设施的维护费用的支出不足销售收入的1%。企业对信息化建设的长期投入不够重视，政策优惠和援助也较少，加上中小企业融资具有一定的难度，企业信息化建设的资金投入严重不足。中小企业要成功转型，实现网络化和信息化，首先要考虑投资风险，不能只注重短期效益，仅满足对市场变化做出快速决策的需求。蔺婷婷（2015）研究发现，信息化投入力度较大的中小企业在财务和市场上表现得更为优异，重视信息化人力资本投入的企业市场表现更为突出。信息服务的外包有力地提升了企业的成长能力，使企业摆脱了小规模企业资本的局限性，能利用更低的成本为企业扩展市场份额，加速企业成长，同时对企业在行业内形成竞争优势具有推动作用。信息化投入有助于处于不同生命周期的企业实现战略目标，从而有效帮助科技型中小企业提升竞争力。非信息服务业企业对信息化的投入带来的竞争优势明显优于信息服务业。因此，科技型中小企业要构建信息平台，拓宽融资渠道；制定信息战略，加大重视力度；吸收信息人才，保证全员参与；利用技术优势，提高创新能力；挖掘数据价值，实现关系管理。

（四）中小企业信息化技术应用

戴晓梦指出，在信息化管理过程中，主要使用的信息技术及产品有办公自动化系统（OA）、Intranet 技术、实现企业管理功能的专业技术软件、提升沟通效率的实时沟通平台如 RTX 软件、多媒体系统等。在经营管理过程中，多数中小企业已使用信息化软件，但对数据的重视程度明显不够，信息处理和运用的能力也有待提高。她指出黄石的中小企业动态获取数据能力差，IT 应用方面水平较低，对企业基本数据库的建设更是不重视；信息多处于文本存储管理阶段，即时提供、深度挖掘和运用数据的能力较弱。

1. 中小企业电子商务应用

总体而言，近些年中小企业电子商务应用的发展相对较快。中小企业有效开展电子商务可以帮助企业增加 10% ~20% 的收入，减少 20% ~45% 的运营成本，减少 20% ~60% 的资本投入。中小企业电子商务的应用有效地缩短了商家和客户之间的距离，减少了交易成本、经营成本，提高了经济效益，有利于提高企业市场竞争能力。

胡芳等（2017）分析了电子商务使用的不同阶段、不同层次，认为企业电子商务使用行为的影响因素可以归纳为电子商务使用意识、企业实施条件、社会规范和行业影响，以及制度技术。电子商务使用意识是使用电子商务的内因，它通过影响企业对电子商务的心理偏好促进行为发生，是企业不同的电子商务使用行为的前置因素。企业实施条件、社会规范和行业影响、制度技术这 3 个情境变量都通过影响电子商务使用意识与电子商务使用行为之间的关系而起作用，属于调节变量。当这些情境变量的影响微弱（或中等）时，电子商务使用行为主要受电子商务使用意识的影响；当情境因素的影响非常显著（极为有利或不利）时，则可能会促进或抑制不同的电子商务使用行为。沈子渲（2019）分析了中小企业电子商务管理面临的问题，包括对电子商务的认识不足、缺乏综合素质较高的专业人才、发展资金不充裕、企业整体的管理水平较低等内部问题，以及缺乏健全完善的法律政策、信息安全和交易安全难以保证等外部问题。针对内部问题，中小企业应该正确认识电子商务，引进高素质专业人才，增加电子商务发展建设资金，并完善相关的管理制度；针对外部问题，应完善电子商务方面的法律法规，提高企业的信息化程度，加强交易平台的安全建设。

王晴晴（2017）以枣庄市峄城区为例研究中小企业电子商务发展策略，发现大多数中小企业还处在应用和发展电子商务的初级阶段，并没有充分发挥电子商务的作用。企业对电子商务的认知有偏差，发展意识不强；企业网站建设定位不清，缺乏个性化；电子商务政策法规不够健全，发展软环境有待提升。因此，她提出中小企业应结合企业实际，制定电子商务发展战略；加强自身网站建设，采取循序渐进原则；重视对外推广和行业间交流；注重产品质量及售后服务水平，提高顾客满意度；重视引进和培养电子商务人才；利用政府相关政策支撑，增强自身竞争力。

2. 中小企业会计信息化技术

会计信息化是中小企业应用与研究的重点之一。夏天文（2017）从内部制约因素、外部政策环境、市场环境方面分析了中小企业信息化存在的普遍问题和影响因素，发现会计信息化不仅仅与中小企业的认知态度有关，还与企业的业务流程有关，并受信息化产品供应商的影响。除此之外，会计信息化还需要国家的大力支持和引导。中小企业会计信息化要进行业务流程标准化建设，从长远角度分析投资回报率，促进供应商服务意识的转变，国家的政策和公共平台则助力信息化进一步发展。

孙玫（2017）总结了会计信息化在中小企业的推进速度及未来的发展方向，同时对我国中小企业采用云会计的模式进行了深入分析，并以某公司为例深入分析企业对于会计场景的需求及采用云会计的模式给企业带来的优劣势。研究发现，中小企业对于信息化不重视及专业人才的缺乏是会计信息化发展的主要制约因素，她建议中小企业在信息化的建设上应该主动拥抱云计算。竟玉梅（2018）提出云计算会计信息化的主要模式有软件即服务会计信息化模式（SaaS）、平台即服务会计信息化模式（PaaS）、基础设施即服务会计信息化模式（IaaS），中小企业构建云计算会计信息化模式应综合考虑其需求与云服务商的服务效果，如信息系统的稳定性和财务数据的安全性、云计算信息系统的高科技水平要求、云计算能力的后续扩展性、经济的实用性、云计算服务商的网络环境等。路玉婧（2017）也提出中小企业应选择合适的云服务商和云会计服务软件，且供应商规模、信誉、能提供的服务等多种因素都应在考虑范围之内。王治国（2017）将研究的重点放在中小企业云计算模式下面临的安全问题，认为很多重要的应用程序和数据都完全透明地呈现在用户面前，有可能出现人为的数据泄密或遭遇病毒入侵而导致财务数据泄露或被篡改的风险。中小企业可以采用备份的方式，构建完备的实时数据备份系统，从而预防数据丢失。同时，应定期进行员工培训，提高技能，从而快速培养人才，解决人才需求紧问题。国家也需要在云技术方面加大研发力度，弥补传统记账模式的弊端，促进中小企业会计信息化水平不断提高（李美贤，2016）。

3. ERP 在中小企业中的应用

ERP 管理软件的应用被视作一种高效的企业发展方式，也是迎接大数据时代各种挑战的必要基础。ERP 系统的应用不但可有效提升中小企业的管理水平，而且可以实现中小企业的信息化建设，在企业供应链管理、客户资源管理、业务流程管理等方面都发挥着极大的效用。中小企业引入 ERP 的主要目的是通过 ERP 先进的管理理念及手段，充分调动企业的内部资源。应用 ERP 系统可以在一定程度上减少库存积压或短缺，完善供应链管理；提供相对有效的质量与成本控制方式；建立并维持良好的客户关系，有利于企业的长期发展；加强企业内部各业务部门之间的沟通与衔接。

现有的许多研究都将关注点放在中小企业应用 ERP 面临的风险和障碍上。供应商提供的 ERP 系统本身存在使用局限性。企业需要在充分认识和区分诸多 ERP 管理软件的基础上选择适合本企业的 ERP 系统，以降低 ERP 的选择风险。Tang Changlong 等（2015）指出，安全因素对于企业选择 SaaS 项目至关重要。Ergu 等（2014）通过运用网络分析方法和虚拟团队模拟方法，从收益、机会、成本、风险的角度出发，构建 SaaS 评价与选择的 BOCR 模型。马西强（2018）对中小企业 SaaS ERP 服务商选择问题进行了研究，对 SaaS ERP 服务平台特征和 SaaS ERP 服务商选择机理进行分析，从中小企业自身风险和 SaaS ERP 服务商条件风险两个方面分析归纳出四类选择风险项，分别是 SaaS ERP 服务商实力风险、SaaS ERP 服务平台配置性风险、中小企业能力风险和中小企业相容性风险，最终归纳出 21 个 SaaS ERP 服务商选择风险，进而构建出 SaaS ERP 服务商选择风险评价模型。李丹（2018）也研究了中小企业 SaaS ERP 采纳机理与决策模型，发现中小企业决策群体对 SaaS ERP 的采纳意愿取决于他们的主观态度，她指出决策群体的采纳价值认知和采纳风险认知决定了中小企业 SaaS ERP 采纳战略意愿，同时原人力资源损失感知度、应用经济收益满意度、企业竞争力提升满足度影响中小企业 SaaS ERP 的采纳价值认知，项目目标偏离风险、市场发育不成熟风险、政策法规制约风险、内部管理冲突风险、系统应用安全风险、服务供给不足风险影响中小企业 SaaS ERP 的采纳风险认知。

除了 ERP 系统供应商选择风险以外，成本及管理风险、财务人员风险、内部控制风险等也是中小企业 ERP 应用时需要妥善处理的问题（吴信龙，2018）。蔡鼎（2016）提出，中小企业 ERP 项目失败主要源于企业的基础设施零散，数据信息提供不完整、不准确；对于员工的相关培训不正规，工作人员不能适应 ERP 系统；没有详细规划 ERP 系统的实施与应用。他认为，中小企业要想成功实行 ERP 管理，首先 ERP 系统要与企业规模相契合、与企业所处行业相适应、与企业阶段性发展相配合；其次要选择有质量技术保证的供应商，并适应性地调整和完善企业内部执行及系统管理制度。谢佳贺（2018）构建了 ERP 系统下中小企业内部控制风险的评估框架，用以评估组织风险、决策风险、经营风险、研发风险和信息系统风险等定性的风险指标和定量的财务状况风险指标。

张昕（2015）以 C 公司组织实施 ERP 系统管理的经验为例，将 ERP 理论作为指导方针，分析总结该公司在整体运作过程中出现的问题，以及项目小组给出的应对措施，进而总结出有效实施 ERP 管理的工作方案。他认为，应秉持客观公正、从实际出发的原则，综合考虑企业现有的业务需求和未来的发展需要，选择最适合的 ERP 管理软件。业务流程再造要与信息化项目紧密衔接，业务部门应主动配合流程变革；要有效跟进制度建设，明确项目实施目的、实施进度及人员分配，做出阶段性任务完成对照表，对每一阶段的工作进行评估考量，同时做好充分的数据准备；强化领导层对信息化的学习和责任意识，注重对 ERP 文化理念的教育灌输；要注重“人”的因素，加强项目小组内部的信息沟通。

（五）中小企业信息化风险及其管理

信息化风险会发生于企业实施信息化的整个过程中，因此在中小企业信息化过程中，对其风险的监控、应对和管理一直受到大家的关注。信息化项目在投资规模上相对较大，内部结构和功能更加复杂，并且项目周期相对更长，对于其中涉及的时间节点必须要准确地把握；同时，由于技术更新速度较快，项目更新与优化的速度更快，这也使得信息化项目具有更高的风险。基于信息化项目所具有的这些特点，对其进行风险管理的难度更高。

夏翠萍（2015）对各个阶段的中小企业信息化风险进行了系统的研究，识别出我国中小企业信息化不同阶段的风险因素。种子期中小企业信息化的风险因素包括组织结构、企业管理方式、信息技术人员比例、信息化建设前期投入和产品市场风险；初创期中小企业信息化的风险因素包括组织结构、企业文化、企业管理方式、企业业务流程重组、信息技术人员比例、硬件风险、信息化建设前期投入、竞争对手的信息化程度和供应商选择风险；成长期中小企业信息化的风险因素包括 IT 部门、咨询公司、企业业务流程重组、管理人员的流失、需求分析风险、应用维护投入、政府资金扶持和合同风险；成熟期中小企业信息化的风险因素包括 CIO 岗位、软件技术风险、需求分析风险、供应商选择风险和合同风险。

张健（2017）以一家中小企业为例展开深入研究，发现中小企业信息化存在项目质量风险管控体系不完善、项目技术风险管理不到位、项目管理人员沟通不畅和流动性强、项目安全风险管控不到位等问题，并从项目质量风险管理、项目技术风险管理、项目人员风险管理、项目安全风险管理方面提出优化策略。最后他指出，中小企业还要完善风险管理文化建设，构建上下一体的风险管理体系，建立风险应急管理制度，加强企业风险识别能力，培养全员全局风险管理意识，构建动态风险管理体系。

李健（2015）研究了我国中小商业银行信息科技风险管理方式，建立了科技风险管理指标体系，其中关键绩效指标体系包括 IT 服务管理、系统及权限管理；业务连续性包括制度管理和连续性管理；信息安全包括制度、人员管理、信息安全事件、物理安全、日志安全、系统安全网络与通信；开发测试维护包括制度、项目管理、应急管理；外包相关的制度和外包活动管理；还有信息科技审计。他认为，要帮助银行提升科技管理水平、为业务运行和发展提供有力支撑、提升银行服务效率；通过对 IT 相关资源及相关工作流程的全面规范管理，保证信息系统安全与稳定运行，为业务经营提供最佳支持；通过对资源和流程的规范管理，对信息科技风险管理平台建设等借助科技手段实现管理工作的流程化、规范化，进行事前识别、事中监测、事后审计，有效预防并实时监测风险，保证信息系统安全与稳定运行，降低银行业务系统突发事件发生的可能性，保障业务交易系统的安全稳定运行，防止由业务突发事件造成的银行声誉风险、法律风险，确保银行业的安全及金融体系的稳定。

二、中小企业信息化水平评价

为了衡量中小企业的信息化水平，多数研究会选取适当指标建立评价指标体系。国外信息化评价的相关研究兴起于 20 世纪 60 年代，并已取得了丰硕的成果。早期信息化的相关研究大多集中在宏观层面上，从国家和社会的角度，探讨信息技术的应用及其对经济发展的贡献，比较有代表性的有马克卢普法、波拉特法、信息化指数法、信息社会指数法、诺兰模型等。而企业微观层面的研究，则倾向于研究信息化投入与产出（投资与效益）之间的对应关系。

Marthandan 和 Tang（2010）提出了信息化水平评价工作要面对的 8 个方

面的问题和挑战。评价人员必须首先确定评价的范围、视角、维度和方法，然后确定评价时间、分析层次、分析单元和基本理论框架，在此基础上才能真正展开评价工作。

国内对企业信息化水平评价的研究起步较晚，但也已取得不少成果，运用不同的方法得出了评价指标体系，这些指标体系大体由信息化基础设施指标体系、信息化组织建设指标体系、信息化应用指标体系等构成。其中，信息化基础设施指标主要包括基础设施投资平台、信息化硬件平台、通信网络平台、系统和软件平台等；信息化组织建设指标主要包括 IT 部门组织结构、信息化战略与开发、信息化人力资源等；信息化应用指标主要包括信息系统、办公自动化、设计生产自动化等。吴捷（2014）从业务支持、信息技术、运营绩效、管理能力和长期发展 5 个方面构建电力企业信息化水平评价模型。王珊珊（2015）设计了适合中小企业的信息化评价指标体系，该指标体系包括信息化水平和信息化效益 2 个一级指标，并用信息化战略与组织建设、信息化基础设施建设、信息化安全保障、信息化人力资源、信息化应用状况这 5 个二级指标解释信息化水平，从信息化应用效果、信息化持续发展能力、信息化经济效益、信息化社会效益这 4 个二级指标解释信息化效益。姜延书等（2011）运用灰色白化权函数聚类方法建立评估模型，发现小企业信息化水平很低。

三、中小企业信息化绩效

国外学者在宏观层面上，主要研究信息技术和信息产业的发展对国民经济和社会进步的贡献；在微观层面上，主要研究信息资源的整合和信息系统的应用对企业竞争力和企业效益的影响。Bharadwaj（2000）研究了基于资源视角的企业信息化能力与企业绩效的相关关系，得出优秀的信息化能力能够显著增加收入、提高利润。Ravichandran（2005）认为信息技术通过提升企业核心竞争力而提高企业效益，企业运用信息技术提高核心竞争力的能力主要取决于信息系统的运行能力，而信息系统的运行能力则由人员、技术和内外部联系等信息系统资源决定。

国内有关学者关注了信息化绩效的影响因素，如黄电（2017）构建了我国中小企业管理会计信息化的影响因素模型，发现对信息化绩效影响程度最大的是管理会计信息化系统，其次是资金，然后是会计人员的素质、法律政策及企业对信息化的认知。但国内大多数的研究还是集中在对中小企业信息化绩效的评价方面，基本研究结论是一致的，认为我国中小企业信息化绩效并不尽如人意。

于艳红（2016）分析了中小企业信息化绩效的产生过程：第一阶段是企业高层管理者决定购买并使用信息系统；第二阶段是通过战略调整和管理变革等营造良好的信息化氛围；第三阶段是员工接受信息系统，并产生使用行为；第四阶段则是获取企业信息化绩效。研究认为，中小企业信息化绩效往往低于预期，这是因为中小企业信息化外源压力大于自发动力，企业内部成员抵制或忽视信息技术，应用信息系统的支持力度不足，且软件本身具有局限性。要想提高中小企业信息化绩效，就需要提高高层管理者的决策水平及其对信息化的支持力度，调整企业信息战略和管理制度以适应信息化需求，提高员工对信息技术的接受程度。最后，必须改善与信息化绩效直接相关的两个因素，即员工的使用行为，以及任务与技术的匹配性。前者是信息化绩效产生的前提，后者在使用行为与信息化绩效间起调节作用。

四、新环境下的中小企业信息化

（一）“互联网＋”中小企业

“互联网＋”助力中小企业创新成长，让中小企业有了更多的发展空间，能够为中小企业提供更丰富的服务，以及更多的创新、创业机会。同时，也对中小企业提出了更多的要求——以互联网思维、以开放的心态强化互联网化发展，推动中小企业与互联网深度融合，利用互联网优势促进自身发展。吴群（2016）指出，“互联网＋”中小企业能够促进中小企业生产能力提升和内部分工结构更趋优化，拓宽中小企业的融资渠道，提升中小企业的市场竞争优势，有效帮助中小企业开拓市场。“互联网＋”中小企业的主要内容包括生产制造与服务模式的互联网化、营销模式的互联网化、管理模式的互联网化和商业模式的互联网化。

“互联网＋”也会给中小企业带来一定的挑战。“互联网＋”面临的不确定性，导致不少传统中小企业在“＋”或不“＋”之间徘徊。中小企业对互联网生态圈认识上的偏差，也可能使中小企业面临“互联网＋”失败率居高不下的挑战。加之传统中小企业转型升级面临的困境，也会对“互联网＋中小企业”发展形成制约。因此，中小企业“互联网＋”的核心是重构供需结构，产生新的经济能量，而不是切割原来的市场。中小企业需要寻求商业模式的新突破，这就要求中小企业以开放的心态，运用互联网思维，搭建平台，整合资源，关注微创新，搭建协同化技术服务平台。

（二）新技术信息条件下选型研究

伴随信息技术的不断发展，如何将新的信息技术应用于企业信息化成为研究热点，如何选择信息技术成为各类企业面临的问题。如孙喜龙（2017）等从信息化基础办公环境搭建、办公信息化、企业宣传与服务、视频监控系统、考勤系统等方面探讨了中小企业的信息化管理方式。

1. 大数据与中小企业信息化

大数据的数据量庞大、数据种类概括广泛、处理效能较高并极具实时性。大数据能帮助中小企业推进技术革新、降低成本、满足客户的个性需求等，因此中小企业应该广泛运用大数据，依托大数据做好企业预评估工作，并强化员工对于大数据技术的理解与认识（王远明，2018）。王振华等（2019）从中小企业外部环境、运营、管理三个方面研究了大数据对中小企业发展的影响，对于大数据时代中小企业的发展提出三方面的建议：树立数据思维，完成数据收集；培养数据人才，保障数据处理；强化数据创新，实现数据应用。

针对大数据及大数据技术在中小企业如何发挥作用展开的研究很多。王大鹏（2016）研究了大数据背景下中小企业信息化建设可行实施路径，包括利用大数据进行精准营销、针对不同客户群体的价格歧视、利用大数据做服务转型、利用大数据分享平台挖掘新的潜在市场，以及利用大数据优化企业流程。薛汉根（2017）指出根据中小企业的实践，推进大数据运营一般应把握好如下五个主要环节，即设计科学合理的应用大数据的组织结构、制定切合实际的大数据行动计划、建立企业大数据运营体系、构建大数据基本技术平台和建设一支优秀的大数据团队。要想提升大数据的应用价值，就要将大数据技术与企业业务进行有效的融合，以大数据推进企业战略决策从“业务驱动”转向“数据驱动”，引领传统营销变革，提升电子商务能力，优化供应链管理，驱动实时运维监测及支撑企业数字化建设。莫锦萍（2018）以广西中小企业为例，构建了一个基于大数据的企业信息化建设与管理模型。刘荣等（2015）研究了大数据技术在中小企业信用体系建设中的应用，通过借鉴国外银行业中小企业的大数据应用经验，提出基层央行可加强中小企业信息数据库建设，发布各类中小企业分析报告，开发新型中小企业信息数据应用技术，提高中小企业信用信息服务能力，进一步推进中小企业信用体系建设。

2. 中小企业的信息技术外包

近年来，越来越多的中小企业选择了信息技术外包。对于很多中小企业而言，信息技术不是企业的主营业务，自己开发维护会造成大量的资源浪费，而信息技术业务外包可以使资源相对匮乏的中小企业专注于自己的核心业务，提高资金和资源利用的灵活性，最大限度地降低成本和提高效益，并适应新的信息技术系统的需求。有些学者从经济学的角度对信息技术外包展开研究。Cheon 运用资源基础理论及资源依赖理论分析信息技术外包，也有研究把信息技术外包商看作供应链中的一环，这有助于企业和信息技术外包商加强合作，齐心协力为企业的信息化服务，以期实现整条链的利益最大化。Zou 等（2001）提出国际信息化项目外包模式的理论价值。

有很多企业发现外包不仅没有简化操作，还意外地增加了成本，所以很多研究也将关注点聚焦于此。如 Bahli 等（2005）从交易成本的角度阐述分析外包风险，指出信息技术外包中存在三类主要的风险因素，包括交易、客户和外包商。信息技术外包的实施流程主要包括外包的决策阶段、执行阶段和验收阶段。周梅（2016）在分析了中小制造企业信息技术外包的特点后，运用 AHP 进行外包风险识别，认为外包决策阶段非常重要，而细化的风险因素中，承包商提供的 IT 能力及外包决策对于整个外包过程成功与否有着巨大的影响。

3. 云计算与中小企业信息化

云计算是一种全新的科技革命，提供的服务具有按需提供、自动化、全部能力资源池化、能力和资源弹性供给、统计服务能力强大等特征，形成一种全新的信息交付和服务模式。云计算的产生对面临资金紧张、业务繁重、人员不足等条件限制的中小企业来说是巨大的变革商业模式、提升业务能力和服务能力的机会，中小企业可以借助云计算提供的基础设施、业务平台和应用，取得和大企业进行正面竞争的业务能力，可以通过云服务商获得经营管理、开发设计、营销推广、市场变化等信息，同时按需支付服务费用，极大地节约了企业运营成本。沈志蓉等（2017）对云平台服务能为中小企业带来的成本优势和资源优化配置进行分析，认为云平台在中小企业信息化发展中的应用价值体现在为企业节约成本和增加收益上，但同时云平台也会给中小企业在专业化人才、安全隐私、技术设备可靠性、资源可移植性方面带来风险。

许多学者从不同视角对中小企业应用云计算技术提出了建议。刘鑫（2018）研究企业对 SaaS 服务的认可程度，并对这种云服务进行风险评估，发现企业对于从云服务商直接购买云服务的模式更为认可。郭广宇（2018）从信息安全的角度对云计算产业进行了分析，针对云计算模式下中小企业面对的信息安全的薄弱环节展开思考，总结了中小企业在业务登云过程中需要重点防范的隐患，也分析了信息安全的未来趋势。权衡（2017）研究发现，中小企业为了赶超大型企业做了充分的准备，如积极采用云计算技术作为信息化平台的支撑。但由于云计算还处在发展过程中，因此，它在提升中小企业业务能力的同时，也给中小企业带来了新的管理问题和数据安全问题。曾敏越（2015）探讨了云计算技术在中小企业管理创新中的应用，包括管理观念创新、组织结构创新、信息化技术创新、运营管理创新及文化创新。王夏静等（2017）从基于云计算的中小企业会计信息化架构选择方案、会计信息化网络设计方案、会计信息化机制和会计信息化系统与云计算的结合四个方面展开论述，依托云端技术优势，将中小企业会计信息化结构分成三个部分：会计核算平台、财务综合平台和企业管理平台。云计算使企业会计业务与税务系统、金融系统、客户及审计系统联结，有效约束了企业经理行为，促进企业向正规化方向发展。

李柏（2018）做了中小企业应用云计算的 SWOT 分析，优势方面，私有云基础架构平台通过整合数据中心资源提高信息化建设的资源利用率，简化运维，增强系统健壮性和业务的可靠性，搭建智能数据中心，为数据中心带来灵活的动态扩展能力；公有云的服务模式可极大地降低运营成本和人力成本，使用比较灵活，在专注于主业的同时享受 7×24 小时的网络服务和技术支持，提升企业的工作效率和核心竞争力。劣势方面，数据安全性受到考验、按流量收费将增加使用成本、企业对于业务系统和数据信息的自主权下降、云计算自身的成熟度还不是很高。在我国政府的引导下，国内与云计算产业相关的投入也会飞速增加，并促进整个云计算产业的蓬勃发展，这对中小企业来说是一个难得的机遇。与此同时，也会产生一系列新的挑战，包括对于云计算技术的理解和应用，云端的业务系统与本地系统集成困难，向云端迁移系统可能出现的问题，云服务商的选择问题等。

（三）中小企业的信息资源利用与信息服务

1. 中小企业信息资源管理

近年来，信息管理关注的重要领域是如何提高中小企业信息资源管理水平。郭兴成（2015）通过实证研究证明，中小企业信息资源管理水平与企业利润增长率之间存在正向关系。尚宏利（2017）研究了甘肃中小企业信息资源管理中存在的问题，发现这些企业对信息资源管理的认识存在偏见；电子商务活动有限，信息资源管理建设资金短缺；信息化人才流动性大，储备严重不足；信息资源管理受地域限制严重。中小企业应增强企业领导的信息化意识，坚持“一把手”工程；充分利用第三方平台，积极配合取得多方支持；多渠道筹集资金，设立信息资源管理专项资金；改善用人制度，加紧培训，打造一支复合型信息化人才队伍；政府制度创新与企业管理体制创新双管齐下。钱弯弯等（2018）认为，需要从价值链视角重新探究底层信息联通问题，提出了全价值过程的状态跟踪和信息共享解决框架，实现企业业务流的细粒度个性化重组、业务流与信息流的弱耦合。郭梦雪（2017）对中小企业经理人信息源利用行为展开研究，发现中小企业经理人对外部环境的感知战略易变性、环境复杂性、感知信息源质量与人际、非人际、内部、外部信息源扫描频率均呈显著的正相关关系。此外，感知信息源质量还可正向调节感知战略易变性与各类型信息源扫描频率的关系，但对环境复杂性与各类型信息源扫描频率并不存在正向调节作用。

2. 中小企业竞争情报管理

竞争情报的获取、利用和信息服务是中小企业近些年关注的焦点之一。Munoz－Canavate 等（2015）认为，竞争情报属于一种商业信息资源。贸易情报的获取是对企业所处行业竞争环境及直接竞争对手的全面监测过程。Lemmer（2015）从人才角度分析了竞争情报的重要性。尽管近年来，中小企业开始重视竞争情报的搜集和利用，但依旧处于发展的较低阶段。刘吴旸等（2015）认为我国引入大数据之后，中小企业管理者并未对竞争情报给予足够的关注与重视，竞争情报的收集仍处于一个较低的发展阶段。

在对中小企业竞争情报的需求研究的基础上，学者们提出了竞争情报管理的一些建议。逢锦荣等（2018）认为，竞争情报需求具有复杂多样性、动态时效性、合法性、全面长期性和模糊性的特点，他们从核心竞争情报和支撑竞争情报两个维度构建了中小企业竞争情报管理体系。郑悦雪（2016）在对我国中小企业竞争情报需求的特点、存在的问题做出客观分析的基础上，提出中小企业应构建大数据环境下中小企业竞争情报系统，利用现代化、智能化的管理手段持续提高中小企业管理质量，增强其综合竞争实力。研究还从信任机制、共享机制、奖惩机制、协调机制等方面对大数据环境下中小企业竞争情报运行机制进行了讨论。李明等（2017）研究了基于 C2M 模式的中小企业竞争情报协同供给机制，认为应采用“需求＋数据＋供给”的三层服务模式，以中小企业科技创新、竞争情报需求为驱动对象，以政府、高校、科研院所、咨询机构、产业集群及其上下游企业等为供给主体，融合大数据、云服务、互联网＋等现代信息技术，通过数据挖掘、聚类分析等数据分析工具，为中小企业提供线上服务协同、线下数据融合的个性化竞争情报定制服务。张丽玮等（2016）研究了中国中小企业竞争情报供给主体及供给方式，发现中小企业竞争情报的获取很大程度上依靠我国竞争情报外部供给实体的情报服务模式和服务内容，由于我国竞争情报服务机制不健全，使得供给主体职责、分工不明确，情报服务系统性、全面性、层次性相对较差，因此需要构建起职能明确、分工协作、涉及多种类型主体的竞争情报社会服务体系，引导中小企业获取竞争情报服务，提供“打包式”的综合解决服务方案。

王洪亮等（2015）发现大数据环境下，中小企业竞争情报的主要变化体现为竞争情报“个性化”，信息源呈几何级增长，以低成本获得强大的竞争情报分析能力，竞争情报行为透明化、动态化、实时化，以及竞争情报安全问题凸显等。从中小企业竞争情报的需求特点出发，王洪亮等提出一个包含情报规划、情报搜集、情报分析、情报服务、情报安全、情报控制协调六个子系统的大数据环境下中小企业竞争情报系统模型。江尚谦（2016）对大数据时代下中国中小企业竞争情报的创新展开分析，提出中小企业要树立基于大数据的竞争情报意识，建立基于云计算的企业竞争情报信息系统，并合理应用大数据的分析技术和工具。张雯（2015）分析了国内外科技型小微企业信息搜寻活动，发现其信息搜寻模式是以政府为引导，以达到战略、战术成果为目标，以企业内部从业人员为主体，综合管理学和心理学有关知识的模式。他对信息源、信息搜寻渠道、信息搜寻原则、科技型小微企业信息搜寻所具有的五类特点进行总结，最终构建了科技型小微企业信息搜寻的循环模式，包含目标层、方案准则层、主题层、基础层四个层面。

3. 面向中小企业的信息服务

关于中小企业信息服务的内容和模式的研究较多。胡笑梅等（2016）对大数据环境下中小企业竞争情报服务模式进行研究，认为外包服务、政府服务、行业协会服务、企业自我服务等传统的竞争情报服务模式具有服务内容少、服务质量不高、服务方式单一等缺点，因此应构建“一站式”企业竞争情报服务模式。“一站式”企业竞争情报服务模式的服务平台是在政府主导下建立的，它的运作由行业协会组织负责。政府制定宏观政策并负责一部分人力物力扶助平台的建设，企业和行业协会提供剩余资金和人才。该模式的服务主体是行业协会、政府部门、咨询机构及中小企业。中小企业将供货方、销售商联合起来，共同建立一套竞争情报系统，彼此分享信息资源，但是各自拥有独立的决策管理子系统和情报分析子系统。中小企业只需通过这个一站式服务平台就可以获取所需的所有信息和竞争情报。王章红（2016）分析了大数据环境对中小企业情报服务的影响，提出大数据环境下中小企业情报服务应采用基于多源数据、智能集成的平台总体架构；采用基于需求驱动、强调用户参与的情报服务流程；采用基于功能模块化、平台服务集成化的功能体系；采用面向用户的服务手段设计。胡笑梅等（2016）提出了一个基于大数据的中小企业科技信息服务模式，该模式以云平台为支撑手段，从主体层、平台层、服务层、渠道层、对象层五个层面构建中小企业科技信息服务模式。张丽玮等（2016）则对中国中小企业竞争情报服务的相关法律、政策及规划等进行系统梳理，并针对目前我国中小企业竞争情报服务的相关法律、政策和规划等存在的问题，提出有针对性的服务建议。

参考文献

[1] Levy M，Powell P. Information systems strategy for small and medium sized enterprises：an organizational perspective [J]. The Journal of Strategic Information Systems，2000，9（1）：63-84.

[2] 赵晶晶．中小企业信息化战略与企业成长研究 [D]. 淮南：安徽理工大学，2015.

[3] 戴晓梦．中小企业信息化管理现状及策略研究 [D]. 武汉：湖北工业大学，2017.

[4] 蔺婷婷．信息化投入对科技型中小企业竞争力的影响分析 [D]. 咸阳：西北农林科技大学，2015.

[5] 胡芳，徐赟，詹敏学，等．中小企业 B2B 电子商务使用行为的探索性研究 [J]. 系统管理学报，2017（5）：473-484.

[6] 沈子渲．中小企业电子商务管理面临的问题及对策研究 [J]. 现代营销，2019（1）：159-160.

[7] 王晴晴．中小企业电子商务发展策略研究 [D]. 青岛：青岛大学，2017.

[8] 夏天文．中小企业会计信息化研究 [D]. 镇江：江苏科技大学，2017.

[9] 孙玫．我国中小企业会计信息化之云会计模式研究 [D]. 北京：首都经济贸易大学，2017.

[10] 竞玉梅．中小企业云计算会计信息化建设探讨 [J]. 财会通讯，2018（7）：106-109.

[11] 路玉婧．云会计在中小企业会计信息化中的应用探析 [J]. 商场现代化，2017（13）：192-193.

[12] 王治国．基于云计算环境下的中小企业会计信息化发展 [J]. 电子技术与软件工程，2017（5）：216.

[13] 李美贤．浅谈云计算环境下的中小企业会计信息化建设 [J]. 财会学习，

2016（11）：143.

[14] Tang Changlong，Liu Jiqiang. Selecting a trusted cloud service provider for your SaaS program [J]. Computers & Security，2015，50：60 – 73.

[15] Ergu D，Peng Y. A framework for SaaS software packages evaluation and selection with virtual team and BOCR of analytic network process [J]. Journal of Supercomputing，2014，67（1）：219 – 238.

[16] 马西强．中小企业 SaaS ERP 服务商选择风险评价研究 [D]. 西安：西安理工大学，2018.

[17] 李丹．中小企业 SaaS ERP 采纳机理与决策模型研究 [D]. 西安：西安理工大学，2018.

[18] 吴信龙．大数据环境下 ERP 在中小企业中的应用分析 [J]. 经济研究导刊，2018（9）：24 – 25.

[19] 蔡鼎．基于 ERP 系统的中小企业信息化建设研究 [D]. 郑州：河南工业大学，2016.

[20] 谢佳贺．ERP 系统下中小企业内部控制风险的评估研究 [D]. 福州：福建农林大学，2018.

[21] 张昕. 中小企业 ERP 系统的实施与应用研究 [D]. 天津：天津大学，2015.

[22] 夏翠萍．基于生命周期的中小企业信息化风险研究 [D]. 天津：天津工业大学，2015.

[23] 张健．中小企业信息化项目风险管理研究 [D]. 武汉：华中师范大学，2017.

[24] 李健．中小商业银行信息科技风险管理研究 [D]. 长春：吉林大学，2015.

[25] Marthandan G，Tang C M. Information technology evaluation：issues and challenges [J]. Journal of systems and information technology，2010，12（1）：50.

[26] 吴捷. 我国电力企业信息化指标体系构建及评价 [J]. 全国商情（经济理论研究），2014（14）：50 – 51.

[27] 王珊珊．中小企业信息化评价指标体系研究 [D]. 哈尔滨：黑龙江大学，2015.

[28] 姜延书，张倩倩，陈跃雪. 基于灰色聚类模型的纺织企业信息化水平评估 [J]. 哈尔滨商业大学学报（社会科学版），2011（5）：57 – 60.

[29] Bharadwaj A S. A resource – based perspective on information technology capability and firm performance: an empirical investigation [J]. MIS Quarterly, 2000, 24 (1): 182.

[30] Ravichandran T, Lertwongsatien C. Effect of information system resources and capabilities on firm performance: a resource – based perspective [J]. Journal of Management Information Systems, 2005, 21 (4): 256 –257.

[31] 黄电. 管理会计信息化真能提升中小企业管理绩效? [J]. 会计之友, 2017 (18): 39 –43.

[32] 于艳红. 中小企业信息化绩效提升策略研究 [J]. 学习与时代, 2016 (9): 54 –60.

[33] 吴群. “互联网 + 中小企业” 的发展致思 [J]. 理论探索, 2016 (1): 103 – 107.

[34] 孙喜龙, 马彦辉. 中小企业信息化管理探讨 [J]. 中国管理信息化, 2017 (7): 79 –81.

[35] 王远明. 大数据对中小企业信息化的影响探析 [J]. 淮南职业技术学院学报, 2018 (4): 124 –125.

[36] 王振华, 曾春花. 环境、运营、管理: 大数据对中小企业发展的影响研究 [J]. 经济论坛, 2019 (3): 33 –38.

[37] 王大鹏. 大数据环境下中小企业信息化的实施策略研究 [J]. 信息技术与信息化, 2016 (11): 101 –103.

[38] 薛汉根. 积极推进大数据在中小企业中的应用 [J]. 上海企业, 2017 (11): 78 –81.

[39] 莫锦萍. 基于大数据的智慧企业信息化建设与管理研究 [J]. 沿海企业与科技, 2018 (1): 11 –13, 29.

[40] 刘荣, 崔琳琳. 大数据技术在中小企业信用体系建设中的应用 [J]. 征信, 2015 (4): 40 –43.

[41] Zou P X W, Zhang G, Wang J. Understanding the key risks in construction projects in China [J]. International Journal of Project Management, 2007, 25 (6): 601 –614.

[42] 周梅. 中小制造企业信息技术外包的风险控制研究 [D]. 上海: 上海工程技术大学, 2016.

[43] Bahli B, Rivard S. Validating measures of information technology outsourcing risk factors [J]. Omega, 2005 (33): 175 –187.

[44] 沈志蓉，夏天文. 基于云平台的中小企业信息化发展探讨 [J]. 财会通讯，2017 (22)：111-113.

[45] 刘鑫. 换热器行业中小企业应用 SaaS 模式服务风险分析 [D]. 北京：中国科学院大学，2018.

[46] 郭广宇. 云计算环境下网络信息安全 [J]. 电子技术与软件工程，2018 (6)：230.

[47] 权衡. 云计算在中小企业信息化中的应用研究 [J]. 通信设计与应用，2017 (5)：94.

[48] 曾敏越. 云计算环境下中小企业管理创新研究 [D]. 南昌：南昌大学，2015.

[49] 王夏静，翟翠娟. 云计算环境下中小企业会计信息化建设模式探析 [J]. 财会通讯，2017 (1)：105-108.

[50] 李柏. 云计算技术在中小企业信息化建设中的应用分析 [D]. 北京：北京邮电大学，2018.

[51] 郭兴成. 信息资源管理水平与利润增长率的关联分析 [J]. 中国管理信息化，2015 (7)：100-101.

[52] 尚宏利. 中小企业信息资源管理中存在哪些问题？——以甘肃省中小企业为例 [J]. 管理世界，2017 (23)：11-12.

[53] 钱弯弯，江文华，谢子霖，等. 基于价值链的中小企业状态跟踪和信息共享解决框架 [J]. 信息资源管理学报，2018 (2)：68-75.

[54] 郭梦雪. 感知战略易变性、环境复杂性与中小企业经理人信息源利用行为研究 [J]. 情报理论与实践，2017 (7)：108-114.

[55] Munoz-Canavate A, Hipola P. International intelligence in spain: an approach to information resources for business [J]. Journal of Business & Finance Librarianship, 2015, 20 (4): 302-317.

[56] Lemmer C A. Using competitive intelligence instruction to develop practice-ready legal professionals [J]. Legal Reference Services Quarterly, 2015, 34 (2): 268-292.

[57] 刘昊旸，胡斌，张伟. 大数据时代背景下的企业信息化策略分析 [J]. 数字技术与应用，2015，14 (1)：226-228.

[58] 逄锦荣，张雨. 大数据环境下中小企业竞争情报需求分析与实施策略研究 [J]. 山东科技大学学报，2018，4 (20)：80-87.

[59] 郑悦雪. 大数据环境下中小企业竞争情报系统研究 [D]. 昆明：云南大

学，2016.
[60] 李明，贺伟，肖学斌．基于C2M模式的中小企业竞争情报协同供给机制研究［J］．情报科学，2017（11）：34－37.
[61] 张丽玮，郑彦宁．中国中小企业竞争情报供给主体及供给方式研究［J］．情报科学，2016（11）：37－41.
[62] 王洪亮，张琪，朱延涛．大数据环境下中小企业竞争情报系统模型构建［J］．情报理论与实践，2015（7）：109－114.
[63] 江尚谦．大数据时代下中国中小企业竞争情报的创新研究［J］．中小企业管理与科技，2016（8）：7－8.
[64] 张雯．科技型小微企业信息搜寻活动研究［D］．淄博：山东理工大学，2015.
[65] 胡笑梅，刘帅．大数据环境下中小企业竞争情报服务模式研究［J］．湖北经济学院学报，2016（1）：58－59，62.
[66] 王章红．大数据环境下中小企业情报服务模式研究［J］．科技创业月刊，2016（5）：36－37，40.
[67] 胡笑梅，刘帅．大数据时代中小企业科技信息服务模式研究［J］．情报探索，2016（6）：7－11，16.
[68] 张丽玮，郑彦宁．中国中小企业竞争情报服务的法律、政策及规划分析［J］．现代情报，2016（12）：14－18.

第五章　中小企业融资效率与融资模式创新研究

我国中小企业在“大众创业、万众创新”中发挥了主体作用，对促进就业、拉动经济增长起到重要的推动作用。然而，中小企业的融资需求却未获得充分满足。根据世界银行发布的《中小微企业融资缺口：对新兴市场微型、小型和中型企业融资不足与机遇的评估》报告，我国41%的中小企业存在信贷困难的问题，超过2300万家中小企业无法从正规金融体系获得融资。中小企业融资需求约4.4万亿美元，而对中小企业的融资供给目前仅为2.5万亿美元，缺口达1.9万亿美元。如何破解中小企业“融资难”问题一直是研究的热点，学者们围绕中小企业融资现状、中小企业融资困境、导致融资困境的成因，以及如何创新中小企业的融资方式四个方面展开了大量的研究，取得了丰硕的研究成果。近年来，随着经济发展转型升级、金融市场层次不断丰富，以及互联网经济的兴起，尤其是国家推动下的“双创”浪潮的冲击，我国中小企业面临与以往全然不同的发展环境和机遇。与此相对应，学术界对中小企业融资问题的研究也发生了较大变化。综合近年来的研究文献发现，研究内容逐步向评估中小企业融资效率、实证分析影响中小企业融资能力的因素、创新中小企业新的融资模式、探寻增强中小企业融资能力的途径等四个方面演进。总体来看，近年来的中小企业融资研究，无论是研究深度还是研究广度都有很大提升，研究的成果更加贴近当前客观经济状况，在准确性、时效性、操作性上均获得了很大程度的进步。

一、中小企业融资效率

中小企业融资效率衡量的是企业对所筹资金的使用绩效，反映了中小企业以最小的成本、最低的风险融得资金，并使用资金谋取最高收益的能力。提高中小企业融资效率既是企业经营绩效的现实反映，也可为后续融资创造良好的环境产生积极的影响，促进企业可持续发展。

前几年，有关中小企业融资效率的研究主要侧重于理论研究，包括对中小企业融资效率进行界定、分析中小企业融资效率的影响因素，以及提升中小企业融资效率的对策研究。这些研究为正确了解中小企业融资问题打下了良好的理论基础，但当前中小企业融资效率到底如何，哪些因素促进、哪些因素阻碍了中小企业融资效率的提高，今后应着力从哪方面提升中小企业融资效率等问题，我们的认识却较为模糊。因此，近年来，国内学者开始对企业融资效率展开实证方面的研究，以期获得更深入的认识。

（一）融资效率的测算

数据质量是决定实证研究是否有效可靠的最重要因素。早期研究主要是以上交所和深交所上市的中小企业为样本，但这些企业的数量有限，加之证券交易所对企业上市的较高门槛要求，这些企业不能作为我国一般中小企业的代表。因此，部分学者选择了新三板挂牌企业，并对企业进行问卷调查获得一手数据。吴阳芬、曾繁华（2019）认为，新三板市场作为我国资本市场体系的重要组成部分，对解决我国中小企业融资难问题具有重要意义。文章以我国新三板分层制度为基础，利用数据包络分析法对新三板创新层企业单独年份内的整体融资效率、分行业融资效率及上市前后融资效率进行静态分析和动态分析。实证结果表明，我国新三板中小企业，除技术水平较高的信息技术行业和制造业外，整体融资效率水平偏低，企业在研发、创新方面资金运用效果不佳，企业融资效率低的主要原因是创新动力不足。据此认为，通过技术创新驱动技术进步，提高企业全要素生产率和投入产出率，进而提高企业净资产收益率、营业收入同比增长率，可降低企业融资成本并提高融入资金使用效率。袁卓苗等（2018）运用 DEA 中的超效率 CCR 模型，选取了 76 家新三板科技型中小微企业为样本，从资金投入与产出两个角度，测算了科技型中小企业的融资效率，发现这类企业的融资效率还有较大的提升空间。从不同行业看，科技推广和应用服务业的融资效率高于研究和试验发展业、专业技术服务业；从不同创新层看，创新层企业的融资效率高于基础层企业。研究证明，企业融资效率低下的原因是主营业务成本过高和主营业务收入增长缓慢。黄毅（2016）通过实地走访、网上发放问卷、由政府主管部门向企业下发问卷、通过电子邮件发放问卷等方式对 362 家小微企业进行调查，采用数据包络分析法对其融资效率进行分析，结果表明，我国小微企业的融资效率非常低，99% 的企业技术无效，96% 的企业规模无效。他认为，造成这种结果的原因是小微企业规模小，融入资金少，管理能力低下，因此，提出要加大小微企业资金投入，增加产出，从而提高融资效率。此外，还需要政府和金融部门共同为小微企业融资创建良好的外部环境。王重润、王赞（2016）运用 DEA – Malmquist 方法对挂牌“新三板”的中小企业的融资效率进行分析。研究发现，2013 年以来，中小企业的融资效率整体上有所改善，但多数企业融资效率没有达到 DEA 有效。资产负债结构不合理、营运资金利用率不高、成长性弱等因素是造成企业融资效率低的重要原因。

（二）考察资本市场对企业融资效率的影响

由上述研究结果可见，中国中小企业融资效率普遍较低。理论分析表明，资本市场缓解中小企业融资困境主要通过以下方面产生作用。一是提供直接资金支持。二是资本市场融资使中小企业获得更多关注，获得更多渠道的融资，降低融资成本。三是通过在资本市场挂牌，企业内部治理结构更加完善，信息更加透明，资信提高，更有利于其获得融资。那么，这是否意味着企业的融资效率会因为资本市场融资而提高？廖艳等（2017）选取 2014 年新增挂牌的 246 家新三板企业作为研究样本，对比了样本企业挂牌前后的融资效率，研究发现：挂牌后融资效率提高的企业仅 20 余家，占比不到 15%，绝大多数企业融资效率低下。经过多元回归分析发现，导致企业融资效率低下的原因中，资产规模、偿债能力、营运能力和盈利能力对融资效率产生正向影响，资产负债率则对融资效率产生负向影响。这背后的原因是部分中小企业为达到新三板市场准入条件实现挂牌而粉饰财务报表。沈忱（2017）采用三阶段 DEA 模型，剔除环境变量并调整投入值，测度得到第三阶段效率值，更准确地反映了新三板中小企业的融资效率。他认为，中小企业在新三板的融资效率低下的原因是整体投入产出不合理，融资资金存在一定程度的闲置，资金在整体上使用效率低下，规模效率偏低。

（三）考虑政府对企业融资效率的影响

与西方发达国家不同，我国金融体系发展相对落后，企业融资方式以间接融资为主。科技型中小企业由于自身条件限制，在融资过程中处于相对劣势地位。政府为推动创新驱动转型，对科技型中小企业给予税收优惠、利息补贴、贷款担保、创新补助等多种形式的扶持，对缓解科技型中小微企业融资约束具有不可忽视的重要影响。那么，政府支持科技型中小企业的融资效率如何，引起了学者关注。黄玉英等（2015）认为，对处于制度变迁活跃期的中国而言，政府在制度环境上发挥合理调控作用，对中小企业融资效率的影响不亚于内部因素。文章抽样选择了浙江省 306 家样本中小企业，研究发现政府通过政策设计和服务改善，能提高融资可得性，降低融资成本，从而显著正向影响企业融资效率。徐玉莲等（2017）通过对黑龙江省科技型中小微企业的调查，运用结构方程模型实证检验了政府行为对科技型中小微企业融资效率的影响效果，结果显示，培育市场资金供给主体、降低投融资信息不对称程度、分散（降低）企业创新风险均能有效提升科技型中小微企业融资效率，而财政直接支持的融资效率作用效果则不显著（图5-1）。由此给出的政策建议是缩减政府财政直接支持规模，转向引导市场资金供给主体发展，建立政策性再担保机构，通过制度构建，在担保机构、协作银行与再担保机构之间合理分担贷款风险。

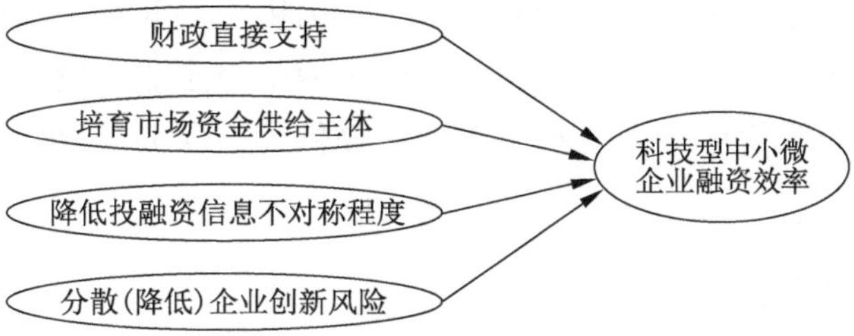

图5-1　地方政府行为对科技型中小微企业融资效率支持作用

综上，关于我国中小企业融资效率的研究轨迹可以总结如下。首先，研究对象不断拓展。国内学者经过多年探索，研究对象从整体、细分行业或区域，逐步深入新三板挂牌企业，以及实地调研的企业。其次，研究方法不断创新。学者采用的研究方法从传统的DEA模型，转向三阶段DEA模型、超效率CCR模型、DEA－Malmquist指数法。再次，研究内容不断深化。部分学者还通过实证研究，进一步分析了企业融资效率低下的原因，在此基础上提出对应的举措。这些最新研究都在原有研究的基础上更加深入、更加有针对性，其现实意义也进一步加强。

二、中小企业融资能力影响因素

影响中小企业融资能力的因素可以分为企业内部因素和外部因素两方面。造成中小企业融资难的内部原因是中小企业自身素质不高。已有大量研究证明，企业内部治理结构混乱、运作不规范，财务风险、经营风险较大，信用等级不高等均显著影响中小企业获得融资的能力。造成中小企业融资难的外部原因，以往研究主要关注商业银行及社会环境两个方面。商业银行因为规模不经济和规避信贷风险的考量，在放贷时对中小企业有一定程度的金融歧视。另外，由于我国商业银行的金融产品创新不足，很少有适合中小企业的金融产品。在社会环境方面，缺乏专门为中小企业服务的中介机构及有利于中小企业融资的法律法规，这都不利于我国中小企业的融资。从解决问题的角度看待中小企业内外部因素发现，企业内部因素受企业规模、年限的客观制约，很难在短期内有根本性的改观。此外，随着研究的不断深入，最新的研究开始聚焦于企业其他微观要素，如企业管理者特征、企业声誉、企业的政治关联等对融资的影响。企业外部因素也随着客观经济金融条件的发展发生了天翻地覆的变化，金融歧视现象在金融创新产品的支持和政府政策激励下已经有了较大改观，围绕中小企业融资问题的服务政策也不断丰富。最新的文献主要把中小企业融资问题置于我国供给侧改革、互联网金融发展的背景下开展研究。以上研究侧重点的变化为中小企业融资理论研究提供了崭新的视角，为缓解中小企业融资难问题提供了不同的思路，具有较高的理论和实践意义。

（一）内部因素

如前所述，本部分不再回顾研究成果已经较多、研究结论已经得到公认的企业内部因素，如企业内部治理结构、运作方式、财务状况、信用等级等。最新的研究开始关注企业管理者特征、企业声誉、企业的政治关联等微观要素对企业融资的影响。跟随这种研究视角的变化，下面对相关文献进行归纳总结。

1. 企业管理者特征

学者们研究发现，企业管理者尤其是高管的个人特征会对企业经营绩效产生极为重要的影响。那么，企业高管的金融素养对企业融资是否也会有同样的影响呢？李建军等（2019）对京津冀、江浙沪和广东 1750 家中小企业开展调查，实证分析了企业高管的金融素养对企业融资能力的影响。研究结果表明，提高高管的金融素养可以显著提高企业的融资水平。进一步检验作用机制发现：高管金融素养的提高，会增强其对利率、通货膨胀风险的敏感性，使其更加关注企业投资项目时面临的风险，企业风险管理水平的提升对企业融资概率的提高必然产生正向作用；高管较高的金融素养意味着企业现金流管理能力较强，表现为企业应收账款管理水平高，外部资源整合能力较强，企业资金运作状况良好，这些都能提高企业从正规金融机构获取融资的概率。因此，提升企业高管的金融素养，是破解中小企业融资难的一个重要方法。

2. 企业声誉

企业声誉作为企业社会关系的一项重要表现形式，对中小企业融资具有重要的影响。樊勇等（2018）认为，良好的企业声誉是企业获得公众信任的表现形式之一，传达了企业高信用、低风险的市场信号，能够降低融资双方彼此之间的信息不对称性，从而提升企业获得期限更长、成本更低的资金支持的概率。基于作者2016年年底通过实地调查、网络问卷调查、电话访问等多种方式对2795家非上市民营中小企业的调查，结果证明了上述理论推断，即企业声誉好的民营中小企业更容易获得融资。尤其在企业成长初期，企业声誉的基础性作用更大，对企业融资能力提升的作用更加显著。

3. 企业的政治关联

任何企业都处在一个特定的社会结构之中，并有其独特的社会关系。企业的经营决策与财务行为必然受所处社会关系网络的影响。在此过程中，企业社会关系对其经济行为的影响必定会以某种形式得以体现。在我国的社会关系网络中，政府占据绝对的强势地位，大量社会生产资源受政府直接或间接的支配。因此，与政府建立良好的政治关联对企业获取发展所需的资源具有重要的意义。从社会现实看，我国中小企业家普遍热衷于投身党内政治生活、拓展政企关系，目的正是通过与政府建立良好的政治关系来提升企业获取经济资源的能力。樊勇等（2018）通过实证分析证实，政治关联性强的企业更容易获得外部融资，且随着企业发展，政治关联对企业融资的影响更加显著。

（二）外部因素

1. 银行对中小企业融资的影响

我国“银行主导型”的金融结构决定了中小企业的融资需求离不开银行信贷的支持。因此，银行业的发展对中小企业融资的影响一直是学者们关注的主题。传统商业银行对中小企业的信贷歧视现象长期且普遍存在，这种现象是由银企之间信息不对称、小额融资规模不经济等因素造成的。中小金融机构对中小企业贷款具有“软信息”等方面的“小机构”优势，因此，增加中小金融机构的数量对缓解中小企业融资约束具有重要意义（吴银萍，罗传健，2016）。鉴于这种局面，近年来我国大力鼓励成立中小银行，其初衷就是发挥其优势，更好地为中小企业融资服务。

城市商业银行作为植根于当地的区域性中小银行，与国有大银行相比，具有独特的优势：对所在地区内中小企业的资信状况、经营管理等信息能相对及时、充分地了解，并且其组织结构简单、决策链短，更容易与当地企业建立良好的银企关系，有效缓解信息不对称和“逆向选择”，对营造良好的中小企业融资环境产生了积极的作用。同时，随着城市商业银行的不断发展，其商业模式也呈现出新的变化趋势，很多城市商业银行开始与国有银行和全国股份制商业银行争抢大客户、大项目，对中小企业金融服务的热情降低。鉴于此，蔡竞等（2017）通过中国工业企业统计调查的面板数据，结合中小企业所在地的城市商业银行的发展状况，实证检验了城市商业银行的发展对中小企业的融资状况的影响。研究发现，整体上城市商业银行的发展对改善当地中小企业融资状况具有积极的作用，对规模较小的企业融资改善的效果更加明显，然而对私营企业，银行出于自身稳健经营的考虑，采取了相对谨慎的贷款态度。李广子等（2016）基于中国工业企业数据库数据，对中小银行发展对中小企业融资的影响进行了研究。结果发现，中小银行的发展能够显著缩小中小企业与大企业在借款融资上的差异，同时能够缓解紧缩货币政策对中小企业借款融资造成的负面冲击。他们进一步分析中小银行发展影响中小企业借款融资的中介效应发现，优化银行业结构可以一定程度上缓解中小企业的借款融资难问题，但通过提高中小银行的金融发展水平可以更明显地改善中小企业的借款融资状况。姚耀军等（2015）基于信息不对称角度的研究也支持了中小银行发展能显著提高中小企业的融资能力这一结论。

随着近年来金融创新步伐的加快，影子银行在我国融资体系中的作用日益增强。作为中小企业融资需求无法从传统商业银行得到满足的产物，影子银行成为我国中小企业获取资金的重要渠道。一般所说的影子银行，包括民间借贷和互联网金融（如P2P、众筹），以及非银行金融机构（小额贷款公司、信托贷款、典当、财务公司、金融租赁公司、汽车金融公司、券商的资产管理业务）等中小金融机构。影子银行的客户主要是其熟悉的当地企业和个人，地缘、人缘和其他社会关系优势使其能较容易获得中小企业的“软信息”，“关系型”贷款占比较高是其重要特征，这在相当程度上克服了中小企业在金融市场中的信息不对称的问题，中小企业融资约束问题得到一定程度的缓解。但影子银行通常融资价格较高，这意味着中小企业的融资成本提高，企业的财务状况恶化，运营风险加剧，不利于企业的进一步融资。同时，影子银行的快速发展占用了有限的资金，导致经营风险小且对资金价格承受力低的中小企业，既难以从正规金融部门获得资金又不愿支付高价向影子银行进行借贷。那么事实到底是什么？李泉等（2018）通过现金—现金流敏感性和面板门槛模型实证检验发现：从整体效应看，影子银行发展能够缓解中小企业的融资约束，但存在门槛效应。当影子银行发展超过门槛值时，影子银行对中小企业融资约束的缓解作用减弱。并且，欠发达地区的中小企业更倾向依赖影子银行解决其融资困难问题。

银行业竞争程度对中小企业融资的影响同样不容忽视。一方面，激烈的银行间竞争使得银行很难将信贷成本内部化，中小企业信贷成本较大中型企业更高，因此更容易被银行排除在信贷范围之外；另一方面，银行业竞争会推动银行业务创新，提高服务企业的深度与广度，有利于中小企业获得资金支持。张金清等（2018）分析认为，银行业竞争的变化必然会影响到银行的信贷配给行为，继而影响中小企业的融资约束程度。他们以深圳证券市场中小板和创业板的企业为研究对象，实证分析结果显示，银行业竞争加强的正面效应大于负面效应，能有效缓解中小企业融资约束。

2. 国家政策的影响

在降低中小企业融资成本的举措中，政府货币政策常常被寄予厚望。已有的研究从货币政策的利率传导渠道出发，认为中央银行通过释放流动性、降低贷款基准利率等措施能有效引导银行贷款利率下行，从而降低中小企业融资成本（李良松，傅勇，2015）。该研究主要分析的是货币政策变化对中小企业名义融资利率的影响，但真正影响企业融资的是实际利率而非名义利率。因此，肖争艳等（2017）以银行信贷市场和民间借贷市场的实际利率作为中小企业融资成本的衡量指标，利用国家统计局、中国人民银行、Wind 金融数据库及温州市金融办的统计数据构建了回归模型，检验货币政策能否显著影响中小企业的实际融资利率，从而论证货币政策能否缓解中小企业融资贵问题。回归结果表明，以 M_2 衡量的数量型货币政策在短期内能够显著降低实际利率，但长期来说，对实际利率没有明显的影响。因此，研究提出，政府不应将货币政策作为解决融资贵的政策手段，只有从体制因素出发，纠正经济金融体制的扭曲，才能从根本上解决中小企业融资贵问题。

政府干预作为我国经济转型过程中重要的资源配置方式，对中小企业融资必然会产生重要影响。王凤荣等（2019）采用 2006—2016 年我国中小板上市企业数据，从地方政府干预异质性视角，研究在经济由高速增长向高质量发展转变的换挡期，政府干预的异质性对中小企业融资的影响。研究认为，政府干预在金融部门和实体企业间具有“二元化”特征。随着经济发展换挡期的不确定性增强，金融机构将更多受到中央监管部门的垂直化监管，地方政府因此削弱了对金融资源的干预力度，金融机构经营的独立自主性得到加强。同时，地方政府对其辖区内的中小企业的干预动机，在地方发展竞争压力加大的背景下会有所增强。实证检验的结果显示，较强的政府干预对中小企业融资并没有正面作用。因此，减少政府对金融领域和实体经济的干预能够提升金融业市场化水平。

3. 外部环境的影响

中小企业融资难的问题，除了受中小企业本身特征的影响外，还受与其进行信息交流、利益输送的外部环境的重要影响。关于这方面的研究，主要从金融生态环境和其他市场主体如国有企业的经济效率两方面展开。

已有研究表明，金融生态环境较差的地区，企业融资常会面临较大的不稳定性，表现为更高的融资成本和相对较低的融资需求。金融生态环境较好的地区情况则相反。唐彩霞等（2018）以2012—2015年创业板上市公司为研究样本，实证检验金融生态环境及其下属维度对缓解创业板上市企业融资约束的影响。研究结果表明，创业板上市公司所处地区的外部金融生态环境的改善，能拓宽融资渠道，缓解融资约束，提高中小企业融资可得性。因此，各地政府应高度重视改善地区金融生态环境，缓解所在地区中小企业的融资约束。

关于国有企业对中小企业融资的影响，早先大多认为在所有制歧视和规模歧视下，金融机构更愿意将资金输送给国有企业，因此前者对后者的影响表现为“挤压效应”（靳来群，2017）。最近的研究开始注意到，国有企业健康发展能够带动本地经济的增长，提高本地经济的活力，本地中小企业必然会在良好的经济环境中得到更好的发展机会；同时，区域经济更强的竞争力和发展活力，更容易吸收各地区的金融机构加大对本地区的金融资源的配置，本地中小企业也必将有更多的机会获得融资（景麟德，李金城，国达，2018）。郭江山等（2019）通过“垂直效应”和“水平效应”两个机制分析了国有企业对中小企业融资可能带来的有利影响。“垂直效应”是指处于行业中上游的国有企业从供应链金融、知识外溢等渠道提升中小企业的信用等级，缓解融资约束，从而对中小企业的融资产生积极的作用。“水平效应”描述的是企业间的合作与竞争关系。国有企业规模一般较大，其发展往往需要数量众多的中小企业配套服务，这就形成了资源共享、成本分担、规模效应的产业集聚群，中小企业的信用相应提高，进而有利于其融资能力的提高。金融结构内生于经济结构，具有政府背景、垄断资源及规模经济的国有企业对所处地区金融结构的改善具有显著的积极影响，金融结构的优化又会在一定程度上为本地中小企业带来融资便利（李华民，吴非，2017）。总之，国有企业推动本地经济发展，进而吸引更多的金融机构进入，推动金融市场结构的改善，金融规模和金融结构的有利变化都会对本地中小企业融资产生积极影响。

三、中小企业融资模式创新

解决中小企业融资难、融资贵是一项系统性工程，既需要中小企业提高自身素质，在企业管理体制、经营理念、运营状况、信用等级等方面不断提升“内力”，也需要金融机构、政府和监管部门等“外力”进一步丰富、调整和优化支持方式，以满足中小企业融资需求，促进中小企业发展。中小企业由于规模小、缺少抵押物、信息不透明，传统融资模式如股权融资、债券融资、银行融资和政府援助等难以有效解决中小企业融资的问题。经过长期改革发展，我国金融市场发展越来越成熟，中小企业融资模式呈现多样化发展趋势。近年来，随着我国金融市场自由化改革的不断推进，各种金融创新工具不断涌现，尤其是数字经济的兴起，互联网、大数据、云计算等技术的广泛应用，为解决中小企业融资难问题提供了更多的可能性。创新中小企业融资模式，拓宽融资渠道成为近年来学者们研究的重点。

（一）供应链金融

近年来，供应链金融成为中小企业融资的一种新模式。供应链金融是指，商业银行围绕供应链中核心企业及上下游中小企业，通过对各企业的现金流、物流及信息流进行合理安排与管理，提高供应链中各企业的资金流动效率，为供应链各主体提供共赢的融资服务（杨军，房姿含，2017）。供应链中核心企业资产规模较大，企业声誉较好，供应链上的中小企业利用核心企业信用优势的外溢效应，克服自身信用记录不足和信息不对称劣势（姚王信，夏娟，孙婷婷，2017），显著降低了资金借出方为获取融资企业的信用信息而付出的成本，并且能够通过合理的融资设计降低中小企业的违约风险，从而提升中小企业融资能力（宋华，卢强，喻开，2017）。

供应链金融的具体模式可以分为应收账款融资模式、预付账款融资模式和动产质押融资模式（于海静，康灿华，2017；韩丽，刘琳，2019），如图 5-2 所示。

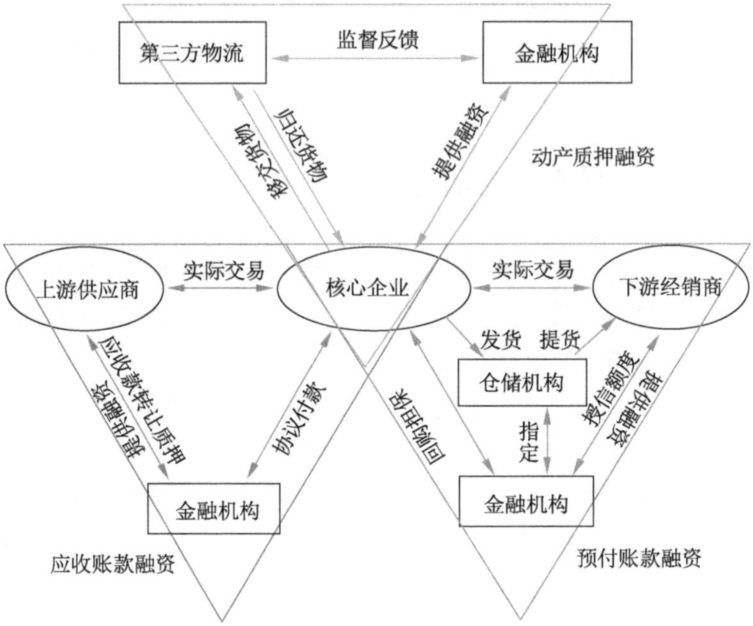

图 5-2 供应链金融的融资模式

应收账款融资模式是企业最常采用的模式（韩丽，刘琳，2019），是指供应链的上游企业以处于下游的核心企业应支付给该企业的应收账款作为抵押向商业银行申请贷款的模式，与不采用应收账款融资相比，其具有更强的还款能力、更高的信用水平和更低的交易风险，对中小企业的应收账款融资起到反担保的作用，如果中小企业拒绝付款或无力付款，金融机构拥有向核心企业要求偿还融资的追索权。这就将单个企业不可控风险转换成整条供应链企业的可控风险，提高了供应链系统运行效率，增强了供应链企业在市场中的竞争力。该模式可以让上游中小企业提前从银行得到销售款，缩短了企业应收账款的收款期限，强化了财务调度能力。韩丽等（2019）根据核心企业的真实信用状况和运营业务能力，进一步将应收账款融资分为应收账款保理融资、应收账款质押融资、应收账款证券化融资、应收账款订单融资和应收票据融资五大类。

预付账款融资模式适用于供应链下游企业，由于供应链的下游企业往往需要向处于强势地位的核心企业预先支付货款，在下游企业自有资金无法满足预付账款时，如果核心企业或者第三方仓储企业承诺回购，下游中小企业可以将仓单作为抵押物，从而获得银行授信。具体运作流程如下：第一步，下游中小企业与供应链核心企业签订购销合同之后，向商业银行缴纳一定比例的保证金，申请开立可以用于向核心企业支付货款的银行承兑汇票；第二步，下游中小企业将货物发往满足资质条件的第三方仓储企业；第三步，下游中小企业存入保证金，商业银行据此签发提货单并要求第三方仓储企业向下游中小企业发出相应金额的货物；第四步，下游中小企业利用手中的提货单到第三方仓储企业提取相应金额的货物；第五步，下游中小企业利用销货收入续存保证金，再一次获得银行签发的提货单，凭此到第三方仓储企业提取相应金额的货物；第六步，不断重复第五步的过程，直到保证金账户的余额与原先开立的银行承兑汇票金额相等为止。从预付账款融资模式的运作流程上看，这种模式有助于实现核心企业的批量销售及下游中小企业的杠杆采购。下游中小企业分批支付货款，避免承担一次性大额支付货款的资金压力。

动产质押融资模式是指供应链上的中小企业，将其拥有的产成品、半成品、原料等存货作质物，向银行申请贷款，同时转交出质物获得融资。这些质物由第三方物流企业进行保管，第三方物流企业与银行共同进行风险评估、验收等。与传统银行贷款集中在不动产抵押或者第三方担保公司担保不同，动产质押融资是以企业与上下游真实的交易行为中的动产为质押，从银行等金融机构获得贷款。动产质押融资模式一方面使中小企业利用暂时闲置的存货作为质押物获得银行资金，有效盘活了库存，有利于扩大经营规模、增加盈利能力，另一方面使银行贷款更为安全，拓宽了银行的盈利范围（王占海，梁工谦，2018）。因此，该模式具有自偿性强、流动性快、安全性高、盈利性大的优点，较好地解决了商业银行和中小企业之间的融资矛盾。王占海等（2018）从供应链角度出发研究供应链协调，提出了一种包含批发价格、回购价格与回购比例的回购策略，针对资金受限的零售商、供应商和银行组成的供应链金融系统，重点分析该回购机制在存货质押融资情况下对供应链协调的作用，提出了存货质押融资情况下的供应链协调条件。文章从供应链金融系统整体出发，确定供应链金融系统的利润函数，并分析了供应链金融系统、供应链、零售商、供应商和银行等各方的利润，得到了使供应链金融系统、供应链和零售商利润最大化的最优策略，并通过数值计算验证了理论分析的结果。

以上文献均是定性分析，定性研究只能依据现有理论和逻辑进行论证，那么实证是否能够验证供应链金融对中小企业融资的正向效应？刘兢轶等（2019）首先从信息经济学角度理论分析信息不对称对融资结果的影响，认为事前和事后信息不对称所导致的逆向选择和道德风险，会使中小企业的融资能力不足，融资成本较高，造成严重的融资约束。然后，他们选取了 2012—

2017 年中小板的 535 家科技型上市公司数据作为样本，通过现金—现金流敏感性模型进行实证研究。该模型认为，如果一家企业无法通过外源融资满足企业经营和扩张资金需求，那么企业将被迫提取经营现金流中的资金，即存在融资约束的企业具有现金—现金流敏感性，融资约束程度越大，现金—现金流敏感性也越大；反之，不存在融资约束的企业则不存在现金—现金流敏感性。研究结果表明：科技型中小企业的信息不对称程度越高，融资约束越大，即两者呈现正相关关系，而供应链金融能够显著缓解其融资约束。宋华等（2017）认为，供应链金融服务的主导者已由处于供应链外的银行，转向供应链网络中的核心企业或第三方物流等。由核心企业主导的供应链金融活动强调对供应链中的资金流、物流和信息流的协调，该供应链金融具有更广泛的参与者，能够形成更完整的供应链金融生态网络。基于此，文章通过 3 家企业进行案例分析，探索由核心企业、上下游中小企业、金融机构、第三方物流、税务与海关等相关参与者协作完成的供应链金融活动中的供应链网络嵌入性特征，以及嵌入性及其差异如何影响中小企业融资绩效的问题。结果显示，案例企业通过供应链金融的利率最高不超过 15%，最低只有 7%，低于多数银行普通企业贷款利率水平，更远低于民间借贷利率水平。姚王信等（2017）在对融资约束与信息不对称、供应链金融与信息不对称、供应链金融与融资约束关系进行理论分析的基础上，运用深圳中小板 578 家科技型企业样本数据，对供应链金融缓解融资约束的效应进行了检验。结果表明：高信息不对称组的科技型中小企业的融资约束程度大于低信息不对称组，而供应链金融能够有效缓解科技型中小企业面临的融资约束，且其缓解效应作用强度与信息不对称程度呈正向关系。杨军等（2017）以农业类中小企业为例，选取 25 个财务评价指标，利用因子分析方法对这些指标进行合成，然后运用所得因子对供应链金融信用风险进行预测。结果表明：农业类中小企业偿债和现金流情况、获利能力及供应链运作情况表现越好，其履约概率越高，银行承担的信用风险越低。卢强等（2018）通过对 255 个调研样本进行分析，同样得出供应链网络对中小企业融资质量具有正向影响。

综上所述，理论分析和实证检验一致认为，供应链金融对强化企业间的合作，降低信息不对称，改善中小企业融资难的问题起到不可忽视的作用。

（二）互联网金融

1. 互联网金融融资模式创新

近几年，随着互联网信息技术的迅猛发展，互联网金融在我国得到快速普及。金融大数据和云处理技术在搭建企业信用体系方面具有高效、及时、准确的优势，能够完善中小企业融资活动的基础数据，实现传统金融机构与互联网的相互融合。在此影响下，众多高效、便捷的融资模式应运而生，互联网小额贷款模式、众筹模式、P2P 网贷模式、互联网供应链金融模式、第三方支付模式为中小企业融资提供了崭新的渠道。互联网金融下的融资模式与传统融资模式相比更加开放，中小企业的信息披露更加透明，通过整合上下游企业打造利益共同体，吸引社会更广泛的资本参与企业发展。通过线上评估、线上线下集约服务，极大地节省了融资成本，给中小企业打开了一条高效、畅通、透明的融资绿色通道。

（1）互联网小额贷款模式

这种模式是指互联网融资平台公司利用大数据对借款者的信用进行审查，并进行风险评估以确定是否给中小企业贷款。这种模式下审查简单，只需检查中小企业法人的信用情况、个人贷款偿还情况、企业经营范围等；并且客户只需通过网络提交材料，所有审查也在网上进行，审批速度超过银行（陈立，李然，2017）。其主要特点如下：① 资金的借贷双方分别为借贷平台和平台上的卖家，不像传统的借贷模式涉及银行等第三方金融机构，也不像 P2P 网络借贷和众筹借贷涉及社会大众；② 电子商务平台掌握了平台上商家的全部业务和交易信息，并通过大数据和云计算等金融科技手段对贷款进行信用评级，其信贷风险远远低于传统的银行信贷；③ 这种模式借助于大数据、云计算等金融科技手段实现了贷款申请、审批的网络化和自动化。

但该种模式申请到的资金额，只能为中小企业暂时解决资金问题，对企业大额资金需求满足有限。互联网小额贷款模式的特点是融资方便、灵活，从贷款到偿还过程全部可通过贷款平台执行，不需要进行面对面审核。其中使用的主要技术是大数据挖掘技术，即投资者可利用平台搜索想要投资的项目，中小企业需要在平台上提供这些项目的生产服务情况、抵押物情况及可能获取的收益等内容。当投资者考虑了这些情况后，可通过网络投标方式购买这些融资项目。

互联网小额贷款模式是依托大数据进行的贷款模式，具有非常大的优势，比较适合中小企业较小资金贷款。同时，自动化的操作方式也能有效预防人工操作中可能出现的舞弊。

（2）众筹模式

众筹是对大众筹资或者群众筹资的简称，主要指基于互联网平台，将大量投资者手中的小额资金汇集起来，实现为个人、企业或项目筹集资金的一种筹资活动（彭宏超，2015）。众筹克服了借款人与投资人之间信息不对称的问题，让普通大众的投资也能成为创业项目的基金来源。

赵颖等（2016）认为，众筹对中小企业尤其是科技型中小企业具有天然的优势和契合性。具体表现为三个方面。第一，拓宽融资渠道。众筹融资平台借助网络，缩短时空距离，能够持续不断地汇聚成一个“资本池”，满足中小企业的融资需求。企业也能因为众筹平台的要求，积极优化项目方案，推动企业创新活动的活跃。第二，降低融资成本。科技型中小企业普遍面临借款难、借款贵、控制权易被稀释的难题。众筹融资是通过互联网平台进行的，不受时间和空间的限制，因而成本较民间借贷更低，效率较银行更高（程静，胡金林，2019）。众筹形式多样，奖励众筹和捐赠众筹更是没有明确的回报要求，大大降低了企业的还款压力。第三，降低融资门槛。无论是发行股票还是债券，对企业的门槛要求都较高，中小企业因规模、业绩、信用等短板常常被这些融资渠道排除在外。相比较而言，众筹的门槛大为降低，企业能否获得融资，其决定权完全交给投资者，更加有利于中小企业融资活动的开展。当然，众筹作为新兴的融资工具，在我国尚处于探索研究阶段，在运作过程中还存在诸多不足和问题，如企业在融资项目和众筹融资方式上的宣传意识远远不够，企业众筹融资的效果不甚理想；中小企业知识产权意识薄弱，创新项目往往因对外展示导致知识专利被别人抄袭，中小企业的知识产权得不到有力的制度保护；从法律角度看，我国众筹融资与非法集资的界限模糊，一旦众筹项目投资失败而无法按约定方式和期限偿还，很容易被认为是非法集资，这严重影响了众筹融资的发展（韩凯，2017）。

（3）P2P 网络借贷模式

P2P（peer to peer）网络借贷是指个人与个人之间通过网络平台直接进行资金的交易。平台作为中介，主要负责审查借贷双方身份信息、发布借贷信息、履行法律手续、提供投资咨询和促进交易顺利完成等方面，平台不参与双方的交易。P2P 网络借贷模式是随着互联网和移动互联网发展而产生的金融创新结果，它有别于传统的通过银行等金融机构间接融资的模式，借款人和贷款人不通过金融机构而直接发生借贷关系（程静，胡金林，2019）。P2P 网络借贷模式与传统银行相比，有以下特点：

第一，效率更高。P2P 网络借贷是点对点的借贷模式，资金供给方直接提供贷款给资金需求方，不需要经过银行等第三方金融机构的中转，简化烦琐的层层审批模式，审批时间大大缩短。在信用合格的情况下，手续简单直接，交易的效率更高。

第二，借贷双方的广泛性。P2P 网贷的借贷双方呈现的是散点网格状的多对多形式，且针对非特定主体，使其参与者极其分散和广泛。目前的借贷者主要是个体工商和工薪阶层，短期周转需求占据很大部分。参与者的广泛性主要源于其准入门槛较低，参与方式灵活。借贷者只要有良好的信用，即使缺乏担保抵押，也能够获得贷款；投资者即使拥有的资金量较小，对期限有严格要求，同样能够找到匹配的借款人。并且每一笔贷款中可以有多个投资者，每个投资者可以投资多笔贷款。这使得具体业务更加分散，参与群体上也更加广泛。

第三，借款方式更为灵活。P2P 的主要内容包括借贷金额、利息、期限、还款方式、担保抵押方式和业务发生效率。在该平台上，借款者和投资者的需求都是多样化的，需要相互磨合和匹配。在这种磨合中，形成了多样化的产品特征（尤其是市场化的利率）和交易方式，能更好地满足广大资金需求者多样化的融资需求。

第四，高风险与高收益性。P2P 网贷平台上的借款者普遍是不被传统金融机构认可的，其往往缺乏有效担保和抵押，对贷款产品的需求呈显著的个性化特征，甚至可能是传统金融机构筛选后的“次级客户”，故愿意承受更高的利率以获得贷款。P2P 网贷平台和投资者面临线下尽职调查的缺失或不够细致的问题，仅靠网络信息的汇总分析对客户进行信息真实性和还款能力的审核仍然是一个巨大挑战和风险来源。

（4）互联网供应链金融模式

互联网大数据被广泛运用到供应链金融之前，银行等金融机构主要通过核心企业和第三方物流两个渠道获得科技型中小企业的信息，供应链金融使信息不对称有所缓解，但是在信息获取的及时性、广泛性和客观性上还存在较大缺陷。目前，已进入互联网供应链金融阶段，将物联网、互联网、大数据引入供应链金融模式构建中，通过模式创新进一步优化供应链金融产业生态体系，能够多维度、动态衡量企业真实经营状况和其他各种行为，评估融资风险，有效降低交易成本（宋华，陈思洁，2016）。互联网供应链金融是互联网金融与供应链金融相融合的产物，同传统的供应链金融相比具有网络化、数据化、精准化和平台化的优点，并且以其易用性和安全性获得快速发展，近年来越来越多的企业成为互联网供应链金融的服务对象（侯文捷，何东，武传德，2018）。“互联网＋”背景下的供应链金融其主要本质就是风险控制，通过互联网平台的参与及互联网技术的运用，能够有效地识别风险和规避风险。胡慧慧和傅为忠（2016）在对互联网供应链金融的运作环境进行分析时认为，互联网供应链金融的风险，既包括传统供应链金融中企业自身风险和整个供应链的操作风险、运营风险、交易资产风险等，也包括虚拟背景下互联网风险因素和互联网背景下供应链金融滋生的新风险等。张宇和郭万山（2018）在研究互联网供应链金融的风险管理时认为，互联网供应链金融不仅具有传统金融存在的一切风险，还受互联网技术风险的影响。互联网供应链金融与传统供应链金融部分风险对比结果如表 5-1 所示。

表 5-1　互联网供应链金融与传统供应链金融风险对比

风险类型	互联网供应链金融	传统供应链金融
信用风险	1. 互联网技术的普及使得企业融资概率增加，但是单位融资企业规模将更小，并且交易频繁，持续性不稳定，信用风险较大。 2. 互联网供应链参与主体增多，将面临更多的虚假信息与联合欺诈行为，企业道德风险增加。	1. 传统供应链金融授信方式较为稳定，主要依靠供应链主导企业，融资主体以中型企业居多，信用风险相对较低。 2. 传统供应链参与主体较少，所面临的道德风险较低，主要风险来源于物流企业与融资企业。
操作风险	1. 操作流程封闭。 2. 信息化操作要求高，融资频率高。 3. 以互联网授信为主，通过互联网技术，如大数据、云计算等方式对授信企业进行管理，缺乏实地考察。 4. 互联网供应链参与主体多，网络化高。如果供应链内一方参与主体网络系统受到攻击，损失较大。	1. 操作流程相对封闭。 2. 业务操作以人工为主、计算机为辅。对企业的授信较为严格，融资企业的资料审查严格，并且授信过程以实地考察为主，效率低下。 3. 网络风险较低，所有企业的基本信息资料都在银行内部存放，安全有保障。
法律风险	电子签名、电子仓单等互联网技术容易带来法律纠纷。如果技术有漏洞，容易造成经济损失。	法律风险主要来源于合同条款、质押物等。

（5）第三方支付模式

第三方支付是指具备一定实力和信誉保障的独立机构，通过与互网联平台对接而促成交易双方进行交易的网络支付模式。这种“第三方”并非金融机构，只是作为一种媒介为收付款人提供资金服务。目前，从用户积累和发展路径来看，第三方支付的运营模式可归为三类：独立第三方支付模式、交易平台担保支付模式和依托电子商务网站模式（卢小松，2019）。与其他小额贷款、P2P 网贷等信贷企业及平台相比，第三方支付平台由于具有充分了解有信贷需求的中小企业经营状况等显著优势，具备开展中小企业信贷的先天优势，为第三方支付的业务转型提供了新思路，也为解决中小企业融资难问题提供了新的出路。刘美玲等（2018）以阿里小贷为研究案例，介绍其为中小企业提供的融资模式和存在的问题。目前，阿里小贷主要采用订单贷款模式、信用贷款模式及网络联保模式对淘宝商户和电商企业进行放贷。数据显示，截至 2016 年年底，阿里小贷为 500 万家以上的中小微企业发放贷款，共计 8000 多亿元，对支持中小微企业的生产起着不可替代的作用。但由于阿里小贷的身份定位不明，而支付宝被定位为非金融机构，目前阿里小贷无法利用支付宝庞大的资金来扩充自己的资金链。此外，其资本规模有限，后续资金来源不足对阿里小贷未来的发展有着深远的影响。

2. 互联网金融融资效应检验

尽管互联网金融可以提高中小企业融资能力的逻辑非常清晰，但从我国互联网金融发展实际情况来看，网络融资快速发展也暴露了一些问题。中国电子商务研究中心的监测数据显示，P2P 网贷的平均利率高达 17. 51%，此外，企业还要支付平台服务费、保证金等，综合成本远远高于传统融资模式（刘师媛，2015）。

网络融资缓解中小企业融资约束的过程受融资成本、金融环境、政企关系等多种因素影响。那么，现实情况到底如何？互联网金融对中小企业融资的正面影响和负面效应哪一个更大？

陈加奎等（2017）基于制度和关系视角，以 2645 家中小企业为样本，在网络融资和融资约束模型中引入金融环境和政企关系变量，检验互联网金融对融资约束的影响。结果表明：网络融资能够在一定程度上缓解中小企业融资约束，但存在一定的适用边界，即随着金融环境的完善，网络融资对中小企业融资约束的缓解作用减弱。同时，随着政企关系的加强，网络融资在缓解中小企业融资约束中的作用会受到抑制。

何玉芬（2018）通过统计分析，对比传统金融与互联网金融，发现互联网金融的出现可在一定程度上突破中小企业在传统金融模式下融资难的困境。何玉芬以电商融资为例，将民间借贷、小贷公司、银行贷款及电商贷款做了比较（见表 5-2）。统计显示，互联网金融在申请条件、贷款额度、申请时间、融资成本等方面都比其他三种方式更具有优势，节省了许多中间环节，大大降低了搜寻成本和信息不对称成本。除此之外，互联网金融贷款金额较大，贷款周期短，更加贴合中小企业的融资特点和需求。

表 5-2 民间借贷、小贷公司、银行贷款、电商贷款对比

类型	民间借贷	小贷公司	银行贷款	电商贷款
发行主体	民间借贷人	小额贷款公司	商业银行	互联网金融平台
授信凭证	担保/抵押/信用	担保/抵押	担保/抵押	网店经营数据
贷款额度	1 万元左右	10 ~ 100 万元	小额贷款 20 万元	最高可达 300 万元
利率	约为银行贷款的 4 倍	18% ~30%	6% 左右	14% ~24%
申请条件	个人身份证、稳定住址、中间人担保、其他民间约定的条件	个人身份证、稳定住址、银行征信情况授权书、劳动合同、银行流水单等	营业执照、法人证明、财务税务报表、贷款用途说明、担保人材料、抵押财产	在电商平台上经营半年以上的网店，店主个人身份证信息
申请时间	一般情况下，7 ~ 20 个工作日	一般情况下，7 ~ 20 个工作日	一般情况下，7 ~ 20 个工作日	较快，最快可以实现 1 天内放贷
服务范围	民间借款地	小贷公司地	银行分支机构地	不受地域限制
还款方式	现金或转账	现金或转账	现金或转账	网络终端
融资成本	最高	高	低	最低

杨凌云（2018）实证检验了互联网金融模式下，中小企业融资与企业绩效之间的关系。论文以河南省 145 家中小企业的样本数据进行实证分析，分析结果表明，在互联网金融模式下，通过双重融资、单股融资、内源融资、P2P 融资等融资模式进行融资，企业总资产增长，资产收益率增加，中小企业通过互联网金融融资，资产负债率降低，促进了企业绩效的稳健性增长。

（三）科技型中小企业融资模式

1. 一般融资模式

科技型中小企业是我国高新技术产业发展的一支重要力量，大大促进了我国创新发展战略的实现。科技型中小企业对加快我国科技向生产力转化，以及在发展新型行业、拓宽就业渠道方面均发挥了重要的作用。但处于种子期和初创期的科技型中小企业，资金主要用于技术创新和科技研发，研究成果的不确定性决定了资金存在亏损的风险，加之税收等支出项的综合影响，降低了科技型中小企业借助留存收益融通资金的能力（叶莉，王颖伟，王峥，2017），资金需求难以得到满足一直是制约其发展的不利因素。科技型中小企业资金需求量大、经营风险高、市场变化快的特点，决定了其资金需求具有时效性强、频率高和持续期长的特点（庄燕娜，2018）。目前已有的融资渠道包括政府扶持

资金、银行贷款、资本市场融资。政府扶持资金约束较多，且资金量有限，对科技型中小企业来说是杯水车薪。银行贷款虽然一直以来都是企业融资的主要渠道，但由于科技型中小企业的高风险性，银行惜贷现象普遍。资本市场已建立了中小板、创业板、新三板、股权交易中心、债券市场，但受企业自身发展阶段和特征的约束，以及我国资本市场尚不成熟，科技型中小企业能获得的融资非常有限。另外，近些年活跃的创业风险投资也是科技型中小企业的资金来源渠道，但风险投资基金来源单一、资本退出渠道不畅、配套中介服务不健全等因素的存在也严重制约了风险投资基金对科技型中小企业的融资（生洪宇，李华，2017）。

关于科技型中小企业融资难问题的实证分析还较为缺乏。刘旺霞等（2018）基于融资支持政策的相关理论，运用 DEMATAL 模型对我国科技型中小企业融资支持政策进行实证分析发现，影响科技型中小企业融资的主要因素是企业战略、人力资源及政策法规。由此提出，应加大政府相关政策及法律的扶持力度、完善科技型中小企业社会化服务体系、重视企业战略和人力资源等措施，以促进我国科技型中小企业融资问题的解决。

2. 知识产权融资模式

（1）融资方法选择

相较于传统企业，科技型中小企业的价值更多地体现在知识产权方面，固定资产购置会相对偏少，而传统金融机构针对无形资产的融资产品较为匮乏，因而大大影响了科技型中小企业有效解决融资约束，降低了融资的成功率，限制了企业的快速发展。因此，近年来学者多从科技型企业的特点出发，研究如何利用知识产权这个融资筹码有效地解决企业资金需求的问题。

庄燕娜（2018）根据科技型中小企业在不同阶段的资金需求特点，提出了生命周期视角下的知识产权融资模式选择及改进对策。文章将科技型中小企业发展的生命周期分为孕育期、初创期、成长期、成熟期、衰退期，针对不同生命周期的特点进行融资需求分析，提出优选的融资方案。孕育期阶段科研成果转化风险较高，不宜采用融资成本过高的筹资方式，可采用自有资金、民间借贷等方式。科技银行模式正是适合科技型中小企业这一时期发展需求的融资模式。初创期企业引入高质量的风险投资，不仅可以为企业带来充足的资金支持，而且能带来先进的管理理念和管理方式，有助于企业的规范化发展，可以加快科学技术转化产品的速度，促使企业尽快走上规范化经营的道路。这一阶段还应积极争取政府创新基金的支持和信贷担保，税收优惠及商业信用融资。成长期企业多选 B 轮融资和银行贷款。资金需求大时，可选用担保和质押贷款模式获取融资资金，还可以选择知识产权证券化方式进行募资，选择夹层融资作为后续资金补充。成熟期企业的知识产权已得到市场认可，企业可根据自身需要选择适合自己的融资模式，如成本较低的商业贷款，合理利用知识产权在融资过程中的作用，降低融资成本，促进企业发展。

于立强（2017）归纳了知识产权质押融资方式。第一，直接质押方式。即企业直接将知识产权（包括专利、商标、著作权等无形资产）作为抵押物，从金融机构获取贷款的方式。直接质押方式下，相关机构包括法律事务所、担保机构、价值评估机构参与其中，完成一系列评估、审核及监管工作。其中，担保机构和中介组织承担着比较大的风险，一旦发生违约，将承担一定的责任。第二，间接质押方式。间接质押是一种反担保策略，企业将知识产权反担保给政府成立的担保机构，由担保机构从银行获取资金，如上海浦东新区成立的生产力促进中心，承担为中小企业知识产权质押融资业务担保的责任。第三，混合质押模式。这种模式结合了前两种模式的优势，企业既可以通过向银行提供知识产权获取银行贷款，也可以通过反担保机构获取贷款。

（2）制约因素分析

知识产权融资相对其他融资渠道具有一定的优势，有助于科技型中小企业创新融资方式，缓解融资难题。但目前仍然存在以下制约因素（于立强，2017）。

第一，贷款机构的意愿偏低。产权质押中的产权归属的法律风险，以及技术革新、市场波动引起的产权贬值风险均降低了贷款机构的贷款意愿。一些技术程度较低的产权质押容易获得贷款审批，一些前景良好但估值困难的产权反而难以获得审批。

第二，评估处置体系不健全。受时效性、市场波动、成果转化等因素干扰，知识产权评估工作非常复杂。我国还没有建立统一的标准来处理以上因素所引起的问题，不同机构的评价体系可能使同一产权的认定结果大相径庭，造成贷款机构在审批时难以做出准确的选择，降低了银行部门参与产权质押的积极性。

第三，产权质押贷款门槛与成本双高。由于经营风险、侵权风险、处置风险、违约风险等，多数银行不愿意开展这项业务。即使开展质押贷款业务，也会在贷款额度、贷款期限、贷款利率、手续费用等方面设立更为严苛的条件，这让科技型中小企业只能望洋兴叹。

第四，政府对知识产权质押融资保障不完善。目前，我国金融与科技领域的法律规范，如《商业银行法》《专利法》《著作权法》《担保法》《物权法》

等，对参与产权质押的各方权利保护、价值评估、关联义务、争议解决等内容缺少明确的规定。知识产权局在知识产权质押贷款操作程序上的规范不到位，以及财政支持手段与担保体系建设的落后也制约了产权质押的发展。

参考文献

[1] 吴阳芬，曾繁华．我国新三板中小企业融资效率测度研究［J］．湖北社会科学，2019（1）：69－77．

[2] 袁卓苗，王聪，周立群．科技型中小微企业新三板市场融资效率研究［J］．价格理论与实践，2018（1）：110－114．

[3] 黄毅．基于 DEA 方法的小微企业融资效率分析［J］．财会通讯，2016（8）：43－45．

[4] 王重润，王赞．“新三板”挂牌企业融资效率分析［J］．上海金融，2016（11）：70－75．

[5] 廖艳，沈亚娟，杨选思．新三板中小企业融资效率及其影响因素研究［J］．会计之友，2017（11）：49－53．

[6] 沈忱．中小企业在新三板市场融资效率研究——基于三阶段 DEA 模型定向增发研究［J］．审计与经济研究，2017（3）：78－86．

[7] 黄玉英，余克艰，娄淑珍．整合视角下中小企业融资效率影响因素研究［J］．科技进步与对策，2015（15）：103－109．

[8] 徐玉莲，赵文洋，王玉冬．科技型中小微企业融资效率视角的地方政府行为评估——以黑龙江省为例［J］．科技进步与对策，2017（8）：32－37．

[9] 李建军，周叔媛．高管金融素养是否影响企业金融排斥？——基于缓解中小企业融资难的视角［J］．中央财经大学学报，2019（5）：19－32．

[10] 樊勇，赵金梅．企业声誉、政治关系与民营中小企业融资可得性［J］．社会科学家，2018（12）：62－71．

[11] 吴银萍，罗传健．金融业规模结构、信息披露质量与中小企业融资约束研究［J］．商业经济研究，2016（22）：171－173．

[12] 蔡竞，董艳．区域性银行的发展与中小企业融资——基于中国工业企业统计数据的实证研究［J］．中国经济问题，2017（2）：16－28．

[13] 李广子，熊德华，刘力．中小银行发展如何影响中小企业融资？——兼析产生影响的多重中介效应［J］．金融研究，2016（12）：78－94．

[14] 姚耀军，董钢锋．中小企业融资约束缓解：金融发展水平重要抑或金融

结构重要？——来自中小企业板上市公司的经验证据 [J]. 金融研究，2015 (4): 148-161.
[15] 李泉，郭一凡，孟方方. 影子银行能缓解中小企业融资约束吗？—来自现金—现金流敏感性和面板门槛模型的实证检验 [J]. 哈尔滨商业大学学报（社会科学版），2018 (3): 38-48.
[16] 张金清，阚细兵. 银行业竞争能缓解中小企业融资约束吗？[J]. 经济与管理研究，2018，39 (4): 42-54.
[17] 李良松，傅勇. 金融市场结构、融资成本和货币政策传导 [J]. 金融评论，2015 (4): 1-13.
[18] 肖争艳，陈惟. 货币政策、利率传导与中小企业融资成本——基于实际融资成本的实证研究 [J]. 经济评论，2017 (5): 79-90.
[19] 王凤荣，慕庆宇. 政府干预异质性、中小银行发展与中小企业融资约束——结合经济换挡背景的分析 [J]. 经济与管理研究，2019，40 (5): 47-60.
[20] 唐彩霞，杨毅，刘叶. 关联方交易、金融生态环境与中小企业融资约束 [J]. 财会月刊，2018 (24): 160-171.
[21] 靳来群. 所有制歧视还是规模歧视？——基于资本错配程度的比较 [J]. 现代经济探讨，2017 (12): 8-14.
[22] 景麟德，李金城，国达. 信贷所有制歧视——政治关联效应和信息释放效应 [J]. 中国经济问题，2018 (4): 80-92.
[23] 郭江山，李子轩. 国有企业经济效率对中小企业融资约束的影响研究——基于中国中小企业板上市公司的经验证据 [J]. 金融与经济，2019 (4): 55-61, 36.
[24] 李华民，吴非. 银行规模、认知偏差与小企业融资 [J]. 财贸经济，2017 (5): 34-50.
[25] 杨军，房姿含. 供应链金融视角下农业中小企业融资模式及信用风险研究 [J]. 农业技术经济，2017 (9): 95-104.
[26] 姚王信，夏娟，孙婷婷. 供应链金融视角下科技型中小企业融资约束及其缓解研究 [J]. 科技进步与对策，2017，34 (4): 105-110.
[27] 宋华，卢强，喻开. 供应链金融与银行借贷影响中小企业融资绩效的对比研究 [J]. 管理学报，2017，14 (6): 897-907.
[28] 于海静，康灿华. 基于供应链金融视角的中小企业融资机制研究 [J]. 南开经济研究，2017 (4): 141-152.

[29] 韩丽，刘琳. 基于供应链金融的应收账款融资模式研究［J］. 企业改革与管理，2019（2）：121－123.
[30] 王占海，梁工谦. 存货质押融资模式下的供应链协调［J］. 运筹与管理，2018，27（6）：122－130.
[31] 刘兢轶，杨梅，郭净. 供应链金融能缓解科技型中小企业融资约束吗？——基于中小板上市公司的经验数据［J］. 会计之友，2019（10）：116－121.
[32] 宋华，卢强. 产业企业主导的供应链金融如何助力中小企业融资——一个多案例对比研究［J］. 经济理论与经济管理，2017（12）：47－58.
[33] 卢强，宋华，于亢亢. 供应链金融中网络连接对中小企业融资质量的影响研究［J］. 商业经济与管理，2018（9）：15－26.
[34] 陈立，李然. 中小微企业融资方式创新：纳税信用贷款［J］. 财会通讯，2017（2）：35－37.
[35] 彭宏超. 基于众筹平台的中小企业融资研究［J］. 新会计，2015（4）：50－52.
[36] 赵颖，蔡俊英. 高科技中小企业众筹融资模式探究［J］. 科技管理研究，2016，36（15）：122－127.
[37] 程静，胡金林. 互联网金融化解中小企业融资难路径探析［J］. 商业经济研究，2019（1）：172－175.
[38] 韩凯. 众筹模式下我国中小企业融资问题探讨［J］. 商业经济研究，2017（8）：175－176.
[39] 宋华，陈思洁. 供应链金融的演进与互联网供应链金融：一个理论框架［J］. 中国人民大学学报，2016（5）：95－104.
[40] 侯文捷，向东，武传德，等. 基于局部变权综合评价法的互联网供应链金融风险评价［J］. 商业经济研究，2018（24）：146－148.
[41] 胡慧慧，傅为忠. 基于改进灰色关联度方法的互联网供应链金融风险评价［J］. 武汉金融，2016（3）：51－55.
[42] 张宇，郭万山. "互联网＋"背景下供应链金融风险管理与战略对策［J］. 会计之友，2018（10）：100－104.
[43] 卢小松. 第三方支付运营模式刍议［J］. 经济研究导刊，2019（4）：97－98.
[44] 刘美玲，王佳. 基于第三方支付的中小企业融资模式分析——以阿里小贷为例［J］. 中国集体经济，2018（8）：103－105.

[45] 刘师媛. 我国 P2P 网络借贷与小微企业融资成本研究 [J]. 西南金融, 2015 (10): 43 - 46.

[46] 陈加奎, 徐宁. 网络融资对中小企业融资约束影响的实证研究——基于 2645 家中小企业的调查问卷 [J]. 科学决策, 2017 (8): 1 - 20.

[47] 何玉芬. 互联网金融对中小企业融资的影响分析——兼与传统金融的比较 [J]. 会计之友, 2018 (6): 66 - 71.

[48] 杨凌云. 互联网金融模式下中小企业融资与绩效的关联性分析 [J]. 财会通讯, 2018 (32): 50 - 53.

[49] 叶莉, 王颖伟, 王峥. 科技型中小企业民间融资渠道的拓展——复合联保融资模式的构建 [J]. 企业经济, 2017, 36 (11): 180 - 186.

[50] 庄燕娜. 科技型中小企业知识产权融资模式优化研究 [J]. 财会通讯, 2018 (5): 19 - 23.

[51] 生洪宇, 李华. 科技型中小企业融资途径拓展分析 [J]. 财会通讯, 2017 (29): 14 - 17.

[52] 刘旺霞, 陈先五. 我国科技型中小企业融资支持政策的实证分析 [J]. 企业经济, 2018, 37 (3): 169 - 174.

[53] 于立强. 科技型中小企业知识产权质押融资模式探究 [J]. 科学管理研究, 2017, 35 (5): 91 - 94.

第六章　中小企业人力资源管理及其改革创新研究

人力资源是中小企业最活跃、最重要的资源之一，借助人才的素质和技能，中小企业可实现快速、健康、可持续发展。国内外关于中小企业人力资源管理的研究成果比较丰富，涵盖了人力资源管理的六大基本模块，即人力资源规划、人才招聘、培训与开发、绩效管理、薪酬福利管理、劳动关系管理。

中小企业的人力资源管理具有如下有别于大企业的特点：中小企业知识和技术力量薄弱、文化建设落后，但灵活性较高，结果导向明显，这些使得中小企业人力资源管理存在的问题主要集中在选、用、育、留等方面，比如忽视长期的人才培训，过分关注人才培养的短期效果，人力资源部门难以有效发挥其职权等。

很多学者研究了中小企业人力资源管理存在的问题，并有针对性地提出许多对策建议。侯文斌（2015）认为，我国中小企业人力资源管理制度不健全，各项投入较少；人力资源管理人才匮乏；职能部门与监督机构不完善，管理理念落后；激励与约束机制的建设落后；文化建设与人力资源管理不匹配。造成这些问题的原因，既有外部环境与机制的因素，如中小企业在整体经济社会环境中处于“弱势地位”、竞争力不足等，也有中小企业内部的因素，如管理和控制思维局限、福利待遇下滑、成本控制与员工激励存在冲突等。中小企业应通过革新人力资源管理理念，完善人力资源管理制度，形成完整的管理体系，建立健全人力资源的激励与约束机制，加强企业文化建设，开展员工培训，健全人力资源管理机构，提升管理者素质等来解决业已存在的问题和矛盾。王琼等（2019）提出当今中小企业大数据人力资源管理中存在人力资源管理观念陈旧、经济实力不足、人才技术缺乏、数据安全隐患等问题。中小企业需要认清时代特点，转变人力资源发展观念，基于现实综合判断业务是否应外包。此外，基于自主经营的思考，中小企业要充分利用共享数据，构建完善的数据管理系统，培养和引进技术人才。

一、中小企业人力资源需求、成本与战略性人力资源管理

（一）中小企业人力资源需求

中小企业人力资源需求的研究由来已久，也相对成熟。因此近些年，对中小企业人力资源需求的研究主要是围绕新技术、新环境下的一些需求的新动向展开的。李政等（2018）调研了粤港澳大湾区中小企业跨境电商的人才能力需求，得到由专业技能、跨文化交际、创新开拓、职业素养构成的四维度人才能力结构，发现经济水平越高的城市，企业对高职跨境电商人才“创新开拓”的要求就越高，跨境业务在亚洲的企业，对“跨文化交际”的要求高于业务在欧洲的企业。张天赐（2015）认为中小企业缺乏人力资源管理计划，人力资源定位不准确，导致计划招聘人数不清，人才后备不足，人员素质不高，发展动力与支撑力不足。李洋洋（2015）对基于云计算的中小企业人力资源管理进行需求分析，提出中小企业选择云服务取决于自身发展需求，服务商也要提高自身技术水平以满足中小企业用户的各种需求。

（二）中小企业人力资源成本

由于中小企业当前的人力资源管理模式，经常致使人力成本控制存在脱序现象，人力成本控制对企业的发展具有十分重要的作用。对于初创期的中小企业，更需要关注人力资源成本的问题，因为其对人才的吸引力较之其他中小企业而言往往更弱，加上赋能机制不到位，无法有效激发出优质人才的潜能和积极性，导致企业的健康持续发展缺乏动力，也造成了人力资源的浪费。然而，考虑到人力成本是企业发展必须付出的代价，中小企业的人力资源成本管理不能以成本最小化为目的，只能适当控制（贾英，2015）。如王荣（2016）关注了新生代农民工市民化给中小企业人力资源成本带来的影响，指出市民化后新增的工资成本、社会保障成本、教育培训成本都会增加企业的人力资源总成本。但中小企业有必要增加人力资源使用成本，来提高新生代农民工工作积极性；增加人力资源保障成本，来提高新生代农民工的工作稳定性；增加人力资源开发成本，来提高新生代农民工人力资源价值。总之，中小企业科学地使用人才，发挥人才的更大效用，才是有效的人力资源成本控制途径。基于中小企业资源匮乏的实际，要降低人力成本，应将解决方案及资金分配针对到具体岗位，甚至是具体人员。具体而言，中小企业

要改善人力成本比重及结构，增加单位人力成本产出，降低离职率及设立兼岗原则，采用股权激励的形式等（邵小娜，2015）。张利民（2018）提出，初创中小企业要加强招聘及时率和员工主动离职率的控制，精准享受国家对初创中小企业的政策红利，有效控制人力资源培训成本并制定完善的企业赋能机制，包括考核机制、股权激励及业务合作关系的建立等。

（三）战略性人力资源管理

随着企业经营环境的变化，为了在竞争中持续保持优势，企业越来越重视自身的核心竞争力的塑造和培育。人是企业中最活跃、最具创造性的因素，因此如何充分挖掘人的潜力是获得竞争力的重中之重。可见，人力资源作为企业核心资源之一，是企业获取竞争优势的一种重要手段。人力资源管理是企业核心竞争力的源泉和核心（陈鸿辉，2016）。

战略性人力资源管理为了完成企业目标而进行和所采取的一系列有计划、具有战略性意义的人力资源部署和管理行为。战略性人力资源规划具有战略性、系统性、动态性的特点，需要根据企业内外部环境及自身战略的变化进行相应的调整，实现战略性人力资源规划从制定到后期实施的全过程动态管理。战略性人力资源管理一般包括战略目标定位、人才需求预测、人才供给预测、人才供需平衡及匹配分析、动态性人力资源调整补充等步骤。

目前战略性人力资源管理的研究主要集中在企业资源、核心竞争力、动态能力等方面，学者们认为可以通过构建系统化的企业人力资源管理体制，形成不断创新的企业人力资源、人力资本制度体系，从而从总体上提升企业的核心竞争力。原精玉（2016）分析了中小房地产企业人力资源管理与核心竞争力的关系，认为企业的核心竞争力在本质上主要体现为人力资源的竞争力。人力资源管理水平直接影响企业核心竞争力的强弱，核心竞争力也要借助人力资源这一平台才能发挥效用。史红英（2015）认为，人力资本视角下的中小企业核心竞争力的培育过程分为三个阶段：① 人力资本的识别和核心竞争力的识别阶段；②“培”阶段——重视人力资源管理，塑造良好的企业文化并建立学习组织；③“育”阶段——完善人力资本的约束和激励机制，加大人力资本投资与开发力度。李洋洋（2015）提出构建一个由人力资源共享中心（HRSSC）、人力资源业务合作伙伴（HRBP）和人力资源专家（HRE）三部分构成的中小企业人力资源共享服务云平台。

二、中小企业人力资源的招聘

招聘是企业获取人力资源的主要方式，人员招聘的过程实际上体现了一个组织对工作位置的分配，运用招聘的手段可以很快找出不同类型的员工适合的工作岗位，因此，选择和招聘应作为保证人力资源质量的首要因素（Gabrieia，2010）。

（一）中小企业人力资源招聘的问题

中小企业一直被招聘难的问题所困扰，招不到人、留不住人的现象非常常见，对企业发展造成消极影响。中小企业知名度低、薪酬待遇体系不完善、福利水平低、招聘预算有限等，都影响了其对人才的吸引力。虽然人才问题日益得到重视，中小企业人才招聘现状也得到了一定的改善，但其中仍存在明显的问题与不足。如中小企业缺少长远的人力资源规划和人才储备；招聘人员专业化程度不高；招聘职位的人才要求不具体、定位模糊；人才挑选不符合实际需要等。因此，中小企业从内部而言，要树立正确的人力资源管理观念，重视人才招聘工作，提高招聘人员素质，明确招聘人才的要求，使选人决策更加准确，做好长远人力资源规划，建立必要人才储备（邹力子，陈晨，2016；孙晓楠，2018）。从外部而言，则需要政府和机关组织科学分析和预测劳动力市场供求状况；重视并解决企业招聘中的信息不对称问题；完善相关法律法规，消除招聘歧视现象（刘香凝，2018）。

（二）提高中小企业人力资源招聘有效性

招聘的有效性逐渐成为企业和研究者关注的问题。招聘是否有效，受到很多因素的影响，通常把影响招聘有效性的因素归结为三类：外部因素、内部因素和应聘者因素。外部因素主要包括国家的相关政策和法律法规、宏观市场状况、劳务市场状况等；内部因素主要包括岗位性质、企业自身条件和企业文化、企业用人政策、招聘成本、招聘测评方法等；应聘者因素主要包括应聘者技能素质、面试技巧、应聘者个性特点、应聘者职业规划等。在评价企业招聘工作的有效性时，可以从招聘成本、招聘结果、招聘质量、招聘渠道和招聘方法这几方面来考虑。Moser（2005）通过员工入职后的工作满意度、员工流失率、员工工作年限等衡量招聘渠道的有效性。Hinton（2003）认为对应聘者进行工作背景方面的调查，并分析员工的素质技能是否与工作密切相关可以避免招聘中存在的风险。樊慧（2017）发现中小企业员工招聘有效性受企业因素、个人素质因素和政策因素影响，其中企业因素包括招聘规划、招聘策略、测评工具和方法、用人部门配合程度、公司自身条件和招聘人员素质。研究发现，招聘规划，工作分析，招聘渠道数量，招聘渠道质量，测评工具和方法数量，测评工具和方法质量，用人部门参与面试，公司文化，公司薪酬福利水平，公司对员工的职业规划，招聘者的专业能力、面试掌控能力、经验程度，应聘者的技术素质、适应能力、对岗位和公司的了解程度，以及人才市场的供求状况对中小企业员工招聘有效性有显著影响。研究还特别指出，招聘周期、招聘人员偏好、应聘者求职强度等 4 个因素对中小企业员工招聘有效性具有反向影响。据此，研究提出了提高中小企业员工招聘有效性的建议：企业应提升企业素质，完善招聘环节工作，同时需密切关注市场动态，掌握人力资源供求信息。应聘者应增强自身实力，理性选择工作岗位。

（三）中小企业人力资源的流动与获取

中小企业应根据人才的流动情况，合理地引进人才。各级政府、中小企业自身、中小企业员工、竞争性企业、社会组织和其他经济组织，在中小企业人力资源流动过程中，都始终以积极参与者的姿态承担了重要角色，因此它们都是中小企业人力资源流动的主要相关主体。各级政府通过制定和完善各种相关政策，确保不同类型的人力资源自由流入或是流出中小企业；中小企业自身的发展前景、薪酬架构的健全和完善程度、领导者的素质和管理能力、企业文化都会对人力资源流动产生重要影响；中小企业员工在中小企业人力资源流动过程中的行为机理，主要受其个人主观因素和个人客观因素的影响，个人主观因素主要有职位满意度、自我价值实现、性格特点等，个人客观因素主要有年龄、工龄、家庭等；与中小企业争夺人力资源的竞争性企业是刺激中小企业人力资源流出的重要力量；社会组织和其他经济组织通过人力资本产权激励行为吸引人才，使其流出中小企业（王锋，王凤羽，2015）。梁林等（2015）通过分析天津市的 18 家科技型中小企业，识别出 11 个人才获取的影响因素及其在企业不同发展阶段的 33 个具体表现形式，提出科技型中小企业获取人才源自外部聚集和内部培育的共同作用，其中外部聚集是人才获取的主导作用，并归纳出各发展阶段人才获取的当前强化方法和未来培育路径。

三、中小企业人力资源的开发与培训

中小企业员工培训作为人力资源开发的一种具体形式，在企业实践中广泛采用，具有重要的意义，不仅有利于员工增长知识，改进技能，调动员工的积极性，还有利于企业引进和挽留优秀人才。但培训效果能否达到预定目标受组织内部多方面因素的影响，再加上中小企业难以像大型公司那样建立庞大培训系统，无法获得更多先进培训资源，而有些公司甚至将人员培训视作资本浪费，认为培训只要课程完整、员工到场就算是完成任务，导致一些中小企业员工培训难以取得满意的效果。

（一）中小企业员工培训的作用

企业员工培训对人力资本的影响效应有正有负，正效应和负效应的和才是员工培训最终的效应。正向效应包括经济效益，管理效益，增长员工的专业技能，提升员工的职业素养、敬业精神和创新精神等；负向效应包括企业员工培训导致的恶性竞争，培训员工与企业目标背道而驰等。单大维（2015）研究发现，根据“刺激—认知—反应”理论，要尽可能最大限度地发挥员工培训的作用，就要使员工培训（刺激）顺利达到人力资本的提升（反应）就要满足下列适配条件，如培训的对象和培训的内容适配，培训的形式和师资与培训员工的需求适配，培训的后续配套机制与培训对象的特征适配等。所以中小企业要建立持续跟踪与了解培训对象的体系，做好培训对象的工作需求与能力测评工作，确定好培训内容的专业程度与适用范围，保证培训形式具有新颖、多样化特点，建立有效的培训后配套机制。

（二）中小企业员工培训存在的问题及对策

我国中小企业员工培训存在的问题，一部分是源于中小企业的自身特殊性，比如家族制企业；另一部分则是源于公司和员工对培训必要性的认识不够、培训项目的设计与实施不合理、员工培训评估机制与激励制度不健全等因素。据此，周雅琴（2016）提出，中小企业员工培训应注重价值观、思想观的培训，建立适应企业发展战略的员工培训体系，完善激励机制，调动员工参与培训的积极性并营造学习型的企业文化氛围。刘娜（2015）也认为我国中小企业人力资源培训的现状不容乐观，中小企业人力资源培训内容单一、培训方式落后、培训机构不灵活，经费不足。这是因为中小企业人力资源培训的基础不牢固，培训计划不接“地气”，企业缺乏开展人力资源培训的动力，一方面，这可能是由企业技术含量低、经营理念落后和劳动力流动过快造成的，另一方面，劳动者也由于缺乏长远打算和看重劳动报酬而没有接受人力资源培训的动力。最后，刘娜从培训的内部条件、外部环境两方面提出拓展中小企业人力资源培训的途径。从内部而言，要加快技术创新，促进产业升级；提高劳动报酬，降低劳动流动率；规范劳动合同，建立员工培训激励机制；终结廉价劳动力战略。从外部而言，应完善人力资源培训计划，健全人力资源培训政策和法规，赋予高校人力资源培训任务，建立中小企业人力资源培训基地。

（三）员工培训管理

张雯（2016）构建了基于人才供应链的科技型中小企业员工培训管理体系，该体系的构建遵循互利共赢、尊重个性，战略协同、优势互补，开放包容、注重创新的原则，动态短期的人才规划、灵活标准的人才盘点、无时差的人才补给和投资回报最大化的人才培养则是该体系的四大支柱，构建步骤包括员工培养、员工实时配置、人才储备和员工培训退出。企业在实施基于人才供应链的培训管理体系过程中，可能会出现如下问题：缺乏针对员工的培训需求分析，培训内容和形式过于流程化而与培训对象不匹配，缺乏完善的信息控制支持系统，缺乏培训风险预警机制。因此，在推进该培训管理体系时，要建立基于员工的培训需求分析，丰富培训内容，创建基于员工的多样化的培训形式，完善信息控制系统，加大政府扶持力度并建立培训风险评估机制。周氏达（2018）以越南中小企业为研究对象，发现员工个人特征、员工职业与工作态度特征、培训内容与系统特征、企业特征都会对企业培训效果产生影响。年龄和受教育程度应该作为雇用新员工时考虑的关键因素，企业培训对于工作年限较长的人影响很小，企业应该为不同水平的员工准备不同深度的培训材料，以符合不同员工的知识水平。此外，企业还要分析培训需求及合理性，设置好培训内容及培训方式，建立员工培训流程和员工培训效果评估体系，加强对培训的激励力度并营造良好的学习氛围。

（四）员工职业生涯规划与职业成长

员工职业生涯规划与职业成长也是研究者们始终关注的一个领域。我国中小企业普遍缺乏员工职业生涯管理的理念与实践，员工个人也存在轻视或淡化个人职业生涯规划的现象。这种双重缺失导致我国中小企业员工职业生涯管理薄弱或空白，制约员工成长，影响企业发展。经典职业生涯管理理论有帕森斯的特质因素理论，核心是人与职业的匹配；霍兰德的职业性向理论，强调“人业互择”；萨柏的职业生涯五阶段理论及施恩的职业锚理论，强调价值观、动机与个人能力三方面的相互作用。传统的职业生涯管理包括组织职业生涯管理和个人职业生涯管理，近年来将个人与组织职业生涯的契合度作为新的研究维度的“人—组织匹配理论”兴起，认为个人的职业生涯发展与组织发展本质上是一种动态并且连续的契合过程。个人职业生涯规划是基础和原动力，个人事业发展要基于个人职业生涯规划，因为员工个人的职业生涯规划大多是自我导向的，通过自我激励、目标设置和时间管理等手段，达成目标的可能性大很多。唐沛然（2017）从人—职匹配和人—组织匹配职业生涯理论的视角，研究员工职业生涯规划和员工职业成长之间的关系，证实员工职业生涯规划能够有效促进员工职业成长，如果小型企事业单位在开展员工职业生涯规划工作中，把人—职匹配和人—组织匹配这两种中介变量作为抓手，将大大促进员工的职业成长。袁玲（2016）研究发现，我国中小企业员工职业生涯管理缺失，在调查的企业中，有近七成未对员工进行职业生涯规划，近九成的员工缺乏对职业生涯管理知识的了解，即使进行了职业生涯规划，也是简单粗略，效果不佳；有些企业缺乏职业生涯管理专业人员，员工遇到问题大多自己想办法去解决或求助于朋友。因此，袁玲提出中小企业员工职业生涯管理应重视定位、提高专业水平，强化管理，注重效果，然后总结了一般中小企业进行员工职业生涯管理的基本流程与体系内容。

四、中小企业员工绩效和薪酬激励管理

（一）中小企业员工绩效管理

绩效管理也是人力资源管理中的一个重要模块，企业要想获得稳定的发展，关键在于加强组织绩效管理。绩效管理为公司员工的离职、调薪、换岗、激励等建立起切实有效的依据。绩效考核是绩效管理的核心和基础，考核体系设置的科学性与否是绩效考核成败的关键。企业对员工的绩效考核内容包括个人素质和认知能力两大类，Sharma 等（2017）也认为企业绩效考核的内容应涵盖积极主动性、领导才能、工作业绩、责任感、纪律性、诚实、合作精神、忠诚度这八个方面。绩效考核主体一般是绩效考核小组，或直接由管理者来进行考评，因为企业员工之间的绩效考核结果没有管理层直接对员工的考核准确（2017），对员工的绩效考核结果经过一定的方法重新加工计算可以提高结果

的真实性。如 Ikramullah 等（2016）研究了如何用模糊数学方法对考核指标尽可能的量化，以提高绩效考核的量化准确度。

关于中小企业员工绩效管理，国内一部分研究者侧重于探究绩效考核体系中的考核指标和考核内容。如于晓冬（2015）利用德鲁克的组织事业理论和波特的价值链分析方法，探究人力资源的核心竞争力，并以此为基础设计绩效考核指标，指标包括责任心、事业心、进取心、沟通协调、学习创新、执行力和团队协作。丁贺等（2017）构建了职业通道、薪酬绩效的整合模型，余佳（2018）则基于平衡计分法对招商银行南昌分行的绩效考核体系进行重新调整。刘丽杭等（2016）探究发展型绩效考核与员工工作绩效水平之间的关系，认为发展型绩效考核对员工工作绩效的影响存在两条路径：一是通过态度性承诺直接影响员工绩效；二是通过态度性承诺影响持续性承诺，进而影响员工的工作绩效。张光进（2018）认为政治行为绩效考核与特定的文化情境密切关联，中国在对政治行为进行绩效考核时，抬高型评价多于贬低型评价。另一部分研究者则侧重于中小企业绩效考核存在的问题及对策研究。王威武（2019）把我国中小企业在绩效考核方面的问题概括为：绩效考核与公司战略目标和各岗位的工作职责脱节，考核流程和考核制度不完善，考核结果受多种因素影响，考核结果反馈和应用机制不健全，这些绩效考核“困境”主要源于意识形态和制度体系。杜盛楠（2018）以 Z 公司为例，探讨了中小企业绩效考核中存在的问题。大多数中小企业缺乏高效的专业绩效管理体系，考核指标不科学，考核标准不全面、不明确，考核监督机制不完善，公开化和透明化不足。要想有效实施绩效考核，就要提高对绩效考核的重视程度，引进高素质的专业绩效考核人员；进行工作分析，制定出切实可行的绩效考核指标；选择合适的考核人员，加大对考核过程的监督力度。张小鑫等（2018）提出中小企业员工绩效考核缺乏系统性、考核内容单一、被考核者对考核在态度和理解上存在一定的问题、考核者对考核制度认识不足。因此，要完善员工绩效考核制度，就需要企业优化绩效考核体系，开展综合性的考核，提高员工和考核者双方对绩效考核的认识。考核前对员工进行综合培养，考核后对考核结果进行分析，保证让每个员工认识到自己的不足，对考核过程中表现优异的员工给予奖励或激励。企业除了要完善绩效考核系统之外，还要保障整个企业的框架完整，形成配套的制度环境，完美地发挥绩效考核系统的作用。

（二）中小企业员工激励机制

从总体上来看，我国中小企业的激励机制仍然存在一些问题。例如，强调物质激励且薪酬设置不合理，忽视精神激励；目光短浅，多追求短期利益；忽略不同员工的差异化需求，缺乏沟通；激励机制忽略目标整合与员工竞争的重要性；惩罚约束制度执行力度不到位。邵程林（2019）认为中小企业应制定中长期的战略规划，完善招聘培训方法，优化薪酬体系与考核机制，创新激励方式，实行差异化激励并塑造良好的组织文化以改善员工激励的效果。马捷（2016）将企业内员工按照岗位特性的不同划分为销售人员、技术人员和后勤人员，认为针对销售人员，要努力构建公平合理的开放型薪酬制度，在绩效考核中增加团队协作类、客户服务类或学习类指标，建立有归属感的企业文化；针对技术人员，要为核心技术人员适当提供外培的机会，绩效考核时可以团队为单位组织考核，并鼓励技术人员参与企业的管理事务；针对后勤人员，要发挥成长与发展激励的持续激励作用，采用岗位头衔晋升的方式增加员工对薪酬的满意度，同时重视对后勤人员的情感激励，采用信任激励，学会适当放权。李银仙（2016）将研究聚焦于中小企业核心员工的激励机制，认为构建中小企业核心员工有效激励机制应遵循物质激励和非物质激励相结合、长期激励和短期激励相结合、按需激励原则，经营者应努力提高管理能力素质，建立科学的评估体系，实行差别激励，加强企业文化建设。谭镇洲等（2016）研究发现，中小企业管理人员非物质激励存在文化激励的作用没有被充分发挥，职位权力设计不合理、权责不对等，目标设计不合理、激励效果差，内部晋升制度不完善、激励效果不明显等问题。因此，企业需要建立健全企业的精神激励机制，充分发挥成就激励在中层管理人员激励中的作用并加强企业的文化激励。

（三）中小企业员工薪酬激励管理

薪酬激励在吸引、激励和留住人才方面，一直发挥着相当重要的作用，它直接关系企业的日常经营和长远的发展。实现对员工的有效激励，完善激励机制，是中小企业人力资源管理的重要内容，员工的薪酬激励问题应该成为企业人力资源管理工作的重要着力点，为企业的可持续健康发展提供制度保障。

中小企业的员工薪酬水平偏低，企业缺乏合理的薪酬激励体系，有些薪酬未与绩效挂钩，薪酬的构成缺乏弹性和全面性，薪酬确定缺乏程序与结果上的公平性，因此，员工的薪酬满意度普遍偏低。这些问题的产生，一方面是因为领导者对员工的薪酬水平提升不够重视、薪酬构成不全，另一方面是因为缺少配套的绩效评估系统支撑，薪酬定位的技术方法不够科学。朱晓敏（2017）以苏州蔬菜种植 A 公司为例研究了中小企业员工薪酬激励问题，对该公司薪酬激励体系进行了再构建，提出要注意处理好中高层员工与普通员工之间的关系，适时考察企业激励成本与员工所创造的绩效。徐燕（2016）以 X 公司为例，发现计划经济的影响、中小企业自身模式的缺陷、人力资源管理人才及薪酬管理经验缺乏都会引起薪酬管理问题。考虑到中小企业经济实力相对较弱，对成本更为敏感，并且多数中小企业缺少薪酬管理方面的专业人才，也缺乏这方面的实践经验，提出建立简单易行、实行成本较小的基于价值评估的中小企业薪酬管理体系。姚小龙（2015）认为，由于科技型中小企业对人力资源战略管理缺乏正确认识，现代薪酬管理理念缺失，薪酬管理过程不够公开，员工薪酬激励效果差，因此科技型中小企业薪酬体系存在一系列问题，包括薪酬管理战略定位不准确，薪酬管理过程透明度低、缺乏沟通，薪酬管理体系设计不科学。科技型中小企业薪酬管理体系的建立是一个动态过程，需要综合考虑企业发展规划与战略目标实现等因素，需要建立具有战略高度的、以人为本、公平公正的薪酬管理体系，保证薪酬管理过程的规范、公开、透明，构建起完善的薪酬管理制度并且采用丰富的薪酬管理激励手段。刘雁南（2019）认为中小企业薪酬激励存在的问题包括薪酬结构不够完整、薪酬激励方式过于单一、薪酬激励制度存在不公平现象，中小企业薪酬激励制度的优化方向是建立健全薪酬激励制度，采取多元化的激励方式，对薪酬激励制度予以透明化公示。吕职辉（2016）以 X 公司为样本，提出优化薪酬设计制度、规范薪酬设计流程、建立动态的薪酬增长机制、促进员工进行职业生涯规划等建议。薪酬激励制度应当具有战略性，为企业发展的战略目标服务；应当坚持物质激励与非物质激励协同发展、长期激励与短期激励并重，应对核心员工给予一定的股权激励、企业分红等。程晨（2019）提出公司员工激励模式的优化应从调整稳定薪酬和可变薪酬、设计内涵薪酬等方面开展。稳定薪酬以员工的司龄、学历、职位的重要性为根据进行设计；对于可变薪酬，应该制定明确的发放标准，让每个员工都可以根据这套标准监督自己的工作；在内涵薪酬的设计上，要与时俱进，革新晋升机制，加强内涵薪酬体系与绩效之间的联系。

五、中小企业人力资源风险研究

（一）人力资本投资风险

人力资本投资是一项风险投资，“风险”指企业在做出人力资本投资的决策时，因为不能正确判断将来的一些不确定因素的变化情况，可能引起的财务损失。人力资本投资风险可能来自个人对自己的能力和接受教育后的价值缺乏全面的认识，或者未来的薪资状况具有不确定性，也可能来自人力资本市场中供求状况的不确定性，以及现有知识和技术的贬值或过时。人力资本的载体在将来拥有持续收益的时间长短具有不确定性，也会带来一定的人力资本投资风险。汪昕宇等（2016）基于北京市 96 家科技型中小企业的调查来研究其人力资本投资风险，发现这些企业的人力资本投资风险状况不理想，总体处于“一般”及“偏差”的程度，在应对技术贬值、制定培训管理制度、控制人才流失、防范员工道德风险方面的问题较为突出。张淑娥（2015）研究发现，目前我国中小企业的人力资源现状主要面临三种风险：一是人力资源供给过剩或供给不足，员工结构不是很合理；二是在人力资源的成本大幅度增长的社会大环境下，人力资源的激励机制不够合理、重要岗位人员和关键岗位人员的管理不够完善，造成人力资源的流失严重、员工队伍不稳定、经营业绩无法上升，甚至造成关键技术、关键岗位职能、商业机密和公司机密泄漏的风险；三是由于企业的人力资源退出措施不完善，使企业遭遇法律诉讼、企业声誉受损的风险。产生这些风险既有历史原因，也有管理不佳、外部市场环境冲击等原因。

防范人力资本投资风险的研究发现，增加对人力资本的投资反而是一条有效途径，因为教育不仅能使失业风险降低，还能使人们远离职业伤害的风险。Alexandra Rillaers 则从政府的角度出发，提出要帮助个人对自己的能力做出准确的评估，尽量减少投资的盲目性，同时提供基本生活保障，如失业保险和基本收入保障，也通过吸引私人投资来刺激经济增长和降低教育成本。

（二）人才流失风险

人才流失一直是困扰中小企业的重要问题，也是研究的焦点问题。人才流失是指人才资源流出企业的部分。员工的资源流出是员工个人主动行为的表现，而这种流出方式对于企业来讲是被动的，往往会给企业带来巨大的损失，所以称为人才流失。人才流失分为数量上的流失和质量上的流失，前者是显性的，而后者是隐性的，其中隐性的人才流失对企业的伤害更大。Tziner 等（2016）提出人才流失的损失包括新员工替换成本及间接成本两种，前者包括新招录员工与原有员工工资的差额、新员工招录过程产生的一系列成本等，后者包括对原有员工的补偿、新老员工工作效率不同造成的损失等。中小企业存在人力资源管理理念落后，人力资源配置与管理不足，人才存量少、流动性大等问题，人才流失会增加中小企业经营成本，对企业的声誉产生不良的影响，影响企业团队的稳定性。虽然有研究表明，人才流动存在从不发达地区向发达地区流动的特点，但作为我国经济发达地区之一的上海，其中小企业也同样面临人才流失的问题。如李宁（2018）以上海晨达公司为例，研究人才流失的原因与对策，发现公司的人才流失与企业管理方式和员工诉求等有密切联系。与企业内部人才密切相关的制度主要有企业培训方面的企业培训制度、有关薪酬的薪酬制度、有关福利保障的福利制度和有关晋升的绩效考核制度等，这些方面的不足导致员工缺乏归属感与认同感。要想较好地解决人才流失问题，首要工作是科学分析和认识导致人才流失的原因及影响人才流失的因素。中小企业应该完善企业薪酬制度、健全薪酬管理制度、加强福利制度建设、建立并健全良好的绩效考核体系。这些都需要相应的保障措施，包括成立梯次合理的人才晋升制度、建立核心人才成长和发展基金、定期评估企业人才政策落实效果、加强员工培训、建立良好的企业文化等。

1. 中小企业人才流失的主要原因

中小企业人才流失的根本原因主要有人才观念错位、激励机制失效、人才调配不当、人际关系紧张、培训机制不合理、管理方式落后等，可见，员工自身因素和企业的内、外部因素都是导致企业人才流失的原因。员工个人意愿和企业管理方法是导致企业人才流失最为主要的两个因素。如焦莉莉（2015）认为影响中小企业人才流失的因素包括企业当前所处的社会环境因素和人才自身意愿这两个方面。沙莎（2019）分析了长春东北亚物流有限公司人才流失情况，发现人才流失原因主要是人岗不匹配、绩效薪酬体系不科学、被不公平对待、员工培训机制和人才流失预警机制的缺乏等，她从人力资源管理角度提出完善人员招聘体系、绩效薪酬体系、员工培训体系，以及建立人才流失预警机制等应对措施，其中绩效体系的建立尤为重要。绩效管理作为一种用来确保每一位员工的工作活动及其结果都与组织的目标保持一致的手段，对于改善长春东北亚物流有限公司人才流失的现状，增强企业人才的稳定性具有重要的作用。赵心愿（2017）研究发现，企业自身管理因素与中小民营企业人才流失之间存在明显的相关性，按影响从大到小依次为企业管理制度、员工收入、绩效制度、奖励额度、企业的文化建设、工作环境；不同员工的人才流失情况与管理因素呈现出动态匹配关系；人才流失与员工的工作满意度存在显著的线性关系。

2. 中小企业应对人才流失的对策

周素（2016）指出，中小企业要应对人才流失，不仅需要树立以人为本的管理理念，建立留住人才的激励机制，还要运用法律手段有效遏制人才的流失，用“法”来确保企业和员工双方的权利与义务，规范企业人才管理。赵君君（2017）发现中小企业人才流失不仅会导致企业重要岗位空缺，局部断层，整体力量削弱，人心涣散，而且会带来成本损失。中小企业要想有效应对人才流失的窘境，就要增强企业的竞争力，加强对员工的培训和再教育，加强对员工的职业生涯管理，加强企业文化建设。侯晓娜等（2017）认为中小企业应积极寻找切合自身实际的管理机制，建立适合企业长远发展的管理理念，把提高员工物质待遇、丰富员工精神生活作为短期目标，把员工自身发展和企业长远发展相联系作为长期目标，建立合理的薪酬绩效机制以激发员工的潜力，积极对人才进行培养以提升其能力。除此之外，还要加强企业文化建设，建立良好的富有特色的企业文化，增强员工的认同感和自豪感。武建（2018）研究了中小电商企业的人才流失问题，认为企业应从构建以人为本的企业文化入手，提高公司的凝聚力；打造以激励为前提的绩效体系，提高员工的积极性；构建具有竞争力的薪酬体系，对内具有公平性，对外具有竞争性，同时薪酬绩效紧密结合，以此来提高员工满意度；建立内部人才培养机制，旨在提升员工的忠诚度；建立完善的招聘机制，降低岗位空缺对企业造成的影响；构建人才流失危机管理，通过危机预防、危机处理和事后管理，努力将人才流失消灭在萌芽状态。

（三）员工培训风险

中小企业在对员工进行培训时，一方面企业迫切需要有效培训提高人力资本竞争力；另一方面又无法有效控制培训风险、考核员工培训的成本效益。这使企业既可能面临培训成本踏空的风险，又可能面临培训收益损失的风险。员工培训风险大体可分为培训前的风险、培训实施过程中的风险和培训后期风险，培训前的风险主要有观念风险、需求分析风险、培训制度风险、培训计划风险；培训实施过程中的风险主要来自培训导师和培训环境；培训后期风险主要包括人才流失风险、激励政策风险、培训效果评估风险和培训收益风险。

王明俐（2015）将中小企业员工培训风险定义为：中小企业在对员工进行培训的整个过程中，由于观念、需求分析、计划制订、培训实施过程及后期转化等许多方面可能出现失误而对企业造成直接或潜在损失的可能性。这种风险的产生，主要是由于人力资本本身具有依附性、不均衡性、无形性、非经济价值性等特性；培训过程具有系统性和复杂性；中小企业存在先天不足，如生存压力大、精力有限，资金资源有限、对培训投入不足，员工发展平台受限、对企业忠诚度不够，部门结构不合理等问题。基于此，他进行了员工培训风险

识别及评价指标设计，建立了中小企业员工培训风险模型，即

$$培训收益风险 = 0.689 + 0.179 \times 观念风险 + 0.217 \times 需求分析风险 + 0.140 \times 培训导师风险 + 0.192 \times 评估风险 + 0.296 \times 人才流失风险$$

王明俐研究提出，要防范风险，需要优先培养一批典型人才，对员工进行职业生涯规划教育，合理利用法律手段并完善培训后期相应制度；要控制风险，需要转变落后观念，明确培训对企业成长的重要性，根据企业所处生命周期，开展深入的需求分析，完善组织结构，明确各部门职责，重视内部培训导师的选拔和培养，以及培训效果的评估和反馈；要回避和转移风险，可以选择进行外部招聘和培训外包。

刘夏然（2015）关注了企业员工培训风险的管控问题，提出员工培训风险包括企业高层领导者风险、培训管理者风险、培训师风险和受训员工风险，通过风险评价确定了主要角色风险的风险大小（受训员工风险 > 培训管理者风险 > 企业高层领导者风险），最后提出了企业员工培训风险管控措施。针对企业高层领导者风险，应积极转变培训观念，强化培训风险意识；准确把握需求目标，提高需求变化应对能力；建立与完善激励机制，挖掘员工潜力；完善员工培训制度，建立制度约束。针对培训管理者风险，应做好培训需求与人力资源现状分析、规范培训流程设计、完善培训效果评估与反馈机制。针对受训员工风险，应关注成人学习特性，针对性培养人才；合理利用法律手段，减少企业人才流失；建立优秀的企业文化，培养学习型人才；建立人才储备机制，培养全能型人才。

六、中小企业人力资源管理外包

人力资源管理外包已被各企业经营管理者所接受、采用，企业通过制定合理的人力资源管理外包决策，将部分人力资源管理内容外包给合适的服务商，有利于企业降低运营成本，将企业资源集中于核心战略业务，提高专业技能和服务水平。我国中小企业在经营管理中，人力资源管理的外包已成为重要趋势。

（一）中小企业人力资源管理外包的驱动因素

中小企业人力资源管理外包的驱动因素，主要包括摆脱资源和能力限制、降低成本和风险、获取竞争优势等方面。如 Woodall 等（2009）认为，决定外包人力资源活动的主要动力来自五个方面：企业其他部门的影响和人力资源总

监的经验、降低成本、人力资源在价值链中的提升及从人力资源获得的商业回报、降低风险和稳定质量、应对组织变革时可以弹性管理人力资源。Belcourt（2006）认为企业尤其是小企业更应该选择人力资源管理外包，因为这可以帮助企业降低成本、集中关注战略层面、获得先进技术、提高服务水平、获得专业知识服务。同时，外包也会是一种较好的组织策略，使内部员工从事务性的人力资源管理工作中解放出来，在处理非典型情况时获得专家的帮助、获得一次性的管理服务及获得法律法规等方面的把关和协助。陈劲伟（2013）认为中小企业实施人力资源管理外包的动因是应对激烈的竞争市场，获取竞争优势；借助新的管理思维，改变中小企业人力资源管理不足的现状；降低企业成本，实现成本经济性；将人力资源管理的经营风险转移到外部机构。任海林（2015）、张亚超（2014）等也提出了类似的观点。储静（2017）做出了总结，认为学者们对于人力资源管理外包的驱动因素的讨论，大致可分为企业内、外部两个方面。从企业内部看，人力资源管理外包可以从四个方面帮助企业提高竞争力，从管理上，帮助企业提高管理效率；从经济上，帮助企业降低成本；从风险上，可以使外包商和企业共同承担风险；从战略上，帮助企业制定人力资源战略规划，或使企业将精力集中于战略规划。从企业外部看，经济全球化为外包提供了发展的土壤；竞争的加剧使外包的发展有了必要性；而信息技术及外包市场的成熟，给人力资源管理外包的蓬勃发展提供了有力支持。

（二）中小企业人力资源管理外包的风险

人力资源管理外包给企业带来好处的同时，也一定会存在相应的风险，这也成为很多学者研究的重点。人力资源管理外包风险是企业面对复杂的经营环境，加之对外包预测估计不足、对自身认识有限，使得出现的外包结果与原本计划目标不一致，导致企业人力资源管理失败的可能性。学者们研究发现，人力资源管理外包风险因素涉及企业竞争力削弱、法律法规风险、信息安全或其他违约风险、员工的不良反应、沟通问题及文化冲突、对外包商的选择和监控等。有研究发现，企业过分依赖外包会遏制企业的创新力（1992），丧失对外包职能的控制，最终面临来自外包服务商的竞争。Belcourt 则认为外包可能不会得到预期的经济收益，且因与外包商之间的合同灵活性低，出现管理需求改变时难以弹性应对，从而影响员工斗志和绩效或造成企业机密外泄等问题。

尹成（2015）总结出学者们对人力资源管理外包风险的研究主要从两方面入手，一是从企业内部入手，分析外包的动因、外包项目的选择、企业内部工作人员对外包的认可程度、对外包方的依赖程度等；二是从外包商和外包环境入手，主要分析人力资源管理外包业务监管力度、外包商的技术水平、外包方履行合同的程度、费用问题及如何进行风险规避等。同时，他把中小企业人力资源管理外包业务分为四个阶段，认为外包活动准备阶段存在外包业务识别不清、外包目的不明确、内部员工抵触情绪造成的风险；外包商选择阶段存在选择低水平外包商、选择不合适外包商的风险；合同执行阶段存在的风险主要集中在与合作方的关系处理及费用方面；退出外包阶段存在信息泄露、“空窗期”等风险。此外，还要注意贯穿于合同和退出阶段的道德风险。储静（2017）认为对于企业利益而言，由于信息不对称和文化冲突等原因，风险将伴随整个人力资源管理外包过程，可能会导致企业在经济成本、管理水平、员工文化、信息安全等一系列问题上产生风险。但目前对于人力资源管理外包的风险研究还不是很深入，一般都是理论分析可能出现的风险，缺少对产生原因的深层挖掘，与实践结合的风险研究较少。

（三）中小企业人力资源管理外包决策

中小企业人力资源外包的决策研究主要围绕外包内容和外包服务商的选择，以及如何有效地控制与规避人力资源外包的风险。Alan Speaker 指出，战略价值高、关联性强的人力资源管理活动适宜保留在企业内部进行；战略价值低、具有可交易性的人力资源管理活动适宜外包出去。中小企业人力资源管理外包的内容主要包括传统的人事外包、招聘服务外包、员工培训外包、绩效评价外包、薪酬发放外包。储静（2017）提出，从经济可行性、核心竞争力可期性、风险可控性三个方面去考虑制造型中小企业人力资源管理外包决策的合理性，并将制造型中小企业人力资源管理职能按照事务层次、职业层次、战略层次进行二维细分，使外包决策的内容更加细化，有利于企业实施外包与规避风险。该研究提出要考虑决策者的偏好与决策心理，构建灰靶决策模型，用以判断应该优先外包人力资源管理的那些活动，为制造型中小企业的人力资源管理外包决策提供方法。尹成（2015）认为，中小企业应该从企业内部的抗风险机制和与其他中小企业联手两方面来控制和规避外包风险。在内部控制机制上，应确定人力资源管理外包的内容及目标，加强内部沟通与协调，选择合适的外包商并签订详细周密的外包合同。在联合规避机制上，应完善人力资源管理外包的外部环境，成立联合风险管理机制并着力于加强企业间的交流以提高双方的磨合程度和信任度。袁媛（2017）指出，识别中小企业人力资源外包风险的维度包括风险来源维度和外包流程维度，并针对这两个维度，从中小企业内部及企业所处环境提出风险控制对策；从人力资源外包的动机、内容，员工安抚，对外包商的有效监督，以及与外包商的后续合作等多方面进行分析，提出了相关风险防范对策。张寅（2017）从企业外部环境和内部组织优化两方面提出了中小企业人力资源外包风险防范对策。外部环境方面，需要建立行业自律机制，优化风险管理，加快法治建设，完善法律体系；企业内部方面，需要审慎外包商选择、强化信息管控、加强员工沟通、完善服务监控体系、提高员工认知、明确外包内容及优化组织结构。

七、中小企业人力资源管理变革与创新

（一）大数据与中小企业人力资源管理

大数据时代的到来为中小企业人力资源管理变革的实现提供了很好的机遇，企业应该积极转变管理理念，通过洞察市场发展变化进行积极变革。从大数据中挖掘出有价值的决策信息，需要中小企业投入较多的人力、物力、财力和时间。这些都要求中小企业在逐步提升对人力资源管理工作重视程度，以及对市场发展外部大数据环境综合分析的基础上，认真审视自身，从不同的角度解析大数据时代对中小企业人力资源变革的影响，并借助大数据的信息采集、整合和分析能力，分析员工需求、提升员工积极性。此外，管理者还必须以更加宽容和开放的心态，对中小企业员工实施人性化的管理并努力增强对市场变化的敏感性，用全新的思维综合解析中小企业发展过程中的人力资源管理工作。高亚超（2016）指出，人事工作的内容决定了中小企业人力资源管理存在特有的大数据，包括事实数据、能力数据、效率数据、潜力数据、体能数据，他基于大数据建立起安徽省中小企业人力资源管理创新模式，人力资源规划模式既是起点又是终点，该创新模式还包括基于“‘互联网+’和企业需求”的精准招聘模式、基于“大数据和岗位需要”的培训模式、基于“大数据和绩效考核”的管理模式、基于“大数据和薪酬激励”的管理模式、基于“大数据和心理契约”的劳动关系管理模式，各模式之间相辅相成，相互影响，形成一个相对完整的循环系统。在应用人力资源管理创新模式时，要保证人力资源管理大数据的客观有效性，强化使用人力资源管理大数据的风险意识，反对滥用人力资源管理大数据，并在使用大数据前评估人力资源管理大数据的使用价值和可行性。

针对中小企业的人力资源管理，需要构建大数据网络管理平台，以实现人力资源数据在中小企业、合作中小企业及子公司等单位中的信息共享，从而实

现中小企业人力资源管理规划工作效率及准确性的提升。大数据网络管理平台应该针对不同中小企业人力资源管理的不同流程，构建相应的网络管理模块，对某项单一的工作开展针对化的网络服务，为中小企业人力资源管理流程的便捷化提供可能（雷鸣，2017）。

（二）中小企业人力资源管理改革

中小企业的内部和外部环境都处在快速的变化中，因此，要从根本上解决企业人力资源管理中的问题不能单纯地依靠机械的、僵化的手段，而是要从“变”中寻找出路和解决方案。

首先，中小企业员工对获得长远发展的期望值提升，要求企业从“目的人”假设的角度出发制定管理方法，真正体现人本理念的要求，这些都明确指出了中小企业人力资源管理伦理化转变的必要性。唐凯麟等（2016）提出中小企业要实现人力资源管理观念、管理制度和参与者人格的伦理化，具体来说就是要贯彻以人为本的人力资源管理伦理理念，实现员工和中小企业的协同发展，完善人力资源管理模块的人性化考量，树立以诚信为基础的高层管理权威，为员工提供可持续的、公平的职业发展空间，在企业内开展德行教育。

其次，中小企业社会责任转移给人力资源管理带来了明显的冲击，使得人力资本存量提升，人力资源成本增加；经济负担外部性降低，企业经营负担加重；管理能力缺陷暴露，潜在管理风险提高。这些都对人力资源管理提出了新的要求。史红英（2015）就从社会责任转移视角对中小企业人力资源管理机制改革进行了研究，发现中小企业社会责任转移对人力资源管理中员工的工作安全与身心健康、企业公平雇佣和谨慎裁员、提升员工生活质量、提供员工培训发展机会等诸多方面都提出了要求。因此，中小企业人力资源管理机制的具体改革路径分为两部分：一是基于人性考虑的中小企业雇主道德意识提升路径；二是基于选人用人、人力培训、薪酬福利、企业文化的人力资源管理策略优化路径。

再次，很多研究关注了中小企业中的变革型领导行为及其影响。萧浩祥（2019）实证检验了创业型企业中变革型心理授权、领导风格与企业员工的创新行为之间的关系，发现在创业型企业中，管理成员中的变革型领导会对员工创新产生积极影响，也对员工的心理授权产生显著的积极效应。在变革型领导影响员工创新行为的过程中，心理授权起中介作用。管理者应该完善自己的领导风格，有效提升领导效能，注重提升员工对心理授权的感知度。赵曙明等（2016）研究发现，CEO 变革型领导行为对战略人力资源管理有积极影响，战略人力资源管理是CEO变革型领导行为影响企业绩效的路径之一，而且相对于大企业，中小企业的CEO对人力资源管理实践的选择和影响更直接，更可能利用战略人力资源管理来实现其领导行为的绩效落实机制。

（三）中小企业知识型员工的管理

在知识爆炸和科学技术日新月异的时代，能够适应时代变革和具有较强创新能力的知识型员工无可置疑地成为所有企业的宝贵资源和核心竞争力。然而，中小企业受规模、实力等限制，对优秀人才的吸引力较弱，即使企业已有知识型员工，并认识到知识型员工的重要作用，但容易忽视其心理需求与期望，导致知识型员工流失。

“知识型员工”由德鲁克于1959年在*Landmarks of Tomorrow*一书中首次提出，但直到近几年，中小企业才真正将知识型员工的管理作为人力资源管理的重要部分。知识型员工是指创造财富时用脑多于用手的员工，他们通过自己的分析、判断、综合、设计、创意，给产品带来更多附加价值，在企业的角色一般为设计师、市场分析师、技师、高级管理人员等。知识型员工具有较强的竞争力、创造力和自主性，拥有强烈的成就动机，追求工作的高价值性。郑璐等（2013）调研发现，中国知识型员工需求的前五位是工资报酬与奖励、个人的成长与发展、有挑战性的工作、公司的前途、有保障和稳定的工作。随着中国经济的发展，一旦拥有一定的金钱财富，他们的需求结构也许会发生一定的变化。中小企业知识型员工在工作中面对很多的压力源，如岗位技能培训不足、角色模糊和角色冲突、职业发展前景不佳等；此外，企业环境也对知识型员工造成了一定压力，包括人际关系、企业文化和氛围等。因此，要清晰客观地看待和控制压力源，实施员工帮助计划，组织以职业生涯规划为导向的员工培训，实行科学合理的弹性工作制，构建以人为本的企业文化（董凡铭，孙立龙，2017）。近些年，对中小企业知识型员工管理的研究主要集中在对知识型员工的绩效考核与激励、促进知识型员工积极角色外行为的产生等方面。

1. 知识型员工的考核与激励

如何客观公正地对知识型员工进行绩效考核，如何通过绩效考核进一步提升知识型员工的工作积极性，激发他们的工作热情和工作潜能，成为关系企业获取竞争优势、培养核心竞争力和推动中小企业有序、健康发展的重要课题。黄爱兰（2017）在分析知识型员工特征的基础上，发现很多中小企业在设定考核指标时，没有针对知识型员工工作性质的不同，设计具有针对性的考核指标，使得知识型员工的独特性和创造性没有得到反映。考核方式也比较单一，且绩效管理偏离战略目标，绩效管理缺乏沟通与反馈机制。中小企业知识型员工绩效考核的出路在于建立科学的绩效考核指标体系、健全考核方式、以战略目标引导绩效管理，以及建立良好的绩效反馈和应用机制。戴国宝（2018）指出，面对科技型中小微企业知识型员工绩效考核中存在的无绩效考核方案或绩效考核方案制定不合理，绩效考核过程中缺乏公平、公正，绩效考核结束后未对员工进行有效反馈等问题，只要在制定绩效考核方案前做好与员工的沟通工作，采用合理的绩效考核方法如目标管理法、360 度反馈评价法、关键绩效指标法和平衡计分卡法等方法，在考核过程中做到公平、公正，考核结束后及时向员工反馈考核结果，就能提高员工的满意度，减少员工对绩效考核不满或离职的现象发生，使科技型中小微企业保持可持续发展。

很多研究都对中小企业知识型员工激励中存在的问题，从中小企业和员工自身两方面进行分析，提出了有针对性的解决对策。大部分中小企业还没有针对知识型员工管理与激励的制度设计安排，对知识型员工不够重视、管理不够规范和细致。钟文菲（2017）认为中小企业对员工的培训力度不够，招聘、薪酬激励机制不够完善，企业文化不健全，加上知识型员工工作性质和自身期望差别较大，对企业环境不适应，都会致使中小企业知识型员工流失。因此，企业要用心培训新员工，增进相互之间的了解，设计多元化的报酬体系，多种激励方式相结合，同时做好招聘工作，为员工创造良好的工作环境，拓展员工的职业生涯，帮助员工实现自我价值。当然，员工入职前应充分考虑企业是否适合自己。胡健等（2015）指出，小微企业知识型员工流失的根本原因是年龄、性别、教育水平、婚姻状况、在组织内的任期、个人能力发挥、个人绩效、个人性格的特点、职业性质、思考方式、气质等个体特征相关的因素；企业因素则是知识型员流失的直接原因；人才流动的政策、劳动市场状态、就业与失业水平等社会因素也会影响知识型员工的流动。小微企业要正确看待员工流失现象，建立完善的人才管理制度，重视知识型员工的职业生涯发展。陶维荣（2016）分析了中小企业知识型员工管理激励方面存在的问题，如管理上不重视，理念落后，未给员工提供必要的发展空间和成长机会，薪酬体系简单，激励机制较为单一，缺乏良好的企业文化，这些都导致对知识型员工的激励较为随意，其表现为多以物质激励为主要方式，激励时间多为事后激励，激励力度差，持续力弱。因此，企业应该花更多的时间和精力去构建与知识型员工之间的心理契约、情感契约。构建科学的薪酬体系，做到“待遇”上留住人；拓展员工发展与成长空间，做到“事业”上留住人；加强企业文化建设，做到“情感”上留住人；实行期权激励计划，让优秀员工成为企业“主人翁”。孙茜（2019）基于双因素理论分析了中小企业“90后”知识型员工的流失问题，发现中小企业薪酬制度缺乏竞争力，传统的管理方式过于落后，企业凝聚力弱，企业文化过于形式化，缺乏激励机制，忽视个人的成长发展机会。她认为在对知识型员工进行激励方案设计时，要注重将保健因素和激励因素有效地进行结合与协调。首先，要满足“90后”员工群体的物质需要，丰富员工的业余生活，健全管理制度并改善管理方式。其次，要重视管理“90后”的职业规划，并增强工作本身对员工的吸引力，提供职业培训的机会。也有研究者从心理契约的角度探讨对中小企业知识型员工的激励，发现单纯的物质激励、狭窄的晋升通道和滞后的职业生涯管理都会导致知识型员工满意度下降甚至离职。中小企业要把工作激励和薪酬激励结合起来，把绩效激励和晋升激励结合起来（魏世红，谭开明，2015）。钟丽贞（2017）提出了中小企业知识型员工激励机制应遵循的原则，并构建中小企业知识型员工激励机制体系，该体系包括激励机制要确保灵活和多样化，营造良好的企业环境，建立完善的培训制度并持续改进激励机制。杨颖（2016）对中小型企业员工薪酬激励机制进行了实证分析，发现物质激励对薪酬激励效果的影响程度高于精神激励的影响程度。由此提出，不同企业员工应采取不同的薪酬激励制度，制定合适的奖励时间间隔，完善考核制度，用人唯贤，以完善职业晋升机制为保障，满足知识型员工的工作成就感。总之，要在满足员工对薪酬待遇方面的要求的前提下，为知识型员工提供良好的晋升渠道，保障其系统的培训学习机制，关注其家庭和工作的平衡，充分满足知识型员工的各方面要求，提高其对企业的忠诚度。

2. 促进知识型员工积极角色外行为的产生

如何促进中小企业知识型员工积极角色外行为的产生，是研究者们关注的另一个焦点问题，因为积极角色外行为对于中小企业发展将起到极大的促进作用。积极角色外行为是员工主动超越自身角色范围，做出对实现组织目标产生积极作用的行为，是不被岗位说明书所识别的员工自发性行为，包括周边绩效、建言行为、反馈寻求行为等。知识型员工的积极组织行为表现为，在工作过程中具有责任感、企业认同感，能够主动完成角色外其他工作，为组织发展提供建设性的意见和建议，在不确定环境中积极寻求组织支持，及时纠正个体行为以达成组织目标。武文静（2018）从心理资本的分析视角，提出了中小企业促进知识型员工产生积极角色外行为的有效途径。由于知识型员工往往在心理上具有更高层次的需要和价值追求，中小型企业要想促进知识型员工积极角色外行为的产生，就需要建立合理的物质激励制度，保障员工生活所需，同时适当提高精神激励，如设立富有挑战性的目标，在工作中给予知识型员工较大的自主决策空间，及时沟通，建立良好的领导成员关系。

作为一种有益于组织的角色外行为，知识型员工建言对于新常态下中国科技型中小企业获取创新和竞争优势具有重要意义。企业往往要求知识型员工不断提高可雇佣性，以便及时补给企业所需创新能力。相飞（2018）结合新常态下中国科技型中小企业与知识型员工的新型关系特征，提出“知识型员工可雇佣型建言”的理论构思，归纳出知识型员工可雇佣型建言是一种富含探索性和创新性特征的行为，即知识员工在提升可雇佣性的内在动机驱使下对工作和组织改进提出建议或想法。研究还发现知识型员工可雇佣型心理契约、自我效能等心理资源与知识员工可雇佣型建言维度结构有着正相关关系。企业应该树立知识型员工可雇佣性管理意识，建立知识型员工可雇佣性提升机制；注重对知识型员工可雇佣型建言的内在激励，建设能真正提升知识型员工可雇佣性的资源管理系统。

（四）中小企业员工满意度与忠诚度

中小企业员工的满意度与忠诚度是“以人为本”管理理念在中小企业应用的结果和体现，提升员工的满意度与忠诚度是中小企业面临人才流失问题的有效解决途径之一。

员工满意度是衡量组织人力资源管理水平和组织成员工作生活质量的重要指标。中小企业长期面临员工流失率居高不下的问题，因此，了解员工的满意度对企业来说至关重要。提升员工满意度有助于提高企业经济效益，有助于促进中小企业员工的有效管理，有助于提高企业核心竞争力。中小企业要想提升员工满意度，就需要建立科学规范的薪酬制度，加强员工职业生涯管理，切实落实培训制度并完善企业文化建设（孙静茹，2018）。冯万荣（2016）针对中小企业构建了员工满意度的评价指标体系，选取工作回报、工作环境、工作本身、人际关系、企业状况等方面，总共 20 个满意度评价指标。王家庭等（2019）对中小企业员工工作满意度与职业变动倾向的关系进行了研究，结果表明员工的人口统计特征会对工作满意度和职业变动倾向产生影响；员工满意度五个维度之间可以相互影响，提高一个维度的满意度，也可能会使得其他维度的满意度提高（在其他条件不变的情况下，员工尊重需求满意度每提高 1%，可以使职业变动倾向降低 0.343%；员工物质需求满意度每提高 1%，可以使职业变动倾向降低 0.258%；员工自我价值实现满意度每提高 1%，可以使职业变动倾向降低 0.172%）。因此，企业应该高度重视员工需求，提高员工满意度，降低职业变动倾向。周秀兰等（2016）通过分析中小企业员工满意度各测评维度对员工敬业度的作用机理，构建了中小企业员工满意度与员工敬业度的关系模型，实证研究发现工作本身满意度、工作报酬满意度、管理者认同满意度、同事沟通满意度、职位晋升满意度等测评维度与员工敬业度均有正向相关关系，其中工作本身满意度、管理者认同满意度与员工敬业度的相关性极高，同事沟通满意度、职位晋升满意度与员工敬业度的相关性较高，工作报酬满意度与员工敬业度的相关性相对较低。企业应做到人岗匹配，提高员工工作本身满意度；改善管理者素质和管理者选拔流程，提升员工对管理者认同的满意度；为员工提供沟通交流的平台，提高员工的同事沟通满意度。

中小企业员工离职率高，并有增长趋势，留在企业的一部分员工也在考虑何时离职或者是否离职，这些都能说明中小企业的员工对企业的忠诚程度不高，中小企业应设法提升员工的忠诚度。员工忠诚度的影响因素是丰富而复杂的，一般包括个人因素、组织因素和社会环境因素。吴秀娟（2015）以心理契约视角来研究中小企业员工忠诚度问题，从交易维度、关系维度和发展维度三方面提出提升中小企业员工忠诚度的策略。交易维度上，要完善薪酬制度和优化工作环境；关系维度上，要尊重员工和关心员工生活，并且建立和维持良好的人际关系；发展维度上，要重视员工的发展前景并合理分配工作。

参考文献

[1] 侯文斌．新时期我国中小企业人力资源管理困局及对策研究［D］．济南：山东大学，2015.

[2] 王琼，胡益龙．大数据背景下中小企业人力资源管理的创新思考［J］．智库时代，2019（6）：58－59.

[3] 李政，胡中锋．“一带一路”背景下高职跨境电商人才能力需求研究［J］．高教探索，2018（8）：92－96.

[4] 张天赐．我国中小企业人力资源管理的有效性研究［J］．商场现代化，2015（3）：145－147.

[5] 李洋洋．基于云计算的中小企业人力资源管理研究［D］．呼和浩特：内蒙古工业大学，2015.

[6] 贾英．浅谈中小企业人力成本控制［J］．财会学习，2015（9）：37－38.

[7] 王荣．新生代农民工市民化下中小企业人力资源成本管理研究［J］．会

计之友，2016（12）：31－34

[8] 邵小娜．浅谈中小企业降低企业人力成本的途径［J］．知识经济，2015（1）：129.

[9] 张利民．试论初创中小企业人力成本的控制与优化［J］．经贸实践，2018（3）：233，235.

[10] 陈鸿辉．战略性人力资源管理与企业竞争力提升问题研究［J］．人力资源管理，2016（1）：163－164.

[11] 原精玉．HRM 对中小房地产企业核心竞争力的影响研究［D］．新乡：河南师范大学，2016.

[12] 史红英．人力资本视角下中小企业核心竞争力培育研究［J］．商业经济研究，2015（27）：90－91.

[13] Gabrieia C. Analysis of selecion and tecruitment in the public administration [J]. Faculty of Economic Sciences，2010（4）：41－46.

[14] 邹力子，陈晨．中小企业人才招聘现状及对策分析［J］．中外企业家，2016（12）：140.

[15] 孙晓楠．中小企业招聘问题及对策研究［J］．商场现代化，2018（10）：90－91.

[16] 刘香凝．中小企业招聘问题与对策研究——以 LF 公司为例［D］．武汉：湖北工业大学，2018.

[17] Moser K. Recruitment source and post-hire outcomes：the mediating role of unmet expectations [J]. International Journal of Selection and Assessment，2005（13）：188－197.

[18] Mark Hinton. Management the human resource risk [J]. Franchising World，2003（2）：58－60.

[19] 樊慧．影响中小企业招聘有效性因素研究［D］．长春：东北师范大学，2017.

[20] 王锋，王凤羽．中小企业人力资源流动的行为机理［J］．广东社会科学，2015（3）：36－43.

[21] 梁林，刘兵．科技型中小企业如何在恰当时间获得匹配人才？［J］．科学学与科学技术管理，2015（7）：167－180.

[22] 单大维．企业员工培训对人力资本的影响路径和影响效果研究［D］．武汉：华中科技大学，2015.

[23] 周雅琴．我国中小企业员工培训存在的问题研究［D］．武汉：华中师范

大学，2016.
[24] 刘娜．我国中小企业人力资源培训研究［D］．太原：山西大学，2015.
[25] 张雯．人才供应链视角的科技型中小企业培训管理研究［D］．天津：天津科技大学，2016.
[26] 周氏达．越南中小企业员工培训效果的影响因素与提升对策［D］．沈阳：沈阳师范大学，2018.
[27] 唐沛然．小型企事业单位员工职业生涯规划与员工职业成长的关系［D］．长春：东北师范大学，2017.
[28] 袁玲．中小企业员工职业生涯管理现状与对策研究［D］．天津：天津大学，2016.
[29] Iqbal M Z, Akbar S, Budhwar P. Effectiveness of performance appraisal: an integrated framework [J]. International Journal of Management Reviews, 2015, 17 (4): 510 - 533.
[30] Sharma A, Sharma T. HR analytics and performance appraisal system: a conceptual framework for employee performance improvement [J]. Management Research Review, 2017, 40 (6): 32 - 33.
[31] Heywood, John S, Jirjahn, et al. Locus of control and performance appraisal [J]. Journal of Economic Behavior & Organization, 2017 (142): 205 - 225.
[32] Ikramullah M, Van Prooijen J W, Iqbal M Z, et al. Effectiveness of performance appraisal: Developing a conceptual framework using competing values approach [J]. Personnel Review, 2016, 45 (2): 334 - 352.
[33] 于晓冬．基于核心竞争力的铁路勘察设计企业绩效考核指标体系研究［J］．山东社会科学，2015（5）：430 - 432.
[34] 丁贺，林新奇，苏伟琳，等．研发人员交叉型职业通道、绩效考核与薪酬体系的整合模型研究［J］．现代管理科学，2017（8）：93 - 96.
[35] 余佳．招商银行绩效考核体系研究——以平衡计分法为基础［D］．南昌：江西财经大学，2018.
[36] 刘丽杭，赵书松，汪涛．发展型绩效考核对员工工作绩效的影响机制［J］．中南大学学报（社会科学版），2016，22（5）：123 - 131.
[37] 张光进．中国情景下的绩效考核政治行为结构研究［J］．中国地质大学学报（社会科学版），2018，18（6）：154 - 168.
[38] 王威武．中小企业绩效考核研究［D］．保定：河北大学，2019.

[39] 杜盛楠．论中小企业绩效考核制度的问题及完善［J］．山西农经，2018（16）：121－122.
[40] 张小鑫，杨雪．浅析中小企业员工绩效考核制度的问题及完善策略［J］．劳动保障世界，2018（3）：3－4.
[41] 邵程林．中小企业员工激励存在的问题及对策分析［J］．中国集体经济，2019（5）：102－104.
[42] 马捷．中小企业员工激励机制的探讨及相关措施［D］．北京：首都经济贸易大学，2016.
[43] 李银仙．中小企业核心员工的激励机制研究［D］．南昌：江西师范大学，2016.
[44] 谭镇洲，吴中元．中小企业管理人员非物质激励问题研究［J］．东南大学学报（哲学社会科学版），2016（6）：50－51.
[45] 朱晓敏．中小企业员工薪酬激励问题研究［D］．苏州：苏州大学，2017.
[46] 徐燕．基于岗位价值评估的中小企业薪酬管理体系优化研究［D］．南京：南京大学，2016.
[47] 姚小龙．科技型中小企业薪酬管理体系的设计［D］．合肥：安徽大学，2015.
[48] 刘雁南．中小企业薪酬激励制度优化研究［J］．广西质量监督导报，2019（9）：163.
[49] 吕职辉．中小企业薪酬激励制度研究［D］．武汉：华中师范大学，2016.
[50] 程晨．中小企业员工薪酬激励模式优化设计［J］．纳税，2019（5）：270.
[51] 汪昕宇，陈雄鹰．科技型中小企业人力资本投资风险评价及差异性研究［J］．北京联合大学学报，2016（1）：42－49.
[52] 张淑娥．中小企业人力资源管理风险规避研究［D］．郑州：中原工学院，2015.
[53] Dan Anderberga，Fredrik Adersson. Investments in human capital，wage uncertainty，and public policy［J］. Journal of Public Economics，2003，87（7－8）：1521－1537.
[54] Alexandra Rillaers. Growth and human capital accumulation under uncertainty［J/OL］. https：//www. researchgate. net/publication/4727080_ Growth_

and_ Human_ Capital_ Accumulation_ under_ Uncertainty.
[55] Tziner A, Birati A. Assessing employee turnover costs: A revised approach [J]. Human Resource Management Review, 1996, 36 (1): 113-122.
[56] 李宁. 上海晨达公司人才流失原因分析及对策研究 [D]. 兰州: 兰州大学, 2018.
[57] 焦莉莉. 我国中小企业人才流失危机管理研究 [D]. 哈尔滨: 哈尔滨工程大学, 2015.
[58] 沙莎. 长春东北亚物流有限公司人才流失及对策研究 [D]. 长春: 吉林大学, 2019.
[59] 赵心愿. 中小民营企业人才流失及对策: 基于X企业的实证研究 [D]. 西安: 陕西师范大学, 2017.
[60] 周素. 浅析中小企业人才流失的管理 [J]. 企业改革与管理, 2016 (2): 69.
[61] 赵君君. 如何应对中小企业人才流失窘境 [J]. 经济师, 2017 (1): 252-253.
[62] 侯晓娜, 王巍. 现代中小企业人才流失影响、因素与对策分析 [J]. 现代经济信息, 2017 (1): 83.
[63] 武建. 中小电商企业人才流失问题分析与对策研究 [D]. 青岛: 青岛大学, 2018.
[64] 王明俐. 我国中小企业员工培训风险评价及防控措施研究 [D]. 绵阳: 西南科技大学, 2015.
[65] 刘夏然. 企业员工培训风险管控研究——以三门峡市为例 [D]. 重庆: 西南大学, 2015.
[66] Woodall J, Scott-Jackson W, Newham T, et al. Making the decision to outsource human resources [J]. Personnel Review, 2009, 38 (3): 236-252.
[67] Belcourt M. Outsourcing: The benefits and the risks [J]. Human Resource Management Review, 2006, 16 (2): 269-279.
[68] 陈劲伟. 我国中小企业人力资源管理外包研究 [J]. 人力资源, 2013 (7): 223.
[69] 任海林. 经济转型视角下我国中小企业人力资源服务外包问题研究 [J]. 中国管理信息化, 2015 (2): 99-100.
[70] 张亚超. 中小企业人力资源管理外包风险及对策分析 [J]. 商, 2014 (23): 31.

[71] 储静. 制造型中小企业人力资源管理外包决策研究 [D]. 南京: 南京航空航天大学, 2017.
[72] Bettis R A, Bradley S P, Hamel G. Outsourcing and industrial decline [J]. Executive, 1992, 6 (1): 7-22.
[73] Elmuti D, Kathawala Y. The effects of global outsourcing strategies on participants' attitudes and organizational effectiveness [J]. International Journal of Manpower, 2000, 21 (2): 112-128.
[74] 尹成. 我国中小企业人力资源管理外包风险识别与规避策略研究 [D]. 长春: 东北师范大学, 2015.
[75] 袁媛. 中小企业人力资源外包风险与对策研究 [D]. 青岛: 青岛大学, 2017.
[76] 张寅. 中小企业人力资源外包风险与防范 [D]. 武汉: 湖北工业大学, 2017.
[77] 高亚超. 大数据时代安徽省中小企业人力资源管理的创新模式研究 [J]. 湖北文理学院学报, 2016 (11): 75-80.
[78] 雷鸣. 大数据时代中小企业人力资源管理的变革研究 [J]. 江苏科技信息, 2017 (9): 18-19.
[79] 唐凯麟, 姜珂. 当代中国中小企业实现人力资源管理伦理化转变的研究 [J]. 湖南大学学报 (社会科学版), 2016 (9): 111-116.
[80] 史红英. 社会责任转移视角下中小企业人力资源管理机制改革研究 [J]. 商业经济研究, 2015 (3): 118-119.
[81] 萧浩祥. 初创型企业变革型领导对员工创新行为的影响研究 [D]. 武汉: 湖北工业大学, 2019.
[82] 赵曙明, 孙秀丽. 中小企业 CEO 变革型领导行为、战略人力资源管理与企业绩效 [J]. 南开管理评论, 2016 (5): 66-76, 90.
[83] 郑璐, 何丽娜, 林奕. 中小企业知识型员工激励机制研究 [J]. 现代营销, 2013 (8): 60-62.
[84] 董凡铭, 孙立龙. 中小企业知识型员工工作压力与对策建议 [J]. 辽宁经济, 2017 (12): 84-85.
[85] 黄爱兰. 中小企业知识型员工绩效考核困境及出路 [J]. 现代商贸工业, 2017 (10): 64-65.
[86] 戴国宝. 浅析科技型中小微企业知识型员工绩效考核问题与对策 [J]. 商业经济, 2018 (10): 91-92.

［87］钟文菲．浅析中小企业知识型员工流失问题及对策［J］．人才资源开发，2017（9）：188－189．
［88］胡健，王淑芹．小微企业知识型员工流失的原因与对策［J］．人力资源，2015（3）：186－187．
［89］陶维荣．我国中小企业知识型员工的管理激励对策［J］．企业技术开发，2016（5）：94－97．
［90］孙茜．基于双因素理论分析的中小企业 90 后知识型员工的流失问题探索［J］．价值工程，2019（10）：117－118．
［91］魏世红，谭开明．基于心理契约的中小企业知识型员工激励策略探讨［J］．知识经济，2015（9）：16－17．
［92］钟丽贞．中小企业知识型员工激励机制研究［J］．经济与社会科学研究，2017（5）：433－435．
［93］杨颖．中小企业知识型员工薪酬激励实证分析［J］．商场现代化，2016（5）：64－66．
［94］武文静．如何促进中小企业知识型员工积极角色外行为的产生？［J］．纳税，2018（12）：298．
［95］Chen Y C，Chi S C S，Friedman R．Do more hates bring more benefits？Exploring the impact of dual organizational identification on work-related attitudes and performance［J］．Journal of Occupational and Organizational Psychology，2013，86（3）：417－434．．
［96］相飞．科技型中小企业知识员工可雇佣型建言维度结构研究及量表开发［J］．科技进步与对策，2018（5）：145－154．
［97］孙静茹．基于员工满意度对中小企业发展的重要性分析［J］．产业与科技论坛，2018（12）：258－259．
［98］冯万荣．基于层次分析法的中小企业员工满意度研究［J］．中国商论，2016（7）：44－46．
［99］王家庭，李和煦．中小企业员工满意度对职业变动倾向的影响研究［J］．产业创新研究，2019（8）：15－21．
［100］周秀兰，张晓兵，王兴盛．中小企业员工满意度与敬业度关系的实证研究［J］．统计与管理，2016（11）：45－49．
［101］吴秀娟．心理契约视角下中小企业员工忠诚度研究［D］．延安：延安大学，2015．

第七章　中小企业国际化成长与绩效研究

自20世纪60年代开始，各国学者从不同的视角对企业国际化进行了阐释说明，包括产业组织形式、交易成本、企业自身能力大小、社会网络构成、企业家精神等。而针对中小企业国际化，则主要有小规模技术理论、技术地方化理论及技术创新和产业升级理论等。小规模技术理论认为技术不够先进、经营范围和生产规模不够大的企业有很强的经济动力参与国际竞争，它们与发展中国家的跨国公司一样，拥有3个方面的比较优势，即为小市场需求服务的小规模生产技术优势、民族产品海外生产优势和低价格优势（Louis，1976）。技术地方化理论指出尽管发展中国家跨国公司的技术特征表现为小规模、标准化和劳动密集型，但这种技术的形成也属于内在创新活动，因为对外国技术的改进、消化和吸收也是技术的改进和创新。技术创新和产业升级理论则主要分析了发展中国家对外投资的阶段性动态演进过程（熊白妹，2015）。

我国的中小企业国际化研究始于20世纪90年代，内容多数为对国外的理论进行修补。虽然中小企业规模不大、资源相对有限，但中小企业在国际化实践过程中也存在自身的优势。相对于大公司，中小企业的创新意识更为浓厚，更加以顾客为导向，在实施新技术和满足特殊需要时能够更快捷地做出反应，更愿意调整其管理体制、产品规格和产品理念等。企业集群、政府部门等对中小企业国际化起重要的促进作用，中小企业主要通过OEM贴牌生产和直接出口等方式走向国际市场，且贴牌生产发挥着更为主要的作用（鲁桐，2003）。

一、中小企业的国际化动因

近些年对企业国际化动因的研究主要集中在市场寻求、资源寻求、战略资产寻求、效率寻求等方面，很多研究探讨了中小企业是否与大型跨国公司存在同样的国际化动因。张娟等（2013）研究指出，资源动因对一般的民营企业不具普遍意义，因为资源的获取不仅需要较大的前期投入，而且需要更大规模的后期开发费用。Luo和Tung（2007）提出的“跳板”观点认为，新兴市场企业以获取战略资产并规避国内制度限制为动因，倾向将国际扩张作为跳板，以激进方式进入海外市场。

吴冰等（2016）基于“跳板”理论，分别检验了国际化的市场动因、战略资产动因和制度动因对民营企业国际化进入模式的影响，发现在市场动因方面支持“跳板”观点，但在制度动因上得出相反结论，对战略资产动因的分析也未得到支持；与“跳板”观点不同，创始人国际经验不仅不利于企业提高进入模式的水平，而且会弱化市场动因对进入模式的影响。

侯政民（2016）从中小企业国际创业的推动因素与拉动因素两方面展开分析，推动因素主要包括市场环境的驱动、企业战略的驱动，拉动因素主要包括基于创新优势、产权优势和小规模优势的灵活性，以及由中小企业产品交易成本低、沉没成本低、管理成本低而带来的产品优势。

二、中小企业的国际化成长

中小企业国际化一般包括外向型和内向型两种形式，其国际化经营的活动方式有产品进出口、契约合同和投资活动等。中小企业国际化成长可以视作一个持续的组织学习和积累知识的过程，是在全球价值链背景下，通过知识的学习和积累，不断增强自我的国际化竞争优势，而实现国际成长的过程。Uppsala 模型指出，企业海外市场的不断扩大，可以理解为一个不断积累海外市场知识的过程。因此，很多研究将中小企业国际化成长视作一个知识学习的过程。

（一）中小企业国际化成长路径

Andersen（1993）认为，企业国际化成长是选择合适的进入模式进入国际市场的过程，因为国际化成长中会产生跨国界的服务、产品和资源的转移，所以也会存在对国际市场的选择。国际化进入模式通常分为四种类型：① 贸易进入模式，这是一种最简单的国际商业活动形式；② 契约进入模式；③ 直接投资进入模式，也称为生产型或实业型进入模式；④ 国际战略联盟进入模式。国际化的实现方式包括商品国际化、技术国际化、资本国际化、品牌国际化和融资国际化等几种形式。这些基本都属于传统的渐进式的国际化路径。

与渐进式的国际化路径不同，天生国际化路径理论认为，在互联网时代，那些拥有较多知识资源的中小企业，自创立之初就在多个国家谋求资源利用最大化优势，通过技术变革，实行激进的国际化，这些企业进入国际市场的模式比较灵活，既有出口模式也有协同模式，没有特定次序；同时进入国内和国外市场，通常 2 ~3 年就能达到国外市场销售额超过销售总额的 25%。刘军伟等（2018）从行为理论视角出发，探讨了企业家精神、社会资本对科技型中小企业天生国际化路径选择的影响机制，发现企业家精神与社会资本对科技型中小企业天生国际化路径选择有显著正向影响，资源禀赋正向调节企业家精神、社会资本与天生国际化路径选择的关系。因此，应强化资源禀赋，同时充分发挥科技型中小企业的技术创新优势并重视社会资本的构建，整合利益共同体资源。此外，还要培育企业家精神，以充分发挥企业家在天生国际化路径中的引领作用。董惠梅（2015）提出，企业所积累的国际化经验与海外社交网络中知识的集成，明显影响着国际化的模式和脚步。知识强度作为国际化的一种关键驱动力，与之相关的是国内市场对于高科技产品的需求和产业全球化的趋势。李隽（2016）总结了知识异质性与企业国际化路径的“多国多产品模型”和“两国模型”，发现在进行企业国际化路径选择时利用知识的异质性，有利于企业在选择路径时做出正确的决策，提高企业国际化竞争优势，增加企业的经营效益。由此提出，企业国际化路径选择的知识策略、偏好策略、匹配性策略和竞争策略。赵鑫海（2017）实证分析了我国中小型企业进行世界贸易的核心路径，发现我国外贸公司通常是通过资本扩张等路径实现发展的，这对处于世界贸易发展阶段中前期的国家来说是有利的，但后期需要逐步推进我国世界贸易路径多方位的均衡化和优质化发展，从而促进我国世界贸易能力的持续提升。

此外，也有人从中小企业可持续发展视角研究其国际化路径。如牛雄鹰等（2016）探讨了省际中小企业国际化路径对其可持续发展的影响，检验基于资源空间关联的空间依赖性。研究发现，中小企业可持续发展基于资源空间关联与地理距离存在显著的空间自相关性，且动态资源空间关联矩阵比静态地理空间矩阵更优越；中小企业国际化路径对可持续发展存在显著正向影响；基于资源空间关联矩阵，邻近省市的中小企业可持续发展对本省中小企业可持续发展存在显著的空间依赖性。

（二）中小企业国际化成长机制

许晖等（2015）在案例研究的基础上分析了不同国际化阶段创业知识的整合机制，并提出了国际化知识整合机制的过程模型。在无经验知识阶段，知识由创业者利用自身的创业知识向组织内部及经销网络流动，将创业知识通过跨文化创业活动不断向组织溢出，慢慢提高分公司的知识存量，从而提高企业的海外销售业绩，同时也促使创业者本身不断的成长；短期经验知识阶段不仅是创业者知识利用的过程，也是慢慢进行探索式学习知识的过程；知识国际化阶段是开发式学习和探索式学习知识的过程。创业者通过知识溢出向企业转移知识的过程，是一个知识获取、知识吸收、知识扩散、知识创新和知识共享的知识循环更新过程，也是国际新创企业不断成长的过程。

章宜（2014）以集群创新网络视角下中小企业国际化成长评价为研究对象，提出中小企业集群国际化在一段时间内仍然处于初级阶段，中小企业国际化表现出具有国际化成长的系统性、国际化成长的渐进性、国际化成长的网络性、国际化成长的锁定性、国际化成长的集群性等特征。集群创新网络视角下的中小企业国际化成长机制包括中小企业国际化成长的微观过程机制、运行机制和宏观环境机制。

中介组织对中小企业国际化成长的作用是不可忽视的，中介组织为中小企业提供帮助，从而使中小企业在国际化竞争中实现利润最大化或效用最大化、利益达到帕累托最优状态。沈司懿（2014）认为中介组织为中小企业国际化成长提供技术、经济、市场和行业等方面的服务，对中小企业国际化成长具有促进作用。中介组织提供市场服务为中小企业国际营销“牵线搭桥”的作用最大，而技术服务、经济服务和行业服务方面的作用并没有得到充分的发挥，特别是技术服务。

叶文忠等（2016）认为在中小企业的国际化成长中，中小企业自身的知识吸收能力是相当重要的，同一价值链内企业间的合作是获取知识和技术的主要方式，尤其在全球分工背景下，集群能促进中小企业间的交流互动，降低中小企业间的学习成本。中小企业国际化服务平台逐步完善，尤其是互联网的发展，电子商务信息平台的建立，大大提升了对中小企业国际化成长的服务效果。中小企业国际化成长是一个创新的过程，全球价值链搭建了知识学习交流平台，促进了中小企业国际化的创新成长。

基于中小企业在规模、资源、运营等多方面的缺陷，政府对中小企业国际化成长的有效参与和适度干预是十分必要的。罗毅（2014）以浙江省为例，对中小企业国际化成长中政府的作用进行了分析和论证，研究表明政府政策支持对中小企业的国际化成长有着不可忽视的作用，其中金融财税、科技创新和创业支持在中小企业国际化成长过程中发挥主要作用。然而，现有的政策体系并不完善，从政策的出台频率、实施效果上可以看出政策落实效果并未达到预期，因此，应该制定严格的监督机制来保障各项中小企业政策实施的效率。

三、中小企业国际化绩效及其影响因素

中小企业国际化绩效及其影响因素一直是研究的重点和热点。胡辰（2015）在对安徽中小企业国际化经营进行分析的基础上，提出国内的市场环境（包括本国的政策法律环境、国内的市场需求、本国原材料成本）、国际环境（包括进入国的政策法律环境、进入国与本国的文化差异、进入国的原材料成本、进入国的市场需求、进入国市场竞争激烈程度）和企业自身的整体素质是影响中小企业国际化经营绩效的主要因素。章宜（2014）通过研究分析可能影响中小企业国际化的因素及评估要求，构建出集群创新网络视角下中小企业国际化成长力评价指标体系，评价指标包括企业国际化成长的战略管理能力、组织能力、人力资源管理能力、资金运营能力、学习能力、生产能力、创新能力、营销能力、风险承受能力和网络能力等一级指标。

（一）网络能力与中小企业国际化绩效

20 世纪 80 年代，Johanson 和 Mattsson 提出的企业国际化的网络理论是基于社会学中的化会交换观点和交换网络理论建立的，企业国际化关系网络理论是学者们研究关系网络与企业国际化绩效的集中体现。社会网络为中小企业提供了进军海外市场的机会并能加速其国际化进程，尤其对于天生全球化企业而言，将国际化渐进模型和关系网络模型整合能增进对其初始阶段就开始国际化经营的理解。Kah - Hin Chai 等（2011）指出，天生全球化企业往往依赖单一产品，通过快速占领市场来获取市场领导位置，而不管他们在市场所处的实际位置，因而更容易成为攻击的对象。强国际商业关系网络为资源匮乏的新创企业提供了重要的资源渠道，社会关系网络能够为企业开发国际创业机会提供知识、异质性资源和行为，这些资源是决定国际化绩效的关键因素；除此之外，社会关系网络还扮演着关系中间人和媒介人的角色。Tolstoy 等（2010）认为，企业通过关系网络资源的整合能够获得所需的补充资源，从而为国际化提供竞争优势。

张鸿（2017）对关系网络国际化理论进行了再一次的印证和分析，认为关系网络的结构维、关系维和认知维对于国际化绩效的提升有显著的促进作用，但关系网络结构维对于国际化绩效的影响并没有关系维和认知维大。

王增涛等（2017）探讨了企业家关系对中小企业国际化绩效的影响，并以企业动态能力为中介指标，发现动态能力中的搜寻吸收能力和整合转化能力

在关系网络和国际化绩效中起到部分中介作用。章俊杰（2017）进行了网络能力和国际机会的维度划分，并发现天生全球化企业的网络构建能力、网络关系管理能力、网络内部交流能力对国际机会识别和国际机会开发均产生了显著正向影响，国际机会识别和国际机会开发对天生全球化企业的国际化绩效有显著正向影响；天生全球化企业的网络能力各维度对企业国际化绩效的直接影响存在差异，其中网络构建能力、网络关系管理能力和网络内部交流能力对国际化绩效均产生直接显著的正向影响，而网络愿景能力和网络占位能力对国际化绩效的直接影响不显著，国际机会识别和开发在天生全球化企业的网络能力与国际化绩效之间的中介作用得到验证。其中，国际机会识别和开发在网络构建能力、网络关系管理能力和网络内部交流能力与企业国际化绩效之间的关系中起到了部分中介作用；在网络愿景能力、网络占位能力与国际化绩效之间的关系中起到完全中介作用。

王聿晓（2015）研究发现，国际新创企业依据网络关系，以资源和信息获取为基础建立渠道和生态圈，实现绩效的增长。网络能力对企业绩效有正向影响，但网络能力的三个外部维度对创新绩效的正向影响表现不同。其中，企业的商业网络可以帮助企业在国际市场上建立较为稳定的外部环境，与国际创新绩效显著正相关；合作者知识帮助中小企业识别合作伙伴，对国际创新绩效的正向影响相对较弱；关系技巧帮助中小企业识别最有价值的信息以快速应对市场变化，对企业的绩效会产生明显的影响。

刘荷（2018）研究了企业家多重关系嵌入与中小企业国际化绩效之间的关系，发现企业家东道国商业关系嵌入及非商业关系嵌入和企业家母国商业关系嵌入对中小企业的国际化绩效都存在正向影响。其中，东道国非商业关系嵌入的正向效应最强。企业家母国非商业关系嵌入与中小企业国际化绩效之间存在倒 U 形关系。网络能力在企业家东道国商业关系嵌入及非商业关系嵌入和母国商业关系嵌入与中小企业国际化绩效的关系中发挥正向调节作用，能增强上述关系嵌入的正向效应。网络能力负向调节企业家母国非商业关系嵌入与中小企业国际化绩效的倒 U 形关系。

但是，也有学者提出关系网络可能存在某些潜在的弊端。如 Cavusgil 和 Knight（2015）认为可以从文献中发现一些辩证的研究。关系网络可能导致企业忽视网络之外更为重要的信息来源，也可能导致企业资源的误配和流失。此外，合作伙伴知识共享也会显著增加企业成本。

（二）知识、学习与中小企业国际化绩效

通过嵌入全球价值链网络，充分学习各种知识，来提升自我的国际化竞争力，实现国际化成长，是中小企业国际化成长的重要途径。组织学习是取得国际创业经验的关键，组织学习为企业开展国际创业活动提供了更多的可能性。有学者发现学习导向与国际创业绩效呈正相关关系，也有学者指出了学习导向在创业导向与绩效之间起着重要调节作用。张鸿探究了关系网络、知识整合能力和国际化绩效之间的相关关系，发现关系网络规模的扩大仅仅使得企业能接触到更多国际化资源，国际化绩效的真正提升还需要其他条件的催化。关系网络的构建和提升有利于企业自身知识整合能力的提升，而知识整合能力各维度对国际化绩效均存在显著的正相关关系，其中，社会化能力对于国际化绩效的提升作用更为明显，由此证明了知识整合能力在关系网络和国际化绩效之间的中介作用。

侯政民（2016）对国际创业绩效、国际知识转移、国际动态能力进行了界定和维度划分，分析了国际动态能力对国际创业绩效的影响，构建起“国际知识转移—国际动态能力—国际创业绩效”之间的关系模型。研究发现，国际知识转移对国际创业绩效有正向促进作用，其中，国际知识传递、国际知识吸收对财务绩效的正向促进作用较显著，国际知识传递对非财务绩效正向促进作用较显著。国际动态能力与国际创业绩效存在正的相互关系，表现为国际环境感知能力对国际创业企业的财务绩效影响很大，国际资源整合能力、国际环境感知能力对非财务绩效影响很大。国际知识转移对国际动态能力有正向促进作用，国际动态能力在国际知识转移与国际创业绩效的关系中起到中介作用。

岳检（2015）探索全球价值链背景下，知识学习在促进我国中小企业国际化成长过程中的作用，发现知识学习对中小企业国际化成长具有促进作用，因为知识学习为中小企业增加了知识积累，更有利于将国内外先进技术知识和科研成果投入企业的商业化运营，进而提升中小企业的核心竞争能力。其中，高效的中介组织搭建的知识学习交流平台，对中小企业国际化成长起最大的推动作用，而良好的知识共享环境提高了中小企业知识学习的效率，对中小企业国际化成长所起的作用较小。

杨勇等（2018）对国际知识转移和中小企业国际创业绩效两者之间的关系进行分析，发现国际知识转移水平越高，中小企业的国际创业绩效越好，两者显著正相关。国际知识传递、吸收、整合均能对国际创业的财务绩效与非财务绩效产生正向的促进作用。

（三）技术创新与中小企业国际化绩效

技术创新对企业发展的作用已被广为认知，很多研究表明技术创新能力对企业绩效有显著的正向影响。对缺乏管理能力的中小企业而言，面对的困难往往可以看作是技术创新的战略管理问题，是因为没有将技术作为一种策略变量给予重视。何芳凝（2015）探究了利基能力和技术创新对中小企业国际创业绩效的影响，提出技术创新是中小企业国际创业过程中的催化剂，技术导向的中小企业比其他类型中小企业更趋于走国际创业的路线。刘玲玲（2015）以广东省中小型跨国创业企业为例，对企业技术创新能力与国际创业绩效之间的关系进行研究，研究发现，中小企业的创新管理能力、研究开发能力、市场营销能力、创新生产能力对企业的国际创业成长绩效和国际创业财务绩效均具有正向的影响，其中研究开发能力对企业国际创业成长绩效的影响最为显著，创新生产能力对企业国际创业财务绩效影响最为显著。因此，中小企业在国际化进程中，要提高企业研究开发能力，培养技术人才；提升对创新的管理能力，引入管理人才及技术；提高企业的创新营销能力，树立品牌意识；不断提高自身的创新生产能力，促进设备的更新换代。

（四）企业家与中小企业国际化绩效

Oviatt 和 McDougall 将国际创业定义为跨越国界为组织创造价值的创新与冒险行为的结合。企业家是实施创业行为的个人，是中小企业国际化的重要变量之一。国际创业模型提出，个人特点、组织特点和环境特点共同影响企业的国际化产品、时间、模式等，其中企业家特点分为个人资本（国际商务技能、国际导向、环境认知及管理技巧）和社会资本（包括网络和信息等）。也有学者基于企业国际化环境的不确定性，研究企业家的风险承担、不确定性规避等特质与企业国际化之间的关系，如 Bal 和 Kunday（2014）认为企业家的风险承担与不确定性容忍对企业的国际化程度具有正向的影响作用。

张骁（2019）从企业家信息认知的特质因素出发，综合心理认知、资源基础和动态能力视角，探讨了企业家多任务时间取向对中小企业国际化扩张的影响、作用机制和边界条件。研究发现，在国际化决策制定阶段，企业家多任务时间取向特质对中小企业国际化决策的速度和广泛性产生影响，这一关系同时受到认知双元能力的调节；在国际化决策实施阶段，国际化决策实施速度对中小企业国际化扩张的速度和绩效产生影响，这一关系受到战略柔性和资源冗余的调节。

王哲等（2018）以 176 家中小企业企业家为研究对象，分析了企业家人口统计特征、积极性人格特质、企业家经验和企业家能力对中小企业国际化绩效的影响，认为企业家人力资本对中小企业国际化绩效有显著的影响。企业家年龄越大、性格越积极、经验越丰富，中小企业国际化绩效越高；男性企业家对于中小企业国际化绩效的影响比女性企业家大；企业家学历对于中小企业国际化绩效的影响不确定。企业家能力不仅对中小企业国际化绩效有直接的正向影响，而且在企业家经验作用于国际化绩效的过程中起到中介作用。

（五）动态能力与中小企业国际化绩效

中小企业国际化的动态能力理论框架显示，环境的变动能引起组织战略的变动。为了适应不断变化的环境，甚至提前预测环境的变化，中小企业具体组织过程（包括企业的结构、流程和管理决策等）的能力也随之演变，最终形成抽象的动态能力，其构成维度为信息获取和利用能力、内外整合能力、资源获取和释放能力，中小企业因此得以保持可持续的竞争优势。杨洋（2016）分别从出口、品牌和投资三个层面的战略，对中小企业国际化动态能力的形成与发展进行了探讨。他认为，中小企业国际化动态能力包括信息获取和利用能力、资源获取和利用能力，以及内外整合能力。为了适应环境的变动，中小企业需要采取相应的战略，同时，相应的动态能力就会形成，随着战略的变化，动态能力也随之演变。为了增强动态能力，中小企业内部应注重管理创新、文化创新、人力资源开发、售后服务保证等，企业外部应积极协调供应商、分销商的关系，充分利用中小企业集群等。政府、金融机构可以通过政策扶持（倾斜）促进中小企业融资渠道拓宽、信息渠道拓宽及人才引进，减轻税负，从而促进中小企业动态能力的发展。

杨勇等研究得出，国际动态能力越强，中小企业的国际创业绩效越好。中小企业的国际环境感知能力、资源获取能力、整合能力、学习吸收能力均能够影响中小企业国际创业的财务绩效与非财务绩效。具有较强国际动态能力的中小企业能够适应国际市场的发展，灵活应对市场变化，制定正确的决策战略，取得较好的经营业绩，财务绩效明显提高。同时，具备良好国际动态能力的中小企业具有较强的学习吸收能力和资源整合能力，潜在的创新能力和发展能力较好，非财务绩效也会有效提高。此外，国际动态能力能够有效增强国际知识转移与国际创业绩效之间的相关性，即国际动态能力在国际知识转移与中小企业国际创业绩效之间起到中介的作用。国际创业中的中小企业国际动态能力越强，其国际知识转移水平提高程度越大，从而使中小企业在国际市场获得更多的创业绩效。

四、新环境下的中小企业国际化

（一）跨境电商视角下的中小企业国际化

与传统贸易相比，跨境电商降低了中小企业进入国际市场的门槛，以 B2C 为代表的贸易方式，便于小规模生产，可有效降低成本，并提高交易效率，以及对客户反馈速度快等，都为中小企业国际化提供了更优越的环境。相关研究也证实了电子商务环境弱化了中小企业在传统国际化中的规模劣势。刘娟（2010）研究发现，电子商务的出现使得中小企业在某些方面已经具备了和大企业竞争所需要的发展资源和市场空间。王艳琴（2012）认为电子商务降低了交易和采购成本，减轻了对基础设施的依赖性，在满足国内市场的情况下扩展了海外市场，提高了交易的效率及客户服务的效率。沈和斌（2017）指出，跨境电商凭借资金流压力小、利润空间大，得到了中小企业的广泛认可。我国中小企业发展跨境电商有着中国传统比较优势和国家的大力支持，同时在跨境电子商务的发展中，跨境电子商务平台的作用十分重要，各家跨境电商平台均针对中小企业推出了定制化的服务，范围几乎覆盖网站的建立、美化，产品的推广和销售等全领域。

1. 中小企业跨境电商发展存在的问题

中小企业跨境电商发展的速度很快，但在发展过程中也逐步暴露出一些问题，主要表现在产品同质化严重、竞争手段单一、品牌建设不足、跨境物流体系发展滞后、跨境电商人才匮乏、政策等环境不够完善等方面。

张炯（2016）指出，贸易壁垒的存在、人力资源和物流的瓶颈，以及信用管理的缺失都是中小企业跨境电商面临的问题。沈和斌（2017）认为，在跨境电商发展过程中，中小企业品牌缺失容易造成知识产权纠纷和赔偿问题，并损害企业形象。由于目前中小企业跨境电商的客户群特征相近，由此引发的“示范效应”极易造成产品同质化现象，并由此导致恶性价格竞争，压低企业利润。王外连等（2013）指出相关人才专家的匮乏、支付体系的安全问题、物流的滞后都是亟需解决的问题。跨境电商的发展离不开物流体系的支持，但跨境电商交易特点决定了物流成本难以转嫁到消费领域，因此，解决跨境物流的价格、安全及运输效率问题就显得尤为重要。目前，跨境物流大致可分为三类：第一类是物流成本较高的国际快递直接运送；第二类是能够大批次运输以降低成本的跨境专线物流，但覆盖范围有限；第三类是海外仓，能有效缩短运输时间，提升用户体验，但对货物周转速度有一定要求。刘凌艳（2013）认为跨境电商 B2C 占贸易总额的比例较低是因为法律制度的滞后及物流体系缺陷。陈剑玲（2012）则提出传统仲裁方式难以有效解决跨境电商问题，需要创新仲裁和调解体系。

2. 中小企业跨境电商成功的影响因素

Sherah Kurnia 等（2009）提出，组织准备、产业基础、国家支持和环境压力是影响中小企业电子商务成功的关键因素。Abodlmotalleb Rezaei 等认为信息部门的支持、结构和管理、科学和技术知识、共同的目标、资源和基础设施的配置是影响中小企业电子商务系统成功实施的重要因素。Epstein 等（2005）等总结出影响中小企业电子商务成功发展的因素为公司领导、企业战略、企业结构和业务系统。

3. 中小企业跨境电商的促进策略

刘国防等（2017）建立了中小企业跨境电商采纳模型，并提出应持续改善跨境电子商务产业环境，加强跨境电子商务专业人才培养，并在中小企业加强学习型组织的建设，加强外部沟通。沈和斌（2017）从政府、行业和企业三个层面提出了促进我国中小企业利用跨境电商的政策建议，认为政府应加强基础设施建设，加强对跨境电商平台、跨境支付体系的监管并完善相关法律体系，同时要重视跨境电商人才的培养；行业组织需要引导企业公平竞争、守法经营，加强与国内外相关行业组织的交流合作，并积极发挥其在政府与企业间的纽带作用；企业则应创建自主品牌，提升产品和服务质量，提高研发能力并对物流体系进行合理规划。

（二）“一带一路”背景下的中小企业国际化

2013 年，习近平主席在对哈萨克斯坦和印尼访问期间提出了建设“丝绸之路经济带”和“21 世纪海上丝绸之路”的构想，拉开了“一带一路”倡议的序幕。“一带一路”的核心构想目标是以“互通要求”为基本内涵，逐步形成以点带线、从线到片，最终形成大区域大合作的发展格局。基于“一带一路”背景，中小企业将会有更多的发展机会，应结合自身实际发展情况积极国际化。

1. “一带一路”背景下中小企业国际化的优势与问题

与“一带一路”沿线国家的贸易，不仅成为我国进出口贸易的重要组成部分，而且是我国发展外向型经济的一大创新。我国中小企业参与“一带一路”沿线贸易的优势包括区位优势、民族产品优势、国际环境优势、小规模劳动密集型优势、机制灵活优势和综合优势。王济光（2017）指出，由于“一带一路”沿线国家大多属于发展中国家，经济体系和产业结构不健全，单独通过大企业、大项目难以形成全面的经济互补关系，亟需通过中小企业“走出去”投资与产业合作，来丰富“一带一路”的倡议内涵。

但是，目前我国中小企业在全面融入“一带一路”倡议过程中，还面临诸多问题和障碍，主要表现在资金、人才、竞争力提升等方面。郭军峰（2018）在分析了河南省中小企业“走出去”战略发展现状的基础上，指出企业管理模式单一、组织结构不完善、产品种类不够丰富、结构不够合理是目前这些企业实现“走出去”战略存在的主要问题。也有学者认为资金缺乏、技术水平低、国际型人才缺乏、没有长远战略及政府支持力度不足都是制约我国中小企业参与“一带一路”沿线贸易的重要因素。

2.“一带一路”背景下中小企业国际化策略

对“一带一路”背景下中小企业国际化策略的研究，包括产品和服务、技术、资本等各个方面。中小企业必须科学依据国家法律法规，加强企业经营管理模式的创新与改革，不断完善企业的组织结构，加快技术创新步伐，提高企业产品研发水平，跟上国际市场的竞争节奏。政府部门要施行一系列激励扶持政策，帮助中小企业实现对外发展，指导中小企业以最佳方式进入国际市场，提高自身的国际化竞争能力。周伟（2018）提出中小企业要有心理预期，积极调研，做好前期准备工作，探寻适合自身发展的经营策略，只有这样才能很好地把握“一带一路”机遇。“一带一路”下中小企业国际化的重点在于文化融合，应结合各国具体国情实施差异化经营，谋求科技创新和集群式发展。具体而言，在国际化过程中，中小企业应强化企业社会责任意识，注重企业文化的“本土化”，推动跨国经营复合型人才培养，搭建公共信息服务平台并建立风险评估及应对机制。沈子傲、韩景华（2015）提出，我国有大量的中小企业主要从事加工贸易出口，中小企业的“商品走出去”较为成熟，而中小企业的“资本走出去”也是非常必要的，有利于化解产能过剩、应对贸易保护主义，同时，“一带一路”的国际经济合作为中小企业资本“走出去”创造了良好氛围。虽然目前中小企业存在品牌知名度低、国际化意识缺失、抗风险能力差、缺乏自主知识产权产品等一系列问题，但只要建立中小企业对外投资融资平台，为“资本走出去”创造良好的政策环境，同时实施合作联盟战略，大企业联合产业链相关中小企业进行海外投资，并鼓励中小企业创新，我国中小企业就能找到更广阔的发展空间。郭军峰认为，应该强化中小企业经营管理，完善企业治理结构，加快技术创新步伐，完善企业产品结构，此外，从环境层面，应落实相关法律法规，创建良好的政策环境，加大国家金融政策扶持力度，拓宽企业融资渠道。

总之，为确保“一带一路”倡议能够全方位向纵深实施和推进，必须采取有效措施加快我国中小企业“走出去”的步伐，把扶持中小企业“走出去”作为“一带一路”倡议的重要组成部分，成立专门的海外中小企业服务机构，加强中小企业海外发展的金融支持并出台综合配套的扶持政策。

参考文献

[1] Louis T W. The internationalization of firms from the developing countries [M]. Cambridge Mass, MIT Press, 1976.

[2] 熊白妹. 安徽省中小企业国际化战略选择 [D]. 合肥：安徽财经大学，2015.

[3] 鲁桐. 中国企业跨国经营战略 [M]. 北京：经济管理出版社，2003.

[4] 张娟，刘钻石. 中国民营企业在非洲的市场进入与直接投资的决定因素 [J]. 世界经济研究，2013 (2)：74－79.

[5] Luo Y, Tung R L. International expansion of emerging market enterprises: A springboard perspective [J]. Journal of International Business Studies, 2007, 38: 481－498.

[6] 吴冰，阎海峰，叶明珠. 国际化动因、经验与进入模式的关系研究 [J]. 科研管理，2016 (12)：105－113.

[7] 侯政民. 动态能力视角下知识转移对中小企业国际创业绩效的影响机制研究 [D]. 桂林：广西师范大学，2016.

[8] Eriksson K, Johanson J, Majkgard A. Experiential knowledge and cost in the internationalization process [J]. Journal of International Business Studies, 1997, 28 (2): 337－360.

[9] Andersen O. On the internationalization process of firms: a critical analysis [J]. Journal of International Business Studies, 1993, 24 (2): 209－231.

[10] 刘军伟，刘华，王伟. 企业家精神、社会资本与科技型中小企业天生国际化路径研究 [J]. 科技进步与对策，2018 (8)：144－150.

[11] 董惠梅. 企业国际化过程中知识的作用 [J]. 开发研究，2015 (1)：106－108.

[12] 李隽. 知识异质性与企业国际化路径选择 [J]. 商场现代化，2016 (1)：69.

[13] 赵鑫海. 中小企业国际贸易关键路径实证研究 [J]. 湖南社会科学，2017 (3)：149－152.

[14] 牛雄鹰，李鑫伟. 国际化路径、空间关联与中小企业可持续发展 [J]. 吉林大学社会科学学报，2016 (11)：62－71，188.

[15] 许晖，王琳，张阳. 国际新创企业创业知识溢出及知识整合机制研究 [J]，管理世界，2015 (6)：141－153，188.

[16] 章宜. 集群创新网络视角下中小企业国际化成长力评价 [D]. 长沙：湖南大学，2014.

[17] 沈司懿. 中小企业国际化成长中的中介组织作用研究 [D]. 湘潭：湖南科技大学，2014.

[18] 叶文忠，何洁，岳检. 全球价值链背景下基于知识学习的中小企业国际化成长机制研究 [J]. 经济研究导刊，2016 (7)：16－20，31.

[19] 罗毅. 中小企业国际化成长中政府作用研究 [D]. 湘潭：湖南科技大学，2014.

[20] 胡辰. 安徽中小企业国际化经营影响因素研究 [D]. 合肥：安徽财经大学，2015.

[21] Chai K H, Yap C M, Wang X Y. Network closure's impact on firms' competitive advantage: The mediating roles of knowledge processes [J]. Technology Management, 2011 (28): 2－22.

[22] Ng W, Rieple A. Special issue on the role of networks in entrepreneurial performance: New answers to old questions? [J]. International Entrepreneurship and Management Journal, 2014 (10): 447－455.

[23] Harris S, Wheeler C. Entrepreneurs' relationships for internationalization: functions, origins and strategies [J]. International Business Review 2005, 14 (2): 187－207.

[24] Tolstoy D, Agndal H. Network resource combinations in the international venturing of small biotech firms [J]. Technovation, 2010, 30 (1): 24－36.

[25] 张鸿. 关系网络、知识整合能力与企业国际化绩效关系研究 [D]. 杭州：浙江工商大学，2017.

[26] 王增涛，张宇婷，蒋敏. 关系网络、动态能力与中小企业国际化绩效研究 [J]. 科学进步与对策，2017 (1)：91－98.

[27] 章俊杰. 基于网络能力的天生全球企业国际化绩效影响研究 [D]. 上海：东华大学，2017.

[28] 王聿晓. 网络能力对国际创业绩效影响研究 [D]. 桂林：广西师范大学，2015.

[29] 刘荷. 企业家多重关系嵌入与国际化绩效研究——基于中国中小企业的实证分析 [J]. 亚太经济，2018 (5)：123－129，152.

[30] Cavusgil S T, Knight G. The born global firm: An entrepreneurial and capabilities perspective on early and rapid internationalization [J]. Journal of International Business Studies, 2015, 46: 3－16.

[31] Fletcher M, Harris S. Knowledge acquisition for the internationalization of the smaller firm: Content and sources [J]. International Business Review, 2012 (21): 631－647.

[32] Eberhard M, Craig J. The evolving role of organizational and personal networks in international market venturing [J]. Journal of World Business, 2013, 48: 385－397.

[33] 岳检. 全球价值链背景下中小企业国际化成长研究 [D]. 湘潭：湖南科技大学，2015.

[34] 杨勇，郭文娜. 动态能力、知识转移与创业绩效——基于中小企业国际创业的视角 [J]. 财会通讯，2018 (9)：92－96.

[35] 何芳凝. 利基能力和技术创新对中小企业国际创业绩效的影响研究 [D]. 长春：吉林大学，2015.

[36] 刘玲玲. 中小企业技术创新能力对国际创业绩效的影响 [D]. 广州：广东外语外贸大学，2015.

[37] Oviatt B M, McDougall P P. Toward a theory of international new ventures [J]. Journal of International Business Studies, 1944, 25: 45－64.

[38] Bal E, Kunday A. Investigating the role of entrepreneurial traits and human capital on the internationalization degree of small and medium enterprises in Turkey [J]. International Journal of Business and Social Science, 2014, 5 (8): 192－201.

[39] 张骁. 企业家多任务时间取向与中小企业国际化扩张 [J]. 学海，2019 (1)：171－177.

[40] 王哲，彭晖. 企业家人力资本与中小企业国际化绩效的实证研究 [J]. 西南民族大学学报（人文社会科学版），2018 (10)：134－140.

[41] 杨洋. 基于动态能力观的中小企业国际化对策研究 [D]. 成都: 西华大学, 2016.

[42] 刘娟. 电子商务对中小企业国际化的影响 [J]. 学术交流, 2010 (11): 107 - 110.

[43] 王艳琴. 中小外贸企业电子商务模式研究 [D]. 昆明: 云南大学, 2012.

[44] 沈和斌. 跨境电商视角下——中小企业国际化发展研究 [D]. 贵阳: 贵州财经大学, 2017.

[45] 张炯. 基于跨境电子商务的中小企业竞争力研究 [J]. 商业经济研究, 2016 (15): 117 - 118.

[46] 王外连, 王明宇, 刘淑贞. 中国跨境电子商务的现状分析与建议 [J]. 电子商务, 2013 (9): 23 - 25.

[47] 刘凌艳. 中国外贸 B2C 发展现状研究——以“兰亭集势”为例 [J]. 今日湖北, 2013 (8): 73 - 130.

[48] 陈剑玲. 论消费者跨境电子商务争议的解决 [J]. 首都师范大学学报, 2012 (2): 154 - 156.

[49] Sherah Kurnia, Basil Alzougool, Mazen Ali, et al. Adoption of electronic commerce technologies by SMEs in Malaysia [C] //Proceedings of the 42nd Hawaii International Conference on System Sciences, 2009.

[50] Epstein M J. Implementing successful ecommerce initiatives [J]. Strategic Finance, 2005 (3): 23 - 29.

[51] 刘国防, 王璐. 中小企业跨境电子商务采纳影响因素研究 [J]. 商业经济研究, 2017 (2): 110 - 112.

[52] 王济光. 在实施“一带一路”战略中推动我国中小企业加快“走出去” [J]. 中国科技产业, 2017 (6): 16 - 17.

[53] 郭军峰. “一带一路”背景下河南中小企业“走出去”的战略研究 [J]. 科技对策与研究, 2018 (8): 42 - 43.

[54] 周伟. “一带一路”倡议下中小企业国际化发展的经营策略探析 [J]. 苏州市职业大学学报, 2018 (1): 13 - 17.

[55] 沈子傲, 韩景华. “一带一路”建设中我国中小企业如何实现从商品“走出去”向资本“走出去”的转变 [J]. 商场现代化, 2015 (20): 20 - 21.

第八章 中小企业集群基本特征、发展因素与提升策略研究

近几年，我国很多地区的中小企业通过集群发展，依靠分工协作和优势互补作用，增强了自身竞争优势，极大地促进了当地相关产业的发展。如何更好地利用集群优势带动我国中小企业发展及国民经济增长，是当前的一个重要课题。本章阐述了我国中小企业集群的发展特点，分析了国内企业集群发展中面临的主要问题，并提出了具体的发展对策。

一、中小企业集群的概念

由于研究背景及目的不同，因此学者们对企业集群的定义不同。亚当·斯密从分工的角度认为企业集群是由一群具有分工性质的中小企业以完成某种产品的生产联合为目的而结成的群体。韦伯在企业集群的定义中引入集聚因素，强调集群是企业的一种空间组织形式，是在某一地域范围内相互联系的集聚体。德瑞奇和特克拉认为企业集群是通过相互间的配套合作能获取绩效优势的众多中小企业在地理上的集中。威廉姆森从生产组织形式的角度，认为企业集群是基于专业化分工和协作的众多中小企业集合起来的组织，是介于纯市场组织和层级组织之间的中间性组织，它比市场稳定，比层级组织灵活。罗森菲尔德强调社会关系网络及企业间的合作对企业集群的活力起决定性作用，他认为企业集群是相似的、相关联的或互补的众多中小企业在一定地理范围内的聚集，相互之间有通畅的销售渠道、积极的交流及对话，共享社会关系网络、劳动力市场和服务，共享市场机会并共担风险。迈克尔波特在《国家竞争优势》中以竞争优势理论为基础，认为企业集群是某一特定产业的中小企业和机构大量聚集于一定的地域范围内而形成的稳定的、具有持续竞争优势的集合体（王荣，2014）。他给出了垂直企业集群与水平企业集群的定义：垂直企业集群是通过买卖关系来联结的众多企业的集群，水平企业集群是由共享终端产品市场，使用共同技术、技巧及相似的自然资源的企业所组成的集群。杰克伯斯和戴蒙把水平和垂直企业集群的定义拓展到用来识别集群的关键衡量因素上。

这些因素包括经济活动在一定地域范围内的集群过程、产业间不同部门的水平和垂直联系、共享技术的使用、中心活动主体（如大企业、研究中心等）的产生，以及企业网络和企业合作的特点等。王鹏程（2015）认为，产业集群是指集中于一定区域内，基于产业链上的相互分工合作的不同规模企业和各类知识、服务型机构等行为主体，通过相互依存、相互信任等纵横交错的关系紧密地联系在一起的空间积聚体，是介于市场和等级制之间的一种新的经营组织形式。

中小企业集群的现象早在产业革命时期的英国就已经出现了。1861 年，英国的伯明翰就有一个小武器制造企业群（向明生，2014）。如今，中小企业的集群发展已经是世界范围内的一种重要经济现象，如美国加州的葡萄酒业，美国硅谷的 IT 产业等，都吸引聚集了成千上万家中小企业。意大利经济的振兴也同样离不开中小企业集群发展。强大的集群效应使中小企业获得收益。20 世纪 90 年代，我国很多中小企业也纷纷抛弃单独发展的模式，开始形成了以集聚为特征的产业集群发展局面，东部沿海乡镇的迅猛发展，“专业镇”“特色区域”的出现在很大程度上归结于当地企业集群的发展。

单独的中小企业由于信息闭塞、资金短缺，在激烈的市场竞争中往往缺乏足够的竞争力。随着市场竞争的全球化，经济发展也凸现出区域集中化趋势，特别是参与全球产业链分工的地方企业的集群化现象越来越普遍。如果没有企业之间的相互合作，中小企业只靠单打独斗很难获得盈利能力的增长。中小企业通过集群发展，依靠分工协作和优势互补作用，能够快速适应市场变化、满足顾客个性化需求而得到迅速发展，有力促进中小企业的产业升级，提高生产效率和创新能力，增强市场应变能力，提升中小企业竞争力，有利于形成聚集经济效应和区域品牌。

中小企业集群是指以一个主导产业为核心的相关产业或某特定领域内大量相互联系的中小企业及其支持机构在该区域空间内的集合（冯力婉，2014）。本文综合学者们的观点，将中小企业集群的概念概括为：围绕同一产业，相互关联（互补、竞争）的中小企业与机构在一定的区域内集中连片，形成上中下游结构完整（从原材料供应到销售渠道甚至最终用户）、外围支持产业体系健全的有机体系。

二、我国中小企业集群发展的状况和特征

四十多年的改革开放，我国产生了 3500 多万家中小企业，其所创造的财

富占全国 GDP 的 60%，形成了 1000 多个产业集聚区域，有些产业集群已成为当地的重要经济支柱。中小企业集群的崛起为中国经济的发展做出了巨大贡献。我国中小企业集群涉及工程机械、汽车制造、电子通讯、五金小商品、纺织服装、运动鞋服等广泛领域。我国的珠江三角洲区域很长时间以来就是全国最大的电子通讯、IT 制造和家用电器的产业集聚基地，长江三角洲则是中国纺织化工、五金机械、汽车制造等产业的最大集聚基地。由于劳动力成本的逐渐提高，加上内陆省市的优惠政策，中小企业集群现象在我国内陆和西部城市也如火如荼发展起来。如广东南海平洲翡翠产业群、福建晋江鞋业产业群、浙江绍兴的轻纺产业群、海宁的皮革产业群、嵊州的领带产业群、永康的五金产业群、永嘉的纽扣产业群、乐清的低压电器产业群、桐庐的制笔产业群、诸暨的袜业产业群、山东胶南隐珠镇的手推车产业群、临沭县复合肥产业群、禹城功能糖产业群、鲁权屯镇玻璃钢制品产业群、烟店镇轴承产业群、北京中关村国家自主创新示范区等中小企业集群，在经济发展中发挥了举足轻重的作用，已经成为我国传统产业和高新技术产业走向集约化、专业化的重要组织形式。

（一）我国中小企业集群基本形态

从中小企业集群的发育程度着眼，我国中小企业集群目前表现为三种基本形态：成熟形态、发展形态和培育形态（熊倬，2018）。

（1）成熟形态类型。此类中小企业集群主要分布在我国城市形态成熟的珠三角、长三角等大都市圈，以及东部沿海经济带，如广东、浙江等地。这类形态的中小企业集群，具有雄厚的经济技术基础、强大的产业配套能力、广泛的辐射带动效应及很强的综合竞争能力。

（2）发展形态类型。此类中小企业集群主要分布在我国大都市圈、主要经济带的周边地区，以及我国中部地区中心城市附近，属于受大都市圈经济辐射和产业转移而实现崛起的地区。这类形态的中小企业集群，具有明显的后发优势和一定的产业配套能力，但仍需要大都市圈的经济辐射带动。

（3）培育形态类型。此类中小企业集群主要分布在我国中西部的欠发达地区，它具有充足的劳动力市场供给，但缺乏高素质的技术管理人才。

（二）我国中小企业集群形成路径

1. 依靠市场拉动发展

在中小企业集群发展的模式下，许多中小企业集群依靠市场来带动发展，市场机制较为完善，这种产业集群是自发形成的、自下而上的，主要体现在浙江温州地带，这些地区的产业带有较为浓厚的地方特点和地方文化色彩，文化根植性凸显，本地企业之间的合作容易形成。同时，中央政府的简政放权，为地方政府带来了福利，地方政府拥有一定的主动权，激励了他们对本地经济发展的积极性，也对各地中小企业集群产生了极大的影响。

2. 由大制造企业外包形成

在众多中小企业集群中，有一种企业集群是由大制造企业外包形成的。这种集群的典型代表为广东珠三角民营企业。它们具有以下特征：① 引进了大量的外来资本投入，本地投资比重非常小，具有明显的外来移植特征；② 区位优势和成本优势明显。在大制造业的外围，这种集群能够拥有较为良好的区位优势，并且在成本上也凸显特有的优势，主要为核心企业打造专门化的产品。

3. 与大学、科研机构合作形成

随着高新技术产业的发展，一种由中小企业与大学、科研机构合作形成的产业集群也发展起来。这类高新技术企业集群发展时间较短，市场机制不够成熟，需要依靠政府扶持。其中最典型的代表为“中关村”，出现了一批高新技术产业集群。他们是在国家政策的导向和扶持下形成的，对提升国家竞争力具有重要作用，同时也具有非常明显的进步意义（单亦男，2018）。

（三）我国中小企业集群发展的特征

1. 中小企业集群一般以特定区域为核心，呈现集聚性特征

经济社会学家格兰诺维特认为，产业集群的产生不仅与经济因素有关，还与社会因素有关，产业集群中特有的亲缘、地缘关系，有利于形成相互信任的产业文化，从而使集群中的企业受益（王晔，2014）。

我国中小企业集群的空间大多集中在市县的区域范围内，一般很少跨越区界。一些市县独特的地理环境和区位优势吸引大量中小企业向它集中，迅速在此区域形成一定规模的中小企业集群（冯力婉，2014）。在中小企业集群比较发达的地区，区域内产品的品种和配套都很齐全，配套半径范围不超过100 km，充分保障了企业的生产效率，有效降低了中小企业的运输成本。如瑞士的钟表产业、纺织机械产业，美国加州的葡萄酒业就是典型例证。国内如产业集群高度发达的广东东莞的电脑产业、江苏昆山的汽车配件产业都可在地市范围内完成配套。福建晋江生产的运动鞋，在晋江市的几个县镇内就可以完成从款式的设计到鞋子的各个部分的制作流程，一直到后期的包装、销售展销等环节。在这些中小企业集群的区域内，企业之间资源共享、生产要素相互合

作，从而增强了企业和集群产品的核心竞争力。

2. 中小企业集群以某产业为主导形成产业基地，呈现专业性特征

我国中小企业集群一般以某一特定产业为主导展开生产和经营，在一定区域形成了较强的专业特色。集群内主导产业的发展又会推动上下游相关产业的发展，最后形成一个完整的产业链。这条产业链上集合了从事产品设计直至销售的终端企业，也拥有大量提供中间制品的专业化生产者和提供商务服务的专门企业。中间企业的规模虽然很小，但是通过分工与合作，参与构成了产业的主体，成为集群不可或缺的部分（冯力婉，2014）。产业集群中经济主体之间存在资金、技术、产品、装备、物流、公共服务等要素联系，专业化分工使集群内的企业之间、企业与支撑机构之间产生紧密的联系。产业集群的大量专业化企业集聚在一定区域，加之长期形成的相互信任，降低了集群内企业之间交易的不确定性和交易成本，使区域实现了专业化规模生产（王晔，2014）。

中小企业通过产业集群形式在当地形成强大的产业集聚能量，逐渐发展成响亮的区域品牌，形成著名的特色产业。在中小企业集群地区，往往成百上千家中小企业在共同生产同一个“小产品”。这些产品紧跟市场需求，适销对路，小企业靠把这些小产品做专、做精，创造出了大市场。例如，广州花都区狮岭镇集合了6000多家生产制造企业，20多万人从事皮具业的生产，年生产总量达到160多亿元，形成了著名的皮革皮具之都。中山市古镇以生产灯饰为主成为中国的灯饰之都。福建晋江已经发展成为全球最大的运动鞋生产基地。这些都是围绕某一特定产业发展起来的企业集群。

3. 中小企业通过集群进行专业化的合作，呈现共生性特征

共生性是指集群内的企业和组织具有产业关联性，能共享诸多产业要素，包括专业人才、市场、技术和信息等。随着集群规模的不断扩大，产业上的关联性、互补性和共享性可以产生共生效应，这是集群内各企业获得内外部规模经济和范围经济的根源所在（王晔，2014）。

我国中小企业集群的专业化分工是一个逐渐演进的过程。第一个阶段是产品生产的专业化。在这个阶段，集群内各个企业生产的产品同属于一个专业部门。第二个阶段是生产工艺的专业化。在这个阶段，特定的生产工艺流程分离出来，形成了专门从事加工“中间产品”、以某种生产工艺为主业的企业。最后一个阶段是生产服务的专业化（冯力婉，2014）。在这个阶段，集群内部进一步深化分工，出现了费用低廉、专门提供服务的企业。

在特定区域内，集群内部的大量中小企业围绕一个产品、按照产业链的分工进行专业化生产。在浙江温州金乡镇，一枚徽章的设计、刻膜、晒版直到打

号码、包装等十几道生产工序，由上千家独立的中小企业共同完成，每道工序产生的半成品均通过市场进行交易，形成了一条完整的生产“流水线”。北京顺义针对韩国现代汽车，有一百多家一级供应商，上千家二级供应商，各自围绕汽车进行专业化的零部件产品生产。零部件生产企业虽不能独立完成一个最终产品的生产，但却拥有生产链某一个具体环节的专业性。集群使无数中小企业在微薄利润的夹缝中，具有顽强的生命力。

4. 集群内中小企业之间彼此关联，呈现网络性特征

我国中小企业集群内的各个企业通过长期的联系形成本地化合作网络。这种合作网络包括企业网络、劳动力市场网络、区域创新网络和公共产品网络。网络中的各行为主体之间以正式或非正式的关系，频繁地进行商品、服务、信息、劳动力等贸易性或非贸易性的交易、交流和互动，推动集群区域的发展和企业的持续创新（王晔，2014）。集群内中小企业彼此间发展高效的竞争与合作关系，形成高度灵活专业化的生产协作网络，具有极强的内生发展动力，依靠不竭的创新能力保持地方产业的竞争优势。

三、中小企业集群化发展的优势

（一）中小企业集群的资源优势

集群资源是指根植于集群网络之中，在长期的历史过程中由集群利益相关者共同投资形成并被集群企业所共享的异质性资源。中小企业集群通过其独特优势将相关联的人力资源、财务资源和其他各种配套服务资源不断吸引过来（王荣，2014）。只要是群内企业，就可以共享集群内的有形资源和无形资源。其不仅包括道路交通、通信、电力等基础设施，还包括人力资源、专业市场、教育培训机构等资源。中小企业集群的聚资优势主要体现在以下五个方面。① 吸引专业人才。企业集群可以降低工作的搜寻成本和转换成本，同时其创业成本及风险也相对较低。② 吸引供应商、经销商及物流企业聚集，有效降低相关成本和交易费用。③ 吸引外来资本投资。中小企业的集群发展为产业基础设施、人才、市场、生产、物流等投资决策因素创造了良好条件。④ 吸引专业服务机构。中小企业集群创造各项服务需求，如培训、咨询、法律、技术、金融、信息等服务需求，驱使各种服务中介机构涌入集群。⑤ 吸引政府产业相关扶持政策倾斜。由于集群组织管理机构如协会、商会等组织的主动争取及企业集群的规模效应引起政府的关注和重视，从而得到政府更多的产业政

策支持（向明生，2014）。

中小企业集群使得区域内的资源得到充分的利用，使区域资源得到更加有效的配置，从而提高该区域的经济运行效率；区域资源的合理利用反过来又促进了区域内中小企业集聚和发展，形成了一种良性的循环。

（二）中小企业集群的成本优势

决定资源配置和流向的关键因素是资源的生产效率和回报率。若单个企业自己配置或者单独建设这些资源，成本会非常高，不利于企业形成竞争优势。若企业集群共同建立或分享这些资源，就会大大降低成本，提升企业的竞争优势，提高经济效益。

首先，企业集群的生产经营一般都具有很强的专业化特征，企业之间的专业化协作生产为企业降低了中间转移成本。在企业集群的生产状态下，中间产品的流通时间缩短了，流通费用节省了，因而为企业节省了相当的中间转移成本。同时，专业化分工协作体系大大提高企业生产效率，共同分担成本降低了产品的单位成本，形成集群外单个企业无法拥有的规模经济效应，有效地提高了区域内企业的竞争力。

其次，中小企业集群化发展可以降低企业在空间上的交易成本。企业在区域上的集中，健全的配套设施、专业化的市场及各种中介组织为企业节省了大量的交易成本。例如，集群内形成的专业化市场显著降低了企业的购买成本，这种独特优势是单个中小企业无法获取的。

再次，中小企业集群的培育发展，节约了企业的信息搜寻成本，如搜寻竞争对手、产品及市场信息所花费的成本。一般来说，在企业集群充分发展的区域，各种市场信息比较发达，相对于集群外的企业而言，区内企业通常可以以较低的成本获得更多有效的信息，从而有利于增强区域产业竞争优势。

最后，集群可以通过相互的学习降低企业的创新成本。在企业集群中，由于知识、技术的扩散与外溢效应，企业间形成既竞争又合作的关系，聚集在一起的各个企业可以边干边学，即所谓的“干中学”，由集聚—竞争—合作—学习—创新所形成的一种互动的动态过程，使得整个企业聚集区域俨然构成了一个巨大的学习型创新组织体系，这种组织体系使集群创新具有较高的成功率和较长的持续性。这种相互学习的效应大大降低了单个企业的创新成本，甚至可以实现单个企业所无法实现的创新发展。

综上可以看出，企业集聚可以利用社会资源更快地扩大生产规模或降低成本，实现单个企业无法实现的规模经济和范围经济，从而充分发挥资源效用，在提高自身竞争力的同时带动其所在区域的整体竞争力提高，为区域经济的发展提供内生增长动力。

（三）中小企业集群的创新优势

产业集群可以刺激企业创新，提高其创新的能力。创新不可能由单个企业完成，企业创新所需要的知识只有部分来自于企业内部，更多的新知识来自于企业外部（黄志伟，谢合亮，2011）。中小企业集群所形成的区域创新优势，是以专业化分工和协作为基础的同一产业或相关产业的企业及相关支撑机构之间，通过长期、稳定的创新协作关系，形成的创新的区域聚集效应。中小企业集群的区域创新优势是以企业的专业化分工与协作为前提，地理位置上的集中和靠近为基础，强调集群内的创新主体企业及相关的支撑机构在创新上所产生的互动行为，实现区域内的知识流动和技术扩散，增进创新资源的有效配置，推动区域产业的创新和发展。因此，产业集群为企业和各种组织的创新活动提供了一种合作机会，大大提高了企业的创新能力。

区域创新实现的机制是竞争与协作，竞争为创新提供压力与动力，协作为创新提供有效的实现形式。产业的集聚通常会产生两种效应，一种是产业之间相互激烈的“面对面”竞争，另一种是产业之间紧密的分工协作，二者都能促进企业的创新，创新又再一次反作用于集群，推动集群的发展，最终形成或提升企业竞争优势，形成一个良性的循环过程。

（四）中小企业集群有利于招商引资

在中小企业集群地区，通常会有同行业的生产厂商、供应商及其他相关行业的厂商聚集在此，形成区位优势。由于企业集群内产品各具特色，有利于使这一地区成为世界某一种或几种产品的主要产地和集散地，使产业链上的厂商更容易得到技术、劳动力、各种公共设施等，可减少经营风险，降低成本，因而有利于吸引更多厂商加入，不断扩大产业规模。集群内市场供求信息比较灵通，特别是集群所在区域专业人员、技术、产品、劳动力等市场要素比较完善，一旦市场上有新的机会出现，就一定会吸引外资及同类厂商到该区投资。

（五）中小企业集群有利于形成品牌优势

在知识经济时代，企业间的竞争就是品牌间的竞争。品牌作为“无形的手”，具有强大的号召力与影响力，既能托起一个产品，也能带动区域经济的迅速发展（黄志伟，谢合亮，2011）。区域品牌是一个拥有强劲竞争优势产品生产区位的象征。区域品牌与单个企业品牌相比更形象、直接，是众多企业品牌精华的浓缩和提炼，更具有广泛性和持久性，这是一种无形的资产。区域品牌是由企业在共同的区位内产生的，可以为区域内的所有企业共同享受。通过企业集群，依据集群内企业的整体力量，加大营销投入力度，利用集群效应，容易形成“区域品牌”，从而使每个企业都受益。相对于企业集群，单个企业的生命周期相对较短，品牌效应难以持续，而集群企业遵循优胜劣汰的竞争规则，只要技术或自然条件等外部因素没有导致集群衰退或转产，区域品牌效应就能长期地持续下去。江苏已经形成了多个“区域品牌”，如扬州的“牙刷企业集群”、南京大明路“汽车企业集群”等多个企业集群品牌，区域品牌认知优势有力地提升了江苏的区域竞争力。

（六）促进地区经济结构的调整升级，推进区域城市化进程

中小企业集群使第二产业比重上升，带动为工业化提供服务与支持的第三产业的发展，从而使该地区的产业结构不断升级，日趋合理。通过培育和发展特色产业集群，能够带动相关产业及交通、服务等设施的发展，促进人口、资金、技术、信息等生产要素向集群地区集聚，同时使得产业集群向周边地区扩散，带动周边地区的城市化，相同的产业结构会把城市联系起来，形成都市圈，都市圈形成后又促进产业集群的发展，形成一种良性的循环促进作用。

四、中小企业集群发展中存在的问题

我国经济发展的过程中，中小企业产业集群带来了新的活力和动力，在我国经济建设中起至关重要的作用。但是，就目前而言，中小企业集群的发展也产生了许多问题，对集群发展有了一定程度的阻碍，甚至有可能使中小企业的经营状况遭受严重影响，并陷入危机。

（一）技术水平较低，自主创新意识薄弱，创新能力不足

我国大多数中小企业集群属于传统产业的聚集。传统企业的生产技术较为落后，生产组织比较简单，主要依赖资源和低成本扩张发展，企业的自主创新意识非常薄弱，缺乏高新技术及创新能力。这些靠低端要素形成的企业集群很难形成真正的竞争优势（冯力婉，2014）。大多数中小企业集群内的生产技术都过于简单，偏向于劳动密集型产业，甚至有一部分企业仍然按照传统的生产模式和技术，一成不变地进行企业经营和生产，从资源上想尽办法降低成本，

不惜牺牲产品质量，生产技术非常落后（单亦男，2018）。例如佛山的陶瓷业和玩具业等，技术含量一般较低；义乌的日用小百货、浙江的大唐袜业，大多是劳动密集型行业。

从国际产业链来看，由于我国中小企业集群处于国际价值链分工的低端，因此，企业的产品档次低、利润低，抵御外部风险的能力不强。受经济环境影响，2008 年以来，我国有许多中小企业相继倒闭。以温州为例，以前有几千家生产打火机的企业，目前只有几百家在经营销售。完整的价值链包括设计、研发、制造和营销，而目前大部分中小企业从事制造加工，属于价值链的低增值环节。中小企业的营销观念落后，多采用传统的销售模式，缺乏先进的网络技术和信息管理平台（吴菊安，2015）。

创新投资风险大，外部性强，为减少研发投资成本和降低创新风险，集群内的技术模仿动机远远超过了其自主创新动机，集群内中小企业都愿意成为“免费搭车者”，而不愿意进行自主创新。在政府的支持下，虽然某些中小企业集群的创新能力有了一定程度的提高，但总体看来，技术创新不足制约着这些中小企业集群的进一步成长（王晔，2014）。

（二）自主品牌建设乏力

我国的中小企业，过去大多以个体销售为主。通过集群发展的形式，很多地方虽然形成了著名的产业，但是很多中小企业塑造自身品牌的意识不强，缺乏现代营销手段，对外营销能力不足。在我国中小企业产业集群发展中，大部分以贴牌为主。受我国国情的影响，我国大部分中小企业集群走粗放型路线，停留在贴牌阶段，企业赚取低廉的加工费进行委托加工服务，缺乏品牌战略，难以应对国际市场竞争（单亦男，2018）。我国中小企业集群内的很多企业是在为跨国公司“打工”，有品无牌。如我国的纺织业集群出口的产品中，属于我国企业自有品牌的不超过 10%。作为全球第一大纺织服装出口国，却只能在制造环节上获得微薄利润。广东的钟表产量位居世界第一，却鲜有自己的著名品牌。广东生产的钟表平均成本只有 7 元钱，出厂价格在 10 元钱左右，而跨国公司贴上自己的品牌能卖到几百元钱。

（三）资金不足，融资困难

我国很多中小企业基本都是在家庭为主的基础上慢慢发展起来的，规模小、融资能力不足。众多中小企业融资困难，很多只能进行民间借贷或者内部集资，导致财务费用增加，企业经营困难。有一些大企业还经常采取赊购的方式，不公平地与中小企业进行贸易往来，更加造成了中小企业的资金紧张。资金不足、融资困难已经成为限制很多中小企业及其集群发展的瓶颈。

由于资金短缺，因此，众多中小企业没有足够的能力进行设备更新和技术研发，无法持续提高产品质量来满足市场需求。由于存在投资不足的问题，企业也会减少对相关产业的需求，对上下游产业的带动作用就会变弱，同时会通过价值链的传递作用牵连相关企业，最终可能会引发企业集群的退化。

（四）集群内部企业的相关程度低，合作有限，竞争无序

我国很多中小企业集群是由于当地的优惠政策、地理、资源等因素勉强组成的集群，“行政撮合”或“模仿经济”成长的企业集群，各环节专业化分工程度不高，协同创新程度低。企业彼此之间存在信任缺失、相互竞争等问题，内在联系较少，部分企业作为单独个体面对市场竞争，严重影响了企业竞争力和社会资源配置效率，降低了劳动生产率，产生了低水平的过度竞争，造成交易费用的增加，阻碍了企业技术进步和制度创新，不能很好地发挥出应有的规模效应（王晔，2014；吴菊安，2015）。

经济发展过程离不开经济竞争、商业竞争。在中小企业产业集群发展中，过度竞争、不良竞争对发展造成了严重的阻碍。就我国目前经济状况而言，中小企业产业集群主要以劳动密集型企业为主，这种产业的进入门槛低，产业难以拒绝企业。同时，大多数企业生产单一类产品，导致产品的同质性非常高，也加剧了集群内部的企业之间的竞争。当行业出现衰退时，企业大多采用偷工减料的方式来降低成本，从而导致产品质量迅速下降。企业之间的竞争不讲究秩序，同质竞争过大，企业在市场竞争中非但难以合作，甚至相互拆台，导致技术、信息和各种隐含经验类知识流动严重不畅甚至断流，企业之间的关系土崩瓦解，最终带来中小企业集群毁灭的结果（单亦男，2018）。20 世纪 90 年代初，广东中山市南头镇有将近百家生产含乳饮料的企业。最初，产品很受欢迎。随着竞争的日趋激烈，一些企业开始通过不断降低成本来降价，以争夺客户。该镇的乳产品质量不断下降，以致该镇的含乳饮料企业最终几乎全被淘汰出乳品市场。无序竞争会阻碍中小企业集群的发展。

（五）中小企业自身缺乏现代化管理机制

我国不少中小企业存在制度不健全的问题。很多中小企业是在“家族”基础上发育形成的，家族企业是中小企业集群的主体，亲缘、乡缘等社会关系网在集群中很有影响力。家族企业大多依据经验进行企业管理，管理者很少学

习管理知识，具有一定惯性的思维模式，随着时间的推移，惯性思维模式就会固化在企业的决策程式中。例如，很多企业缺乏长远的整体战略规划，或者满足于为大企业生产配件，不愿进行自身品牌建设等。

我国的中小企业依赖家族管理，不敢引入职业经理人，善于技术模仿，不愿投资进行技术开发创新，严重妨碍了集群的升级和成长。而高端人才热衷于国有企业与跨国公司，人才缺失更是限制了中小企业的发展。

（六）中小企业产业集群规划缺乏政府的大力支持，集群的根植性较弱

目前，地方政府对中小企业产业集群的发展与规划具有一定的随意性。地方政府重视大企业，对进入园区的中小企业尤其是科技型中小企业设立门槛（吴菊安，2015），因此，企业的集群发展缺乏有力的助推器。

地方政府的支撑作用未充分发挥。企业集群效应的产生，与地方政府和中介机构的积极参与密不可分。地方政府不仅能解决市场失灵的问题，而且能够有效地促进企业间市场交易、集群内专业化分工和企业间协作。虽然政府也出台了一系列的引导、服务性政策，但是效果不是很明显，仍有相当一部分中小企业难以获取发展资金（王晔，2014）。

近些年来，我国的中小企业集群凸显出较弱的根植性，随着政策优势的减弱，许多企业纷纷向集群外迁移。在我国的经济环境下，许多企业聚集都是源于当地土地、税收政策的吸引，这种方式所形成的聚集主要依靠低端要素的吸引，导致集群较弱，难以形成产业优势。尤其是外源型中小企业，它们的根植性较差，所形成的集群不稳定。尽管随着经济的发展，外资企业已经在投资区聚集，但尚未真正融入当地，导致集群的根植性很弱（单亦男，2018）。

五、中小企业集群成长动力机制

中小企业集群成长动力机制，构成了中小企业集群成长内核，决定着中小企业集群成长的速度和质量。研究中小企业集群动力机制，探索影响中小企业集群成长的关键要素及其作用机理，有助于提出有效的中小企业扶持政策，构建科学合理的中小企业服务体系，促进中小企业集群健康成长（向明生，2014）。

中小企业集群是一个网络状的地方产业组织，中小企业成长不仅依赖于集群自身的发展能力，还在很大程度上受企业间的网络关系影响。其成长是集群内外多种作用力的结果，外部动力主要来源于产品消费市场和政府，内部动力

主要来源于集群内部企业。中小企业集群成长主要受五种力量的影响，五种力量从不同着力点共同促进中小企业集群的成长。这五种力量来源于企业家精神、利润、创新、政府、消费者需求。

（一）企业家精神是中小企业集群成长的原动力

企业家精神是一种有战略远见，具有敏锐的市场洞察力，善于捕捉商机，勇于变革创新，敢于承担风险，执着进取的精神。在企业家精神的驱使下，中小企业集群内必然会产生龙头企业，进而在地缘、血缘、亲缘的影响下产生示范效应。企业家精神从两个方面促进集群成长，一是通过企业家精神示范、传播，带动企业家精神成为集群文化的内核，成为推动集群发展的不竭动力；二是通过具有企业家精神的企业家管理的集群龙头企业，引领集群内的企业共同向前发展。

（二）追求利润是中小企业集群成长的驱动力

利润是对不确定性控制成本的报酬。就中小企业集群成长而言，不确定性是永恒的主题、“趋利性”是资本的本质属性。利润是中小企业集群投入要素所产生的回报，是企业收入减去相关成本费用后的利得，利润最大化是企业运营管理所追求的目标，也是企业生存和发展的物质基础。从集群的层面分析，集群管理组织只有拥有更多的可支配资源，才能保证管理组织有效运作，更好地为集群发展服务，促进集群健康成长。从集群企业层面分析，有了更多的利润积累，企业才有财力追加资本投入，加大研发力度，引入高端人才，提升员工报酬，促进企业提升管理效率，从而增强企业市场竞争能力。外部企业愿意加入到集群内发展，主要也是基于在集群内发展可以获得更高的投资收益率。

（三）创新是中小企业集群成长的推动力

“创新”概念最早由熊彼特提出，他认为企业的实质就是一个创新实现机制。经济系统中普遍存在的不确定性导致了信息的分散化和不对称，企业创新实质上是一种信息不对称的机会主义行为，它可以使每个市场参与者都有机会打破现在优势企业的竞争地位，获取新的超额经济租金。创新源于中小企业集群外部环境的不确定性及消费需求的多变性，创新是中小企业集群应对外界变化的反应和适应机制。创新是中小企业集群的生命力，能保证企业集群获得持续动力。创新主要从两个方面促进中小企业集群成长：一方面，通过创新减少集群外部不确定性，降低集群的发展运营风险；另一方面，通过创新提升集群的竞争力。不论集群处于行业的领导地位，还是跟从地位，都需要不断创新。如果处于行业领导地位，不创新会引起其他集群或企业的效仿或挑战，从而削弱其市场地位，所以唯有创新才能维续其市场地位。如果是跟随者，只有通过创新，形成差异化的竞争战略，才能提升其竞争力，所以创新是推动中小企业集群成长的不竭动力。

（四）政府引导是中小企业集群成长的牵引力

产业集群的生产力和创新优势依赖于和政府机构有关的外部性引导和溢出效应。政府除了制定政策之外，也能引导、促进私营部门和市场的集体行动。中小企业集群的成长属于集体行为，若没有外力的引导，可能会偏离成长方向或导致集群内企业各自为政、互相内耗，阻碍集群成长。政府对中小企业集群成长具有牵引作用，主要表现在：① 政府可以通过调控手段，降低集群内企业恶性竞争的风险，引导集群企业开展公平竞争；② 政府可以通过投资与集群成长相关的“公共产品”如基础设施、共用信息平台等，促进集群成长；③ 政府可以通过产业政策，引导集群发展，促进集群转型升级；④ 政府可以优化集群发展软环境，为集群成长创造良好条件。

（五）市场消费者需求是中小企业集群成长的向心力

企业生产的目标是满足消费者需求，企业集群这种产业组织形式是和产品需求特点相配比的，因此，必须从消费者行为方面寻找集群产品的具体需求特点。卡普兰在其“平衡计分卡”理论中对客户向心力的内在逻辑有精辟的论述，他认为企业在设定战略目标时需要从四个维度进行考虑，即客户、财务、运营流程、学习成长。企业只有实现客户目标，才能保证财务目标，而要保证客户目标，需要运营流程作为保障，而高效的运营流程，则需要建立在员工学习成长基础之上，所以客户才是集群利益的源泉。集群产品的消费者，是集群存在的价值和意义。如果集群产品消费者的数量规模不断扩大，就意味着集群产品市场占有率提升。集群产品的市场占有率能否提升，取决于集群产品是否能满足市场消费者需求。德鲁克指出，企业只有两个职能：一个是创造顾客，另一个是创新。他还认为，企业价值创造取决于企业外部，所以中小企业集群成长要以消费者需求为导向，要围绕消费者需求进行产品研发、生产、营销创新，满足市场消费者需求，拓展集群产品在行业市场中的占有率，提升集群市场竞争力，促进集群健康成长。

六、我国中小企业产业集群可持续发展的对策

自我国2001年加入WTO后，我国的中小企业面临着更加严酷的市场挑战。由于我国大部分中小企业仍然处于发展的低水平时期，还没有形成严格意义上的中小企业集群，因此积极研究如何促进我国中小企业集群持续健康发展就显得十分重要。我国中小企业集群可持续发展的对策建议主要有以下几个方面（冯力婉，2014）。

（一）企业通过专业化分工找准定位，打造专业精品

专业化分工协作，是产业集群竞争力和生命力的主要来源，是产业集群蓬勃发展的根本原因。推进专业化分工协作，一是纵向延伸，围绕龙头企业，形成一批专业化配套企业、专业村、专业乡（镇）。二是横向拓展，围绕主导产品，形成技术优势、规模优势、区域品牌优势。三是完善补充，围绕新上项目，延伸、壮大产业链。四是分工协作，围绕本地配套形成紧密的、全方位的内在联系和协作关系。五是综合服务，围绕产业发展，通过搭建公共服务平台，支撑产业集群发展。通过开辟专业化分工协作路径，形成企业与企业之间、企业与物流之间、企业与科研单位之间、企业与支撑体系之间，专业分工明确，上下游紧密连接，产业链条体系完整，自主创新能力提升的利益共同体（张改枝，2017）。

在产业链分工的基础上，要进一步促进大量中小企业相互配套协作，积极引导传统制造业对产品进行深加工、精加工，向中高端层次伸展。中小企业要分析自身的产品功能，找准企业在产业集群分工中的精确定位。龙头企业在产业链中发挥龙头带动作用，中小企业做好配角，专门做好零部件产品，积极打造专业精品，走专业化发展道路（金永花，房珊杉，刘垚，2018）。例如，杭州万向节集团曾经只是一个小铁匠铺，后来进入汽车零部件行业，专门生产汽车的万向节产品，经过多年发展已成为全世界最大的汽车万向节生产基地。中小企业在产业链中要发挥优势，争当单项冠军，做好零部件的供应商，推动企业集群和企业自身获得良好的发展力。

（二）通过学习和创新加强品牌创建

我国很多产业集群虽然顺利进入全球产业链，但还处于产业链的低端环节，以贴牌生产为主。中小企业不能仅仅满足于为国际优势企业做品牌生产。

只有树立国际竞争意识，通过现代品牌经营手段，把企业品牌、集群品牌打造成国际知名品牌，企业才能获得长远发展（王平，2016）。一方面，中小企业集群要进一步打造区域品牌优势；另一方面，中小企业也要积极借助区域品牌的影响，勇于创新，创造属于自己的品牌。要利用为国内外知名品牌代工生产的机会，依托跨国企业的技术、管理和知名度提升自身在全球产业链中的位置。同时，集群内企业也要加快自身品牌的建设，集群内要加强产学研的结合，通过努力学习，由模仿到创新、由制造到创造、由贴牌到创牌，从低端制造往高端创造发展。我国福建晋江的安踏运动鞋、七匹狼服装等知名品牌过去都是为国外知名品牌代工生产，他们通过不断学习，从模仿走上了自创品牌、自主经营创新发展的路子。

因此，我国的集群内企业应当加快品牌创建，以打造和拥有自主品牌为重要目标，从而促进产业转型，从低端往高端发展，从制造型往创造型发展，从模仿向创新发展（单亦男，2018）。一是要加强企业品牌建设。在中小企业集群中，树立正确的国际竞争意识，充分利用自身的优势和运用各种载体，把企业品牌建设起来，将集群品牌打造出来，逐步发展为国际知名品牌。二是加强品牌营销。除了建立品牌之外，营销也是重要的内容，有利于扩大品牌的知名度，从而推动集群的发展。要善于通过网站、电视等多媒体媒介进行广告宣传，还可以通过参加国内外的大型博览会等，来提高品牌知名度。三是加强与国际品牌企业合作。产业集群的发展受到当地资源、环境的制约。而实力较强的企业，通常利用自身的品牌效应，同国内外著名企业合作，结成同盟关系，强强联合，弥补人才不足、资金短缺等各种问题，各方进行优势互补，从而推动国际交流与合作。

（三）通过多种渠道积极解决融资难问题

我国经济的快速增长为中小企业进行资本运作、实现规模扩张创造了更多的有利条件（李军，朱先奇，张琰，2018）。政府应促进金融制度改革，完善中小企业金融服务体系。

要积极发挥中小企业现有专项资金的引导支持作用，对产业集群龙头企业、专精特新企业发展和集聚区公用基础设施、公共服务平台、中小企业创业基地建设等进行重点支持。中小企业创业投资基金和其他中小企业股权投资基金应起到引导作用，针对优势产业集群企业，要扩大支持规模和范围。中小企业融资产品风险补偿资金由各级政府提供，实施相关的金融优惠政策，对产业集群中小企业的相关政策支持力度要逐步加大。加强各类金融机构与企业集群的对接和合作，积极协调和鼓励产业集群企业在金融银行方面的政策支持，为不同类型、不同发展阶段的产业集群企业量身定做金融产品和服务，将产业集群中的龙头企业、重点项目建设和基础设施等列为信贷支持重点，信贷手续相对要简化，增加授信额度，利率应该优惠。产业集群内要尽快加强融资平台建设，投资融资服务体系的建立要多元化（冯朝军，2016；冯朝军，2017）。将自主创新能力强、成长性好、符合国家产业政策等相关条件的产业集群内企业列为支持的重点，在资本市场方面积极利用股票上市、新三板挂牌等多层次方式支持，同时，用足用好公司债、企业债、私募债等融资工具（张改枝，2017）。此外，推进风险投资体系的建立，加大中小企业融资中风险投资的比例，完善中小企业融资担保体系，行业或产业协会也要积极为中小企业集群创造融资条件（冯朝军，2017）。

（四）规范和完善市场中介组织，加强内部交流合作

中小企业集群的中介服务机构是指介于政府和企业之间具有服务功能性质的组织机构，如协会、商会等。中介服务机构一方面帮助企业及时了解国内外的技术信息和新政策，另一方面也及时反馈企业的要求，对中小企业的发展有着重要的扶持作用。通过建立完善的中介服务体系为经济服务是世界通行的做法。中介组织为集群内企业交流信息提供了机会，能够提高集群资源配置效率，推进集群式创新。比如，浙江省温州商会成立后，在产业集群中积极开展技术培训，提供融资、管理、法律、质量检验监测等方面的咨询服务，并承担了“新产品维权工作”等任务，调解了数百起纠纷，积极保障了集群产业市场的交易秩序（陈翊婧，2017）。中介组织是政府和企业之间重要的媒介，起着提升资源配置效率的重要作用，也是推动集群发展的润滑剂。现如今应当进一步完善市场中介组织，这些中介机构应当在政府和企业之间形成沟通的桥梁，为企业传达政府的新政策、新法律，为政府提供企业发展的信息和状况，提高集群发展的效率。

中小企业产业集群，初始阶段主要表现为在产业区域上的集中，集中后的重点是形成互动合作的工作机制，并在此基础上创新知识和技术（雷琳，2017）。首先，应当在集群内部形成交流网络，目的是促进企业之间的内部交流，利用网络技术建立信息化网络，为集群提供便利、快速的交流平台，增加交流的机会，为进一步的合作和发展做好准备。其次，要加强科学研究。一方面，在集群内应当有相关的大学或者研究所，它们要与本行业具有密切关系。另一方面，应在集群内建立起集群文化，组织知识创新活动，带动集群的文化

发展。合作文化的建立，在集群发展中具有重要的作用和意义。

（五）完善顶层设计，发挥政府导向作用

中小企业集群升级发展既要以市场导向为本，也要发挥政府的必要作用。政府通过制定明确的集群战略，做好顶层设计，规划集群发展阶段及目标路径，引导和扶持中小企业集群发展（张改枝，2017），让企业集群成为中小企业提高国际竞争力、获得持续发展的主流模式。政府在尊重市场机制规律的前提下，为集群企业创造良好的外部环境。政府应该逐步实现从管理型政府向服务型政府转变（冯力婉，2014）。政府应致力于建立高效服务型政府，营造集群发展环境，重点围绕简政放权、精简流程、证照改革，由重事前审核向事中、事后监管转变等方面开展工作（李青芮，2017）。具体需要做好以下工作：把握和了解中小企业产业集群发展动态，根据当地经济环境和企业情况，对产业集群进行规划布局和功能定位，对产业集群发展中遇到的重大问题进行统筹协调，制定科学的产业集群绩效考核指标，完善统计监测体系。目前，我国各级政府在技术创新、融资担保、土地管理与城市规划、开拓国际市场、培养行业专门人才等诸多方面制定了有关企业集群的支持政策，各地要用好、用活、用足国家及各地已出台的支持中小企业发展的财政、税收、金融、创新、就业、创业、土地及减负等各项政策（曹晓飞，2014）；利用多种形式广泛宣传各级政府政策，提高政策熟悉程度；要建立第三方机构评估机制，加大政策落实督查力度。政府部门多渠道保障产业集群内企业用地需求，用地要纳入土地利用年度计划。对那些处于萌芽状态的群体进行扶持，帮助成熟型企业群体实现升级改造，使企业集群具备恒久持续的增长潜力。政府监管与行业自律并举，要发挥规范和协调作用，共同规范市场秩序，鼓励企业之间的合作，减少企业之间交流的阻碍，加强知识产权保护，制止无序竞争（单亦男，2018）。

（六）基于共生价值链的中小企业集群规划与构建对策

中小企业集群存在的基础是价值链共生，基于价值链建立的产业集群，集群凝聚力更强，专业合作领域广且深。在共生集群内，企业间分工合作、多重互补，并在集群企业间进行物质流、信息流和能量流的传递，共同构建集群企业共生系统（吴菊安，2015）。基于价值链的集群企业分工、基于分工的集群企业地方合作网络是企业集群的生产性环节，是共生本质属性，并由此产生空间集聚的成本节约。中小企业应从价值链的各个增值环节中明确本企业在其中的定位，加强与其他价值链环节的企业或部门之间的联系。以市场为纽带，以

园区为载体，加强企业与科研机构、教育部门、供应商和中间商的合作，建立一个依托关联大企业，具有完善的社会服务体系的网络组织。

参考文献

[1] 王荣. 中小企业集群化发展的优势分析 [J]. 时代金融，2014 (12): 122-123.

[2] 王鹏程，白广宇. 山东中小企业集群发展研究 [J]. 商，2015 (36): 269.

[3] 向明生. 中小企业集群成长动力机制探析 [J]. 特区经济，2014 (12): 42-44.

[4] 冯力婉. 我国中小企业集群发展研究 [J]. 企业改革与管理，2014 (12): 110-112.

[5] 熊倬. 中小企业集群升级对策研究——基于汽车零部件企业集群探索 [J]. 知识经济，2018 (13): 28-29.

[6] 单亦男. 我国中小企业集群化发展道路的思考 [J]. 经济师，2018 (3): 28-29.

[7] 王晔. 中小民营企业集群发展的动力机制研究 [J]. 现代营销 (学苑版)，2014 (5): 7-8.

[8] 黄志伟，谢合亮. 试论产业集群的竞争和创新优势 [J]. 中国商贸，2011 (32): 243-244.

[9] 吴菊安. 价值链视角下小微企业集群发展战略探讨 [J]. 商业经济研究，2015 (33): 94-95.

[10] 向明生. 中小企业集群竞争机理及优势探析 [J]. 当代经济，2014 (18): 36-38.

[11] 张改枝. 中小企业集群发展的若干问题研究——以山西为例 [J]. 山西财税，2017 (4): 47-49.

[12] 金永花，房珊杉，刘垚. 欧洲中小企业集群发展的经验与启示 [J]. 信息通信技术与政策，2018 (12): 56-60.

[13] 王平. 中小企业集群区域品牌建设初探 [J]. 淮海工学院学报 (人文社会科学版)，2016，14 (11): 84-86.

[14] 李军，朱先奇，张琰. 基于两阶段博弈的中小企业集群协同创新机制研究 [J]. 经济问题，2018 (2): 69-75.

[15] 冯朝军. 科技型中小企业集群创新的内涵与优势研究 [J]. 江南论坛，

2016（12）：18 - 20.
[16] 冯朝军．中小企业集群创新的主要模式与动力机制研究［J］．经济界，2017（1）：76 - 80.
[17] 冯朝军．科技型中小企业集群创新的价值链分析［J］．技术经济与管理研究，2017（6）：40 - 43.
[18] 陈翊婧．中小企业“集群式”对外投资战略管理探析［J］．当代经济，2017（9）：90 - 91.
[19] 雷琳．美国科技型中小企业集群发展的经验与启示——以美国硅谷为例［J］．经营与管理，2017（8）：30 - 33.
[20] 李青芮．渝北区中小企业集群发展研究［J］．统计与管理，2017（8）：111 - 112.
[21] 曹晓飞．中小企业集群与集群内部银行配套发展的优势研究［J］．时代金融，2016（9）：106 - 107.

第九章　中小企业创业模式、驱动因素及发展策略研究

党的十八大以来，党中央、国务院把促进中小企业的发展放在了更高的位置，密集地出台了一系列支持政策。各地区、各部门深入贯彻落实党中央、国务院的决策部署，推动改革创新，加大扶持力度，取得了积极的成效。全国人大常委会通过了新修订的《中小企业促进法》，中办、国办印发了《关于促进中小企业健康发展的指导意见》。另外，政府通过“放管服”改革为中小企业的发展松绑，财税金融的支持政策含金量越来越高，极大地激发了全社会创业创新的活力。2019 年上半年，平均每天新登记的企业数达到了 1.94 万户，其中绝大多数都是中小企业。当然我们也发现，我国中小企业创业存活率偏低。全球创业观察中国报告（2015/2016）调查显示，中国早期创业（不超过 42 个月的企业）比率为 12.84%，而已有企业（运营超过 42 个月的企业）比率为 3.12%。如何提高中小企业存活率，增强中小企业发展能力成为我国亟待解决的一个重要难题。

一、我国中小企业创业活动现状及特征

（一）中小企业创业主体年轻化

根据二十国集团创业研究中心和启迪创新研究院联合完成的全球创业观察（GEM）中国报告（2017/2018），中国创业主体中最为活跃的群体是 25～34 岁的青年，占比超过 30%，18～34 岁的群体约占创业者总数的 50%。创业动机分为生存型和机会型两类，机会型为主要动机，占总体的 60% 以上，并持续提高。超过 60% 的创业者选择在以批发或零售为主的客户服务业创业，其次为制造和运输业，具有高附加值的商业服务业创业比例低。

（二）中小企业创业活动呈区域分布

2002—2017 年的 15 年中，中国城乡创业活跃程度比较均衡，但城市机会

型创业的比例略微高一些（王蕾，2019）。具体来说，2010 年以前，农村地区创业活动较城市更为活跃，2005 年城市样本中每 100 个 18 ~64 岁的成年人中只有10 名早期创业者，而农村样本的创业者数量是16 人。2017 年城市样本中每百名成年人中创业者数量是11 人，而农村样本为10 人，基本相同。城市地区创业者中，机会型创业所占比例为67%，而农村地区创业者中，机会型创业所占比例为61%。

区域创业活动的差距仍然明显（黄玲玲，2019）。总体来看，全国各地区每万名成年人拥有的新增的私营企业数量都在增加，但北京、上海、天津、广东、浙江和江苏等六省市的增长更快。2002 年，中国这六个省市的每万人拥有的新增创业企业数为24 家，其他地区为4 家。到2017 年，这六个省市每万人拥有的新增创业企业数增加到212 家，其他地区只有81 家。造成创业活动区域差异的主要因素有很多，包括创业文化氛围、产业结构变化、人力资本和技术发展水平。已有研究表明，私营企业就业人数多、第三产业 GDP 占比高、劳动力人口中本科以上学历比重高，以及发明专利授权量多，则该地区的创业活动活跃度也相应较高。市场需求和人口变化对区域创业活动的影响程度相对较弱。

（三）创业者信心下降

2002—2017 年，中国低学历创业者比例逐步下降，高学历创业者比例有所提高，收入高的人群创业增多。虽然中国创业失败的比例呈现下降趋势，但创业者的创业信心有所下降，恐惧失败的比例逐渐升高。

中国终止创业（过去一年内将企业关闭）的比例呈现下降的趋势，2003 年终止创业的比例为8%，而2017 年这一比例约为2%。同时，中国创业者中认为自己具备创业能力的比例有所下降，从2002 年的37% 下降到2017 年的28%，害怕创业失败的比例有所上升，从2002 年的25% 上升到2017 年的41%。导致这一现象的可能原因是，随着技术进步和社会发展，创业对于创业者的能力要求不断提高，越来越多的创业者认识到自己存在的不足（尹杰卉，2017）。

（四）中小企业创业质量有所提升，但仍有很大的发展空间

2002—2017 年的15 年中，中国创业活动的质量在提高，但与 G20 经济体中的发达国家相比，仍存在差距。

创业质量包括创业企业的创新能力、成长性和国际化程度（张瑞，舒虹，

2019；倪宪辉，2018）。创业企业的创新能力与企业产品的新颖性和新市场开拓有关。在我国，2006 年，顾客认为创业企业提供的产品/服务是新颖的且企业在市场上没有或只有较少竞争对手的比例仅为 7%，2017 年这一比例增长到 27%。虽然中国创业企业的创新能力有所提高，但无论是创新能力还是高技术创业比例，与 G20 经济体中的发达国家相比仍然落后，也低于 G20 平均水平。

2006 年，中国有超过 40% 的新创企业能提供就业岗位很少甚至为零，而这一比例 2017 年下降到 1.3%。同时，2006 年可提供 6 个及以上就业岗位的新创企业比例为 20%，2017 年这一比例增长到 27%。总体来说，中国创业企业创造就业岗位的能力不断提升。中国创业企业中约三成拥有海外客户，这一比例与 G20 经济体中的发达国家相比差距明显，如美国创业企业拥有海外客户的比例超过 80%。

（五）中小企业创业环境在不断改善

中国中小企业创业环境中有形基础设施、市场开放程度、文化与社会规范这三方面一直表现较好，而商务环境、研发转移、教育和培训这四个方面发展相对滞后表现较弱（刘新民，钱洁莹，范柳，2018）。

具体来说，中国创业环境中最好的是有形基础设施，市场开放程度和社会文化规范也表现得较好。金融支持在早期是中国创业环境中较为薄弱的一环，随着近年来天使投资和创业投资获得突飞猛进的发展，互联网金融和众筹等成为企业创业新的资金来源渠道，中国创业活动的金融支持得到很大改善（刘洋，付敬东，2018）。

二、中小企业创业驱动力量及存在问题分析

（一）财政引导基金

创业投资引导基金是扶持中小企业创业的重要方式（过文俊，赵瑞金，2017）。近年来我国创业投资引导基金全面发展，数量不断增加，规模不断扩大。然而，总体来看，创业投资支持中小企业发展方面还存在不少问题。

第一，创投机构总体规模和平均体量不大，量小体弱。在间接融资配置错位、资本市场融资规模难扩的现状下，无论是创投机构数量，还是管理的资本规模，均与支持创新创业和驱动实体经济发展的目标难以匹配。由于缺乏影响力较大的创投品牌，因此，难以通过龙头机构有效引导创投行业良性竞争、规

范发展，也难以有效大规模助推创新型中小企业的发展。

第二，资本来源结构不合理。在经济下行背景下，民间投资规模下降，创投机构大部分资金都来自于政府投资，民间资金进入的积极性呈现下降态势，创投机构吸引民间资本参与投资的能力偏弱。

第三，投资额结构不合理。近年来，在政府引导基金的鼓励下，创投机构在中小企业成长期、早中期乃至种子期进行投资的项目数量增多，但从投资项目的金额看，无论是投资总额还是平均单项投资额，成长期中后期和成熟期企业获得的投资额均明显高于成长期早中期企业。

第四，国有资本参与创投的运作效率偏低。从各地创投主体看，国有资本仍是创投的主要力量，大部分创业投资基金都是国资系控制。这种局面是一把双刃剑：一方面，国资主导下的创投运营较为规范，愿意对本地战略性新兴产业和早期阶段的高成长性企业进行投资；另一方面，国资主导下的创投管理机制僵化，决策程序复杂，管理团队工作激励不足，导致投资基金整体运作效率偏低。

第五，退出渠道不畅。对项目投资成功后，创投机构需要及时退出寻找新的投资机会，但目前创投退出渠道不畅、退出方式单一，导致资金流动性不强，影响了投资积极性。新三板是目前主要的退出渠道，但新三板因为种种因素制约，其流动性和活跃程度较低。较低的流动性导致股权溢价率较低，创投机构难以获得与承受风险相匹配的投资效益。

造成这一局面的原因有多方面，概括起来有以下五点。

第一，信息不对称导致的供给端与需求端不匹配。创业投资是为满足创新创业活动的需要而产生的，创新创业的有效需求是创投支持中小企业创新创业的源泉（张艺馨，李九斤，匡瑾璘，2018）。创新驱动经济发展成为我国经济转型发展的新引擎，各级政府都在大力推崇“双创”活动，激发了众多个人和企业的创新创业热情，创投机构在需求端似乎并不短缺。然而，创新创业活动能否转化为有效需求，有赖于不断完善的支持创业制度，以及健全的创新创业配套政策体系建设。由于创投双方的信息不对称，加上当前创新创业活动高频率、精分工、复杂化的趋势日益显著，加大了识别创新创业活动潜力的难度，创投资本难以最大限度地满足创业创新的需求。

第二，政府定位模糊，“越位”和“缺位”并存。创业投资归根到底是一种市场化行为，追求利润最大化是其最重要的目标。因此，政府应该把创投行业的主体地位转移给民间投资，政府在创业投资体系中只起引导作用，且政府引导基金退出时只需要获取合理回报，把更多的利润让给民间资本，达到最大限度地激发民间资本投身于创业投资活动的目的。现实中，一些地方政府作为当地政府投融资平台的实际掌控人，由投融资平台创立的创投引导基金在募资、投资和管理过程中仍带有浓厚的行政色彩，缺乏有效的激励机制，投资决策并没有按照市场化要求进行操作，资金并没有配置到真正效率高、前景好、回报高的项目，形成“缺位”现象，导致这一类创投机构的运营效率和效益远不如其他类型的创投机构。此外，一些地方政府投融资平台设立的创投机构利用其政府背景，在当地形成了一定程度的垄断性，“挤出”了当地其他类型的创投机构，产生“越位”现象。

第三，资本市场不发达阻碍创投资本良性循环。多层次资本市场为创业投资提供了多元化的退出选择。资本市场的发达与否直接关系创业投资的发展规模和运行效率。尽管我国多层次资本市场已基本建立，但创业投资退出渠道仍不够顺畅。IPO 节奏缓慢，新三板的流动性不理想，导致创投难以获得理想的投资回报；双向转板机制尚未建立，市场主体缺乏有效激励和约束。退出机制不畅导致创投资金收益性和流动性降低，无法实现资本良性循环。

第四，配套的扶持政策体系尚未建立。创业投资行业的高风险性和正外部效应决定了政府有必要对其给予各种形式的扶持（丁崇泰，2019）。政府应利用多层次资本市场，将引导基金与多元化创投扶持政策相结合，加快金融市场自由化进程，吸引社会投资机构进入创投领域，渐次发挥多层次资本市场的作用，推动中小企业创新创业。当前政府努力的着力点还停留在建立引导基金和“双创”天使投资等形式，与创投全过程相配套的其他政策的推出相对滞后。如税收优惠政策还不到位、不连续，对于金融机构参与创投的准入门槛设置偏高，这些都制约了创投基金的发展，影响了对中小企业创新创业资金的供给。

第五，监管制度尚未建立和完善，行业自律机制尚未形成。法律约束和行业自律是创投机构支持高成长性中小企业创新创业发展的保障。前些年，“全民 PE”热潮中成立的创投机构跟风式投资方式注定其管理团队缺乏专业性，图的是短期赚快钱。以创投为名而进行非法集资、集资诈骗、利益输送等金融活动乱象丛生，对创投机构的监管存在“真空带”，对创投的监管也存在某些方面的偏颇，由此产生的过度行政干预导致效率损失和投资扭曲都给创投市场造成伤害。社会信用体系建设还有很长一段路要走，创投行业协会的自律机制约束力还较弱。

（二）税收激励政策

近年来，我国围绕“降成本”颁布了一系列政策以改善创业环境、消除制度环境各方面对创业的抑制性影响，其中结构性减税是政府“降成本”中重要的一环（冯海波，周懿，2019）。税收负担是影响企业行为的重要因素，税收政策的变化会改变税负进而改变企业的投融资选择。如果税收负担过高，那么企业家会减少创业投入，中国经济发展的活力会因此受到影响。从我国当前实际看，中小企业已成为创业活动最重要的主体。然而长期以来，中小企业经营成本高，盈利性弱，议价能力弱，企业创业成活率和其他国家相比偏低，企业寿命相对较短。因此，税收激励政策能显著影响中小企业的创业积极性（戚啸艳，陈啸，朱近忠，2015）。

征税的过程实际上是政府参与企业经营成果分配的过程。税制和税收结构的设计决定了政府参与企业经营成果分配的形式和程度。例如，税种不同，决定了政府参与企业经营成果分配的环节不同，企业承担的风险也不同。税制或税收结构对企业创业行为选择的影响是通过作用于企业的预期实现的。以企业所得税为代表的直接税为例，企业应纳税所得额是企业营业收入扣除各种成本、费用、损失及准予扣除项目的剩余金额，企业所得税是对企业经营利润进行征税，这种直接税的税负具有不可转嫁性；而以增值税为代表的间接税，其课税对象是商品和服务流转过程中的增值额部分，这种税负较容易进行转嫁。可见，相比较于流转税，征收企业所得税会让企业更明显地感知到税负，对企业创业活动的负面影响也更加明显。

2016 年的《小微企业税收政策研究报告》显示，作为创新创业主体的小微企业所面临的税负压力普遍较高。税负过重对企业创业活动的抑制主要体现在以下两方面：一是税负会加重企业经营成本，降低企业利润率，潜在创业者因无法获得期望回报而放弃创业；二是较重的税负挤占了小微企业有限的资金，财务状况恶化会增加融资难度，影响其创业投入。

（三）资源整合能力

中小企业尤其是科技型中小企业创业，本质上就是创业者有效整合企业内外部的创业资源，进而推动商业模式创新并赢得市场竞争优势，最终实现企业持续成长的过程（易朝辉，周思思，任胜钢，2018）。多数科技型小微企业因资金、人才、知识短缺等影响了它们的创新和可持续发展。然而，国家统计局的一项调查显示（2015），在“大众创业、万众创新”背景下，也有部分科技型小微企业通过自主研发，与高校、科研院所开展合作创新，或者通过研发外包等多种模式推动产品和服务创新获得了长足发展。同样是中小企业，创新和发展能力却表现出明显的差异，其背后的原因值得我们探索。

已有研究表明，资源整合能力是企业实现技术创新、构建和维持独特竞争优势的重要因素。从企业资源观来说，资源整合是指创业者在动态的不确定环境下，对科技型小微企业内外部战略性资源进行有效的识别、获取、配置和运用，并且进一步整合成企业的竞争优势的动态过程。从这个意义上讲，资源整合能力是指在整个创业过程中，创业者识别、获取、配置及运用创业资源的一种动态能力。

资源识别是指创业者根据自身资源禀赋，对企业创业所需资源进行分析、确认，并最终确定企业所需资源的过程。它是价值创造与资源管理的基础和前提。只有不断识别有价值、稀缺、不可替代和不可模仿的资源，才能为后继创新创业打下基础，实现企业对各种资源的价值利用。因此，资源识别能力会对科技型小微企业创业绩效产生重要的影响。

资源获取是指在确认并识别资源的基础上，获取所需资源使之为创业企业服务的过程。资源获取是科技型小微企业资源整合过程中不可或缺的重要环节，它会优化企业资源整合能力，提升科技型小微企业发展的核心能力和动态能力，进而带来满意的绩效，也能为企业资源的配置和运用奠定坚实的物质基础。

资源配置是指获取资源之后，对资源进行优化配置，使它们互相匹配、相互补充、相互融合，并获得独特竞争优势的过程。资源配置是科技型小微企业资源整合过程的中心环节，获取的资源是否有价值，关键在于如何配置使用这些资源，实现资源增值并提升企业绩效。资源配置在创业过程中起承上启下的作用，向上承接资源的获取，向下连接资源的运用，因此，它与科技型小微企业创业绩效紧密相关。

资源运用是指对所获取的资源进行优化配置形成能力后，将其运用到为顾客创造价值，同时为企业所有者创造财富的过程。Brush 等（2001）认为，资源运用是科技型小微企业资源整合的最终目标，只有充分运用了企业获取和配置的资源，才能将资源整合能力转化为企业创新创业绩效。因此资源运用是否充分，决定了企业创业资源整合的能力与效率的提升效果，进而决定了科技型小微企业的创业绩效。

（四）金融支持

创业企业具有企业规模小、财务实力弱、规范化程度不高等特点，这就决定了创业企业难以从传统型金融机构获取贷款。尽管近年来金融机构通过提升技术等手段，增强了服务创业企业的能力和水平，但与创业企业巨大的融资需求还相差甚远。为缓解供需矛盾，我国开始大力发展小微金融机构。小微金融机构的业务范围是专门向微型企业、创业企业，以及中低收入阶层提供小额度、可持续的金融产品和服务。因此，小微金融机构的主要服务对象就是小微型创业企业。但由于多数时候企业都依赖于企业主的个人信用，小微型创业企业的不确定性较强，这要求小微金融机构在深入研究创业企业特征的基础上优化服务创业企业的金融产品创新路径（秦领，2016）。

1. 小微金融产品创新的制约因素分析

首先，金融创新与审慎监管目标存在矛盾。在金融审慎原则下，金融监管机构对金融产品创新的态度相对保守。小微金融机构是特定金融制度环境下的产物，其经营状态和其在金融产品创新上的努力水平直接受金融制度环境优劣的影响。当前的金融监管机构将其主要精力集中于防控区域性金融危机的爆发上，在金融政策的制定上有较强的保守主义倾向。而金融产品创新是运用新型金融技术来创造和经营新型金融工具，是塑造金融市场竞争新格局的新手段，金融产品创新中既蕴含着较大的商业机会，也潜伏着巨大的商业损失风险。金融产品创新中潜伏的风险与金融监管机构所追求的稳健的金融市场运行体系建设目标之间存在难以调和的矛盾。其次，金融监管机构在完善金融市场体系上的努力主要聚焦于提升金融资产配置效率，通过提高金融资产配置效率的方式来增强金融市场运营主体的盈利能力。而小微金融机构的金融产品创新主要着力于服务小微型创业企业，处于初创阶段的创业企业对资金的需求较强烈而盈利能力较弱，这就决定了小微金融企业的金融产品创新在短期内难以为企业提供较为丰厚且有保障的利润，而这是背离监管机构所追求的金融资产配置效率最优化目标的。

2. 小微金融机构创新金融产品的内在动力不足

小微金融产品创新的主体功能单一（丁宇，2018）。一方面是小微金融机构的金融产品创新主体功能单一，导致小微金融机构创新动力不足。由于当前创业企业在金融市场的融资行为多发生于银行市场，且以间接融资为主，因此，金融机构自然成为支持创业企业开展创新活动的主力。但是由于金融机构处于传统行业，未能有效感受到小型创业企业所能感受到的那种时时刻刻迫近的生存危机，这就使得小微金融机构的创新动力不足。另一方面是小微金融机构在新型金融产品上的研发实力有限，缺乏齐头并进式推进多项金融产品创新的能力。虽然成功的金融产品创新可以给小微金融机构带来较高的收益，但金融产品创新内在的高风险性决定了一旦金融产品创新失败，将严重影响小微金融机构的正常运营秩序。而小微金融机构的有限研发实力使其难以通过分散投资金融产品的方式来分散金融产品研发和运营的风险。金融产品内生性高风险影响小微金融机构在创新金融产品领域的研发投资积极性。

创业企业对金融产品的差异化需求抬高了金融产品创新成本。创业企业具有市场分布广泛、产品交易对象分散和管理模式迥异等特征，这决定了小微金融机构在管理面向创业企业的金融资产时存在交易成本高的问题。在较高的金融创新产品成本投入和难以控制的服务创业企业的金融投资风险两个问题构成的双重挤压下，小微金融机构通常选择远离面向创业企业的金融产品创新策略，转而专守于强化机构在传统金融产品与服务领域的实力，通过对传统金融产品进行增值性服务来谋求更为稳健的财务目标。

3. 小微金融产品创新的内容残缺性问题

小微金融产品创新业务停步于基础金融产品。小微金融机构的风险防控能力有限，缺乏研究开发和运营管理金融衍生产品的能力，这使得小微金融机构将其在创新金融产品上的主要精力集中于对传统基础性金融产品的增值服务功能开拓上。从该类金融产品创新的实质上分析，小微金融机构围绕基础性金融产品供给的金融增值服务内容并未从根本上改变金融产品契约交易各方的权责关系，实质上仍是对传统基础性金融产品的继承。这种非实质性金融产品创新导致小微金融行业处于金融产品同质化竞争格局，同质化的金融产品竞争进而转化为恶性的金融服务成本竞争，最终妨碍小微金融机构获得必要的利润来支持其金融产品创新战略的落实（李焰，姜松，程一江，等，2019）。

创业企业的资产抵押能力不足，遏制小微金融机构的业务创新空间。创业企业多属于新创企业，且主要为诸如互联网企业、科技研发企业等新兴工业企业。此类创业企业的固定资产规模有限，其主要的资产多为知识产权、软件等非物质形态的资产。从创业企业角度分析，这种非物质资产型企业特征使得创业企业缺乏必要的资产抵押能力，从而严重降低了创业企业通过资产抵押的方式来获取金融机构的信贷支持。从金融机构角度分析，导致多数创业企业的资产抵押能力不足的原因在于，金融机构对创业企业的资产价值认定方式和方法缺乏与时俱进的“互联网”价值理念，将企业的价值简单化为传统的固定资产，否定了技术创新及由此带来的非物质资产的客观价值。而创业企业多为轻资产型企业，这类企业通过将资源投放在高端人力资源和技术资源上来巩固企业的核心竞争优势，并凭借其轻资产特征来增强企业灵活应对日益复杂多变的市场竞争环境的能力。

三、互联网经济背景下的创业模式

创业模式是指新创企业在创业活动过程中，将与企业成长密切相关的内在关联要素组合后的表现形式。

推进创业创新的发展模式，归根到底是要打破要素的束缚，这些要素包括人力要素、资金要素、技术要素、制度要素、载体要素及文化要素（汪明月，刘宇，秦海波，等，2018）。其中，人力要素主要回答“哪些人是双创主体及如何激发主体的双创热情”；资金要素主要回答“如何促进双创的风险投资与资助”；技术要素主要回答“如何促进双创所需的新技术的创新与转化”；制度要素主要回答“如何规范双创的运行环境”；载体要素主要回答“如何搭建双创所需要的各类支撑平台及满足集聚发展要求”。

互联网属于新兴产业，互联网创业不仅能为我国经济发展增添活力，而且有利于促进产业结构的转型升级。新常态下，互联网创业有利于推动产业结构转型，培育“新经济”，并促进“大众创业，万众创新”政策的贯彻实施。我国互联网创业模式主要有电子商务模式、“互联网＋传统产业”模式和基于物联网技术的创业模式（汪连杰，2016）。

（一）互联网创业的价值内涵

随着我国互联网产业的发展，互联网创业如雨后春笋般涌现，并逐渐成为经济发展的新引擎。因此，新常态下，正确理解互联网创业的价值内涵，对于促进互联网产业的可持续发展具有重大意义。

1. 互联网创业有利于推动产业结构转型升级，培育新的经济增长点

经济新常态下，推动经济结构转型升级，除了进行供给侧改革，促进产能过剩企业退出市场外，还必须发展新兴产业。通过互联网创业，不仅能够促进互联网产业体系的日益壮大，而且能够不断催生新的产业模式，推动以互联网为主的新兴产业的发展（徐奕，2019）。除此之外，近年来，我国互联网信息技术发展迅速，以互联网、物联网、大数据为基础的科学技术应用到经济社会的各个领域。2015 年，李克强总理在政府工作报告中首次提出了“互联网＋”行动计划，并指出，应该充分发挥互联网在生产要素配置中的优化和集成作用，将互联网的创新成果和经济社会各领域结合起来，提升实体经济的创造力和生产力。因此，随着我国经济增速放缓，通过充分运用“互联网＋”思维进行创业，不仅能够将互联网技术运用到经济社会生活中，而且有利于培育新

的经济增长点，从而促进新常态下我国经济保持中高速增长。

2. 互联网创业有利于促进以信息处理技术为主的“新经济”发展

“新经济”一词最早是用来描述美国20世纪90年代以计算机、信息技术和生物工程为主的技术变革促进美国经济长期繁荣的现象。即便当时学术界对于美国“新经济”存在较大争议，但“新经济”一词代表了一种新的经济发展趋势，强调新技术变革对于经济增长的带动作用。新常态下，习近平、李克强等领导人在多个场合提及“新经济”，并强调发展“新经济”对于经济结构转型的重要作用。我国“新经济”发展引起了社会各界的广泛关注。2016年3月，国务院首次将“新经济”写入政府工作报告。随后，李克强总理在十二届人大四次会议闭幕后回答记者提问时指出，“新经济”不仅涉及一、二、三产业中的“互联网+”、物联网、云计算等新业态，而且包括智能制造、大规模定制化生产和农村一、二、三产业的融合式发展。“新经济”的第一轮浪潮是信息技术（IT）引发的经济革命，主要发生在美国，而第二轮则是由信息处理技术（DT）推动的，我国有望实现伟大复兴。因此，互联网创业有利于促进我国“新经济”的发展，进而提高我国在新技术产业革命中的地位。

3. 互联网创业是推动“大众创业，万众创新”的重要实施路径

随着互联网产业的发展，互联网技术逐渐成为经济社会发展的新引擎。因此，互联网创业除了具备网络上的优势外，还具有云计算、大数据和物联网等优势，通过推动新一代的技术创新、服务创新和社会创新，可以为新一轮资源驱动方式改革提供契机。2015年6月，国务院颁布了《关于大力推进“大众创业，万众创新”若干政策措施的意见》，文件指出，推动“大众创业，万众创新”是培育经济发展新动能的重要手段。而随着互联网产业的发展，互联网创业将成为创新创业的重要实施路径。主要原因有以下两个方面。第一，我国互联网使用人数逐年增加。2015年，我国互联网网民达到6.68亿，全球规模最大的4G网络已经建成，为互联网创业奠定了坚实的用户基础。第二，传统产业发展较为完备，创新创业较为困难，而互联网产业属于新兴产业，在“互联网+”引领下，信息技术迅猛发展，加上政府提供的创业政策，互联网创业必将成为未来“大众创业，万众创新”的重要实施路径。

（二）互联网创业的主要模式及其特点

我国已经进入“互联网+”时代，新一轮互联网创业浪潮正在形成，而互联网创业有着独特的技术特点和特殊的经营模式，进行互联网创业与传统产业创业有着诸多不同。从创业的目的和方式划分，互联网创业主要分为以下三

种模式。

1. 传统电子商务创业模式

电子商务模式，主要指的是在网络和大数据环境中基于一定技术基础的商务运作方式和盈利模式。随着互联网应用领域的不断扩大和信息服务方式的不断创新，电子商务创业模式层出不穷，逐渐成为互联网创业的主要模式。电子商务创业模式主要可以分为六种类型。一是 B2C 模式，即企业与消费者之间的电子商务创业模式。这种创业模式以零售业为主，创业者主要通过网络开展销售活动。二是 B2B 模式，即企业与企业之间的电子商务创业模式。这种模式的创业者可以通过互联网进行产品、服务和信息的交换。三是 C2C 模式，指的是消费者与消费者之间的电子商务创业模式。这种模式为创业者提供一个在线交易平台，双方可以自由进行商品竞价和买卖。四是 O2O 模式，即线下和互联网之间的电子商务创业模式。创业者通过线上招揽顾客，线下提供服务，有利于在线结算，能够快速扩大销售规模。五是 BOB 模式，指的是创业者之间通过互联网运营者达成产品或服务交易的一种新型电子商务创业模式。六是 B2Q 模式，指的是在采购业务中引入第三方提供技术服务的电子商务创业模式。创业者可以作为第三方，通过提供销售、售后和维修等服务进行创业。传统电子商务创业模式的优点是不受时间和空间的限制，扩大了消费市场，减少了商品流通环节，大大降低了商品流通和交易的成本，缺点是国家关于电子商务的法律法规不健全，容易引发网络诈骗，网络安全受到挑战。另外，消费者售后服务质量也难以得到保障。

2. “互联网 + 传统产业”创业模式

2015 年，国务院会议通过了《国务院关于积极推进“互联网 + ”行动的指导意见》，期望运用信息通信技术及互联网平台，使互联网与传统产业深度融合，创新发展生态。而随着行动计划的提出，“互联网 + ”成为新一轮产业革命的重要驱动力。越来越多的创业者以互联网技术为平台，通过对传统行业进行升级，将互联网接入相关产品和服务中，在产品说明、技术应用等方面向客户提供相应服务，从而获得相应利润。“互联网 + 传统产业”创业模式主要分为以下几种。一是“互联网 + 零售”模式。随着人民生活水平的提高和我国整体网络购物环境的改善，互联网零售呈逐年增长趋势。二是“互联网 + 金融”模式。随着互联网零售业的发展，网络支付手段也逐渐丰富起来。伴随着网络金融工具的增加，基于互联网进行的网络信息查询和交易服务逐渐发展起来。三是“互联网 + 旅游”模式。通过网络预订酒店、机票、门票等旅游服务逐渐大众化和普遍化。截至 2015 年 12 月，在网上预订过机票、酒店、火车票或旅游度假产品的网民规模达到 2.60 亿，较 2014 年底增长 3782 万人，增长率为 17.1%。

3. 基于物联网技术的创业模式

物联网被视为互联网的应用扩展，物联网创业通过深入智能家居、智慧交通、智慧物流、智慧医疗等各个领域，逐渐成为一种新型的创业模式。根据各方主次从属关系及客户价值不同，可以将物联网创业模式分为以下三种。第一，智能终端服务模式。此模式指的是在特定的垂直行业中探寻用户需求，并针对性设计对应的硬件，为用户提供服务。第二，云聚合模式。云聚合模式是一种建立在云计算基础上，以用户服务为中心，根据已有的运营平台和业务能力，针对目标市场，与使用者建立较长的互动关系，形成参与者共同创造价值的商务模式。第三，智慧物联网模式。随着互联网这一新兴信息技术日益成熟，近年来，基于物联网兴起的业务逐渐成为智慧城市的主流应用。依托物联网技术，提高城市各种信息的感知和度量水平，借助各种应用系统的协同合作，实现城市管理目标。物联网创业可以应用于城市物流、制造、交通、市政、水利等各个领域，有利于实现“智慧城市”的目标。物联网创业的优点是以用户为中心，从一些需求迫切的行业入手，创业的成功率较高；缺点是创业者容易陷入技术开发的误区。另外，同类型的产品一旦被开发，创业者对产品的定位，以及持续创业能力将受到挑战。

（三）互联网创业的发展现状与问题

新常态下，我国互联网创业面临良好的发展机遇，但由于受到法律规范欠缺、创业环境恶化等一系列因素的影响，互联网创业同样面临多重挑战（杨子超，2017）。

1. 互联网创业政策逐渐启动，但法律法规发展相对滞后

近年来，我国互联网产业发展迅速，以互联网、物联网、大数据为基础的科学技术应用到经济生活的各个方面。新常态下，政府开始连续下发一系列创业政策，旨在通过创业带动就业，促进经济持续增长。2015 年 6 月，国务院颁布了《关于大力推进“大众创业，万众创新”若干政策措施的意见》，旨在掀起“大众创业”“草根创业”的新浪潮。2015 年 7 月，国务院印发《国务院关于积极推进“互联网 +”行动的指导意见》，明确提出“互联网 +”创新创业重点行动。2015 年 10 月，国务院办公厅批转了人力资源社会保障部等 11 个部门联合发出的《关于促进以创业带动就业工作的指导意见》，希望通过创业带动就业。在国家创业政策的扶持下，我国互联网创业浪潮高涨，《2016 互

联网创新创业白皮书》显示，2016 年以来，我国互联网创业企业接近 3000 家，已成为全球第二大创投聚集地。尽管有国家创业政策的号召，但我国互联网领域的法律体系亟待完善。《中华人民共和国电子商务法》是我国首部互联网领域的综合法律，对于解决电子商务领域存在的突出问题，规范并促进互联网产业发展具有重要意义。即便如此，由于我国在互联网领域的整体立法经验不足，因此该法的实施效果还有待考证。另外，互联网创业风险规避机制不健全，导致互联网创业投资滞后，既无法为创业扶持对象提供足够的融资支持，也无法发挥其分散风险的制度功能。

2. 互联网整体创业环境较差，企业创业目标不清晰

随着国家对互联网创业的政策扶持越来越多，大众互联网创业的积极性也不断高涨，然而背后也隐含了盲目从众的泡沫化风险。由于缺乏规范化的互联网创业法律法规，因此互联网创业市场发展不规范，创业环境不佳。除此之外，创业者往往只看到创业成功的互联网企业，却容易忽视成功的创业背后暗藏着大量的失败案例。部分创业者积极投身互联网创业，有很高的创业热情和激情，但受到视野、阅历和互联网创业独特性的影响，创业盲目性较大。一方面，一些创业者创业目标定位模糊不清，当创业项目被其他企业复制时，往往缺乏长远发展规划，导致创业失败。另一方面，在创业能力上，一些创业者对于创业意识培养和创业能力重视不足，盲目跟风、重复和扎堆，或者过于关注看起来赚钱较多的项目，而没有意识到培养自身独特创业能力的重要性。被誉为“互联网女皇”的玛丽·米克尔（Mary Meeker）提供的《互联网趋势》报告显示，虽然目前我国互联网用户全球第一，且互联网产业发展迅速，但 2015 年互联网创业的成功率仅 5% 左右，创业成功率仅相当于美国的五分之一。我国互联网创业成功率低的原因主要源于两个方面。第一，互联网创业的年轻化趋势越来越明显，大学生创业者较多，因受到多方面因素的影响，创业条件并不充分。第二，我国互联网创业处于发展初期，互联网产业还处于“野蛮生长”的发展阶段，监管机制欠缺，制约了互联网创新创业的可持续发展。

3. 互联网创业人才、资金和经验匮乏，创业持续性不足

互联网创业属于新型创业，受到互联网企业独特的经营模式和市场条件的影响，互联网企业在创业之初就面临资源匮乏的局面。从总体上看，互联网创业的资源匮乏主要体现在以下几个层面。其一，互联网人才资源的匮乏。互联网行业属于新兴产业，在互联网创业过程中，具有实际案例经验的互联网技术、运营及管理人才较少，人才素质、人才管理和人才教育均成为创业者需要

考虑的新问题。其二，资金缺乏，融资难度大。在“大众创业，万众创新”的背景下，创业呈“井喷式”发展的趋势。在此背景下，虽然融资的渠道变宽，但融资方对于创业者的创业项目要求也越来越高。其三，创业成功案例的匮乏。一方面，互联网行业还处于初期发展阶段，创业成功的互联网公司大多因抢占了创业时机而发展起来，成功的偶然性较大，而通过残酷竞争而创业成功的典型案例较少。另一方面，互联网创业最大的难度就在于每一个项目都是一次创新，一次新模式的探索，基于互联网的独特性，行业链模型被高度抽象化，难以复制。除此之外，互联网行业变化较快，大型互联网企业能够接触到最核心的互联网数据，预测到互联网未来的发展方向，从而在竞争残酷的环境中做出正确的决策。而对于初始创业者来说，往往难以应对，大量初创企业的存活能力不强，“快生”也伴随着“快死”。

4. 互联网创业基地、孵化器较少，缺乏创业集群效应

新常态下，我国互联网创业环境正在发生变化，除了对线上能力的要求越来越高外，更多地强调对线下渠道的掌控。新常态下，我国互联网创业的中心将慢慢发生转移，由以北京、上海、广州、深圳为主的一线城市向以杭州、南京、成都为首的二线城市渗透。2016 年是创业孵化器蓬勃发展的一年，但一线城市创业者出现同比减少的局面，一些创业基地出现了门庭冷落的现象。这主要由于一线城市创业成本较高，受房屋租金、人力资本、办公环境和交通的影响，越来越多的创业者愿意选择二线城市创业落脚。虽然二线城市政府也大力支持本城市的创业发展，对于互联网等形式的创业在税收方面给予一定的财政优惠，并着手创建了大量的创业孵化器，然而这些创业基地、孵化器大多还属于创建阶段，暂时没形成规模效应。例如，未来工场、开放创新实验室、京东 JD + 开放孵化器等，由于成立的时间较短，因此并没有体现出孵化效益。除此之外，与其他创业模式不同，互联网创业由于技术独特，技术设施较为抽象化，从而加大了创业集群的难度。因此，根据互联网创业的特点，加快互联网创业基地、孵化器建设，并形成规模优势，成为今后促进互联网创业发展需要考虑的主要问题。

四、促进中小企业创业的措施

（一）税收政策

小微企业在促进经济繁荣与发展的同时，制约自身创业的瓶颈仍然存在。

因此，需要进一步完善税收优惠政策，激发中小企业创业的内在动力。

1. 加强税收立法，提高税收优惠政策的法律层级与效力

目前，我国针对小微企业的税收优惠政策缺乏系统性、长期性与稳定性，大多以单项政策出台，且零散分布在各个税种。同时，以层级较低的部门规章等规范性文件修改税收法律、法规，不够严谨。因此，有必要针对上述问题加强税收立法。一是落实税收法定原则，提升促进大众创业的税收政策的法律层级。通过加强顶层设计，建立统一规范的促进大众创业的税收优惠政策，并上升到法律或行政法规层级，增强政策的规范性和透明度，做到有法可依、执法有据。二是确保政策的稳定性和长期有效性。从经济发展的可持续性及社会稳定出发，制定系统、完善的政策，避免短期化行为，有助于社会对国家出台的大众创业税收优惠政策的理解和把握，从而使投资者较准确做出对未来政策效果的预期，并为其投资决策提供参考。

2. 公平税负，营造平等普惠的税收优惠环境

一是进一步加大对小微企业的税收优惠力度。降低间接税比重，提高企业所得税减税效果，从而提高小微企业的市场竞争能力，支持有效率的小微企业规模化发展和保持技术创新。二是减轻外部供给端的税收负担。即针对小微企业融资难、融资贵的问题，加强与国家金融政策方面的协调，从降低供给端成本的角度，通过对银行等金融机构给予小微企业的贷款和小额贷款公司开展的贷款业务免征印花税，对其取得的利息收入免征营业税，间接降低金融机构对小微企业贷款的成本与门槛。三是引导纳税人如实申报，提高税收遵从度。税收政策既要降低纳税人负担，达到贯彻国家政策的效果，也要发挥对纳税人的正面引导作用，以满足国家评估政策效果的需要。因此，可考虑建立类似日本的蓝色申报表制度，规定采用蓝色申报表的纳税人可以享受到比普通纳税人更多的税收优惠，鼓励和引导纳税人尤其是创业初期的纳税人建立健全会计账簿，依法申报纳税，带动“税源”的增长。

3. 优化税制，完善支持中小企业创业的普惠性税收政策

首先，完善增值税政策，降低小微企业的税收负担。一是降低小规模纳税人的征收率。二是提高增值税（营业税）的起征点和免税额。同时，参照企业所得税法的规定，扩大起征点和免税额的适用对象，符合条件的小微企业，如个人独资企业、合伙企业，同样适用针对个人的起征点政策。三是放宽增值税一般纳税人认定标准。对新成立的企业，不论规模，只要有固定的生产经营场所，能够按照国家统一的会计制度规定设置账簿，并根据合法、有效凭证核算，能够提供准确税务资料，依纳税人申请，即可认定为增值税一般纳税人，

可以接受和开具增值税专用发票，从而打通小微企业与上下游纳税人的增值税抵扣链条，提高其市场竞争能力。

其次，加快“营改增”进程，消除重复征税，减轻小微企业负担。针对行业特点，在总体税负不增长的前提下，认真测算不同行业的合适税率，尤其是对与最终消费者息息相关的生活服务业，应在综合权衡中设定合适的适用税率，以达到减负目的。

再次，完善企业所得税政策。第一，消除不同法律对小微企业认定的差别。打通企业所得税法与其他法律法规关于小微企业认定之间的壁垒，更好地贯彻国家政策、评估政策效果、检讨政策时效，促进更多小微企业享受到企业所得税优惠。第二，提高小型微利企业认定标准。目前，企业所得税法实施条例从行业准入、应纳税所得额、资产、从业人数等四个方面认定小型微利企业。按照目前的规定，至 2017 年 12 月 31 日，对年应纳税所得额在 30 万元（含 30 万元）以下的小型微利企业，其所得按 50% 计入应纳税所得额，按 20% 的税率缴纳企业所得税。建议继续提高小型微利企业认定标准，同时将优惠扩大至实行核定征收的小微企业。第三，解决企业所得税与个人所得税之间的重复征税问题。目前，除个人独资企业、合伙企业、个体工商户缴纳个人所得税外，其他小微企业经营收益缴纳企业所得税，个人投资者获得的股息、红利需要缴纳个人所得税。这就造成同一性质、同一来源的所得被征税两次。对此，建议引入“穿透原则”，做好企业所得税和个人所得税之间的衔接，可以对个人独资、合伙企业及个体工商户之外的其他小微企业的个人投资者股息、红利等收益免征个人所得税。

最后，完善重点群体创业就业税收政策。为支持高校毕业生、残疾人、退役军人、登记失业人员等重点群体创业就业，国家推出一系列税收优惠政策，并逐步扩大范围、简化程序。但从优惠内容及期限看，存在优惠额度低、优惠期限短、不同性质经济实体差别对待等问题。建议提高优惠幅度、设置上浮比例，体现区域经济差距，并不论经济性质，从事个体经营的重点群体及吸收重点群体就业的经济实体均享受同等税收优惠待遇。

基于上述分析，我们应该做好以下工作：

一是应切实推进国家对企业的“减税降费”举措，进一步降低中小企业税收负担。在中国经济步入新常态和外部经济环境不确定的背景下，中国经济下行的压力增大。为了实现中国经济的可持续发展，政府积极推动微观经济主体进行创新和创业活动。在所有的微观经济主体中，中小企业在创新和创业活动中扮演着重要角色。近年来，中小企业在各种内外部因素的影响下，总体盈利能力有所下降，导致税费负担相对加重。税费负担加重，制约了中小企业的创新和创业能力。为提升中小企业创业活跃度，应对内外部经济环境对中国经济下行的压力，有必要进一步加大对中小企业减税降费的力度。

二是对中小企业而言，减税的方向应该是企业所得税，而非以增值税为代表的流转税。中小企业大多属于民营企业，通常情况下，民营企业对税收负担比国有企业更加敏感。相比于增值税，企业所得税的“税痛”更加明显。所以为中小企业减税，降低企业所得税负重产生的效果要优于降低增值税负重产生的效果，更有利于提升中小企业创业活跃度，进而发展民营经济。当前，政府在适度降低中小企业增值税税负的同时，更应该加大企业所得税的减税力度。

三是应区分不同规模的企业，减税的重点在小型企业，而非中型企业。尽管税收负担对中型企业创业活跃度具有负向抑制作用，但影响并不显著；与中型企业不同，税收负担显著降低了小型企业的创业活跃度。所以，对中小企业减税的重点应该是小微企业，而不是规模较大的中型企业。从现实看，小微企业是创新和创业的主力，代表新的经济增长点，将小微企业作为减税的重点，对小微企业实行普惠式减税是合适的选择，有利于提升经济发展的活力，实现产业升级。

（二）发展小微金融企业

第一，搭建金融服务信用信息共享平台，着力破解信息不对称问题。平台运行要做到“五个注重”。一是平台内容注重针对性。紧紧围绕银行对企业客户信用信息的实际需求，精心选择信息来源和品种，力求融入各家商业银行贷前调查、贷中审批和贷后管理的必经环节。二是信息来源注重广泛性。平台要有效地整合金融、司法、税务、环保、电力等部门的信用信息，覆盖大多数市场主体。三是查询功能注重关联性。平台应具备信用正负面清单、自动评分、培育和风险预警等功能，提升信息参考价值。四是信息更新注重可持续性。通过完善网络平台设施，建立信息实时更新机制，畅通由部门向平台流动的信息通道，基本实现信用信息实时更新。五是平台服务注重公益性。平台应为非营利性社会组织，实行“政府建设、财政出资、人行代管、免费查询”的运作模式。

第二，创立小微企业信用保证基金，着力破解信用增进难问题。借鉴和推广浙江台州的做法，创立信保基金。在基金设立及运作中要做到“五个坚持”。一是坚持学习借鉴。学习借鉴已有的成功经验，创新信保基金运行模式，深化与各地区之间在人才引育、小微信贷技术等方面的合作交流。二是坚持政府主导。采用“政府出资为主、金融机构捐资为辅”的设立模式。三是坚持服务小微。基金实行市场化运作，定向支持优质成长型小微企业。四是坚持风险共担。基金与银行共担风险，突出银行风险主体责任，明确由银行向基金提供贷款担保对象，基金对于各家合作银行均实行单独风险控制，以实现可持续发展。五是坚持公益性质。基金实行非营利性运作模式，树立逆经济周期操作理念，降低担保费率。

第三，组建小微金融研究院，着力破解决策支撑力不足问题。一是定位精准。专注小微金融运行规律、发展趋势等方面的理论研究与实践指导，努力打造专门服务中小企业的金融专业研究机构。二是多方共建。实行“外引内联、多方合作、共建共管”模式，由重点院所、地方政府和地方院校三方共建，聘请专家学者担任特约研究员，积极引导银行参与合作。三是突出实践。特别注重理论对实践的总结、升华和指导，将理论服务于小微金融改革创新的实践，为各级政府和金融机构服务小微企业提供形势研判和决策参考。

第四，推进小微金融组织体系创新，着力破解小微企业金融服务覆盖率低问题。一是支持和鼓励国有和股份制商业银行设立小微金融服务专营机构。二是探索设立社区银行等创新型金融组织形式。三是引导城市商业银行加快完善资本补充机制，鼓励发行金融债、二级资本债，开展信贷资产证券化、同业存单、大额存单和支农支小再贷款试点。四是积极支持城市商业银行“走出去”。通过设立异地分支机构实现小微金融服务商业模式的复制，扩大服务中小企业创业活动的覆盖范围。

（三）完善我国互联网创业的政策体系

互联网产业属于新兴产业。新常态下，互联网创业已经成为我国经济增长的新引擎。随着互联网的发展，很多个人创业者和中小企业都会选择通过互联网实现自己的创业梦想。因此，建立并逐步完善互联网创业的政策体系，营造良好的创业环境，培养新型的互联网创业人才，对于促进中小企业发展具有重要意义。

1. 建立互联网创业政策体系，营造良好的互联网创业环境

随着经济增速下滑，国家出台了一系列创业政策，目的是使创新创业成为经济发展的新引擎。但目前，我国互联网创业的整体市场形势并不乐观，创业环境也亟待改善。因此，为促进互联网产业的快速发展，应该健全我国互联网创业的政策体系，为我国互联网创业发展营造良好的外部环境。首先，健全我

国互联网创业的顶层制度设计，明确互联网创业扶持的目标、对象和基本原则，并提出促进互联网产业可持续发展的指导思想、途径措施和对策建议。其次，完善我国互联网创业的相关法律法规。在《中华人民共和国电子商务法》和既有创业法律政策的基础上，规范互联网创业的认证审批手续，制定针对网络购物、网络虚拟资产保护、互联网金融安全等方面的法律，形成鼓励支持互联网创业的政策体系和管理服务制度，推动科技人员和团队、民间资本、创业资本和科技成果相结合，促进科技资源开放共享，构建具有鲜明特色导向、重大改革引领、坚持法治保障的创新政策体系，消除创业创新者的后顾之忧。最后，从产业政策、税收政策、金融政策等方面构建互联网创业的支持体系，并提高政府的管理服务水平，从而为互联网创业营造一个成本较低的成长环境。

2. 推动互联网金融市场发展，拓宽融资渠道，解决创业资金问题

“大众创业，万众创新”正成为潮流，资本市场应该如何创新才能够支持大众创新、万众创业？股权众筹将是一种非常重要的方式，它作为多层次资本市场的有力补充，对控制经济杠杆率具有很大帮助。新常态下，互联网创业融资难度加大，与传统创业不同，互联网创业是科技创业、知识创业，有形资产较少，融资较为困难。尤其是过去几年，O2O 项目投资者账面回报率较低，使得互联网投资者更加谨慎。因此，应该优化互联网创业的融资体系，提高创业融资的水平，构建分散创业风险的有效机制。具体可以从以下几个方面着手。首先，要营造宽松的融资环境，大力提升风险投资、天使投资和私募投资在互联网创业中的融资比例，优化投资结构，促进有潜力的互联网创业公司快速成长。其次，要放宽金融管制，大力发展互联网金融市场，提高互联网创业企业的外源性融资水平。最后，应该充分借鉴国外互联网融资模式，优化创业投资结构，完善互联网融资资本市场体系，拓宽互联网创业企业的股权融资渠道，引导民间非正规金融进入互联网融资渠道。通过政府引导，让保险、银行和社会资本参与互联网创业创投基金的设立，并构建投资者与创业企业之间的网络交流平台。

3. 建立互联网创业的教育培育体系，培养互联网创业人才队伍

人才匮乏是互联网创业最大的问题。当前，我国互联网创业的相关人才较为缺乏，人才结构不合理，技术创新型人才不足。因此，只有大力发展互联网创业教育培训，解决创业所需要的“人”的问题，优化人才供给结构，培养与市场需求相一致的人才队伍，才能促进互联网创业的顺利发展。具体来说，应该从以下几个方面入手（汪连杰，2016）。首先，针对目前大学生互联网创业热情高涨的现状，应该在激发大学生创业激情的基础上，加强关于互联网创

业方面的学习和培训，让更多的大学生参与到互联网创业中，并通过校园网、校报和学校广播宣传互联网创业成功事迹，为大学生进行互联网创业奠定基础。其次，政府应该通过财政补贴、税收优惠等形式鼓励互联网人才培训基地建设，为有互联网创业动机的人群提供全方位培训与辅导，全面提高创业者的创业能力。最后，要发挥学校、市场和社会的合力，寻求互联网人才培养与市场人才需求的联动机制，促进人才培养与经济社会发展需求相结合，把互联网教育作为大学教育的一个重要组成部分，并注重互联网人才创新创业意识的培养。

4. 加强互联网创业基地、科技孵化器等创业集群建设，形成集群效应

创业集群是一个聚合了创业者和投资者，通过提供系统、专业的早期项目投资和孵化加速，并与各地创业孵化器结合，从而提供全方位创业服务的资源整合平台。创业孵化器通过向创业企业提供创业场地、共享设施、商业咨询和专门化服务，以及启动资金、风险投资等支持，进而降低企业创业风险，提高创业成功率。政府要强化对于互联网创业的指导和服务，为创业者提供信息网络平台、技术支持和信息服务，并建立互联网创业就业管理服务平台。而坚持创业集群建设可以聚集社会资本，形成创业集群效应，降低创业风险和创业成本。因此，在互联网创业过程中，政府应该加强以创业基地、科技创业孵化器为主要形式的互联网创业集群建设，并强调创业集群之间的交流互动，充分发挥资源共享、互惠互利、优势互补的整体效能，通过创业集群，发挥集群效应，从而降低创业风险，提高创业成功率。

5. 推进创新驱动战略，重点发展“互联网+”、物联网等新型创业模式

创新是一个民族和国家的强盛之基、进步之魂，是一个民族和国家核心竞争力的最重要标志之一。发达国家在推动经济转型过程中都制定了本国的创新发展规划。例如，美国制定了《国家创新战略》，日本发布了《科技创新综合战略》，俄罗斯制定了《 2013—2020 国家科技发展计划》等。因此，新常态下，我国应该加快实施创新驱动发展战略，推动“互联网+”、物联网等新兴互联网创业模式的发展。应深化制度改革，破除创新驱动发展的制度瓶颈。实施创新驱动战略，要破除利益固化的藩篱，革除体制机制弊端，为企业创新发展创造有利的条件，并提供政策支持。其次，大力推行“互联网+”行动计划，加快互联网与传统产业之间的融合，促进新业态的发展。对关键网络信息基础设施产品与服务进行分类审查、检测与管理，并有效保障“互联网+”时代背景下的网络信息安全。最后，发展基于物联网技术的创业模式，推动智能硬件创业市场的发展。物联网智能硬件在养老、医疗、家政等行业蕴藏着巨大

的商机。发展物联网创业对于引导未来创新创业的发展方向，推动新技术应用和新产业发展都具有重大的现实意义。

参考文献

[1] 王蕾. 探讨区域经济中微型企业创业与创业环境 [J]. 现代经济信息，2019 (13)：471-472.

[2] 黄玲玲. 创业扶贫促进区域经济增长研究 [J]. 合作经济与科技，2019 (18)：115-117.

[3] 尹杰卉. 走出去学技术 激发创业信心 [J]. 吉林农业，2017 (23)：31.

[4] 张瑞，舒虹. 地方本科院校毕业生就业创业质量提升策略研究 [J]. 江苏科技信息，2019，36 (19)：58-61.

[5] 倪宪辉. 要素、困境与突破：高校创新创业质量问题研究 [J]. 中国大学生就业，2018 (17)：60-64.

[6] 刘新民，钱洁莹，范柳. 基于文本分析的我国创业政策结构与特征研究 [J]. 山东科技大学学报（社会科学版)，2018，20 (3)：84-91.

[7] 刘洋，付敬东. 创业型企业主的人力资本特征及政策启示 [J]. 中共青岛市委党校：青岛行政学院学报，2018 (3)：70-74.

[8] 过文俊，赵瑞金. 利用创业投资支持湖北中小企业发展刍议 [J]. 武汉金融，2017 (1)：42-45.

[9] 张艺馨，李九斤，匡瑾璘. 利用政府创业投资引导基金提高初创企业效益的对策 [J]. 江苏理工学院学报，2018，24 (5)：73-77.

[10] 丁崇泰. 政府创业投资引导基金发展及美国经验借鉴 [J]. 地方财政研究，2019 (3)：107-112.

[11] 冯海波，周懿. 税收负担与中小企业创业活跃度——基于省级面板数据的分析 [J]. 税务研究，2019 (2)：68-75.

[12] 戚啸艳，陈啸，朱近忠. 激励小微企业创业创新的财税政策研究 [J]. 东南大学学报（哲学社会科学版)，2015 (S2)：35-38.

[13] 易朝辉，周思思，任胜钢. 资源整合能力与科技型小微企业创业绩效研究 [J]. 科学学研究，2018，36 (1)：123-130，139.

[14] Brush C G, Greene P G, Hart M. From initial idea to unique advantage: The entrepreneurial challenge of constructing a resource base [J]. Academy of Management Executive, 2001, 15 (1): 64-78.

[15] 秦领．支持创业的小微金融产品创新路径研究［J］．商业经济研究，2016（8）：182－183．

[16] 丁宇．中小银行开展小微金融服务的回顾与思考［J］．中国银行业，2018（12）：37－39．

[17] 李焰，姜松，程一江，等．如何打造小微金融长效可持续机制？［J］．财政监督，2019（15）：28－40．

[18] 汪明月，刘宇，秦海波，等．后发地区创新创业模式及优化研究［J］．科研管理，2018，39（9）：68－77．

[19] 汪连杰．互联网创业模式发凡［J］．重庆社会科学，2016（12）：56－62．

[20] 徐奕．互联网创业企业的成长模式和影响因素研究［J］．全国流通经济，2019（23）：135－137．

[21] 杨子超．互联网创业热潮的冷思考［J］．劳动保障世界，2017（31）：49．

[22] 厦门市地方税务局课题组．小微企业促进街区经济繁荣的调查——兼论促进大众创业税收优惠政策的选择［J］．国际税收，2016（04）：71－73．

第十章　中小企业文化建设特点分析及提升研究

中国流传着这样一句话：“小企业管理靠老板，中等企业靠制度，大企业靠文化。”似乎中小企业只有成长为大企业后才需要对企业文化进行管理，中小企业只有经过多年的探索和积淀才能让企业文化真正发挥其应有的作用。

这种认识显然是错误的，只能说大企业不能仅靠人进行管理，企业文化已成为管理大企业的利器，大企业的企业文化建设可能更加成熟些。而中小企业往往缺少企业文化建设的经验，他们把企业文化搞得过于理想化或脱离实际，他们不了解企业文化的来源和根植机制，把企业文化建设当成一种自我宣传的手段而非真正的文化塑造。要促进中小企业可持续发展，激发企业成长活力，加快发展步伐，加强企业文化建设是必然选择。

一、中小企业文化建设的内涵

（一）企业文化的概念

我国管理学家刘刚教授认为，企业文化与企业所在的发展阶段、内外部发展环境、地理位置、生产性质及管理者的价值观念密切相关。企业文化可以深层次影响企业的经营活动和表现形式。企业文化是企业在经营治理过程中创造的具有该企业特色的精神财富的总和，是企业长期发展中形成的稳定文化观念和历史传统，以及特有的经营精神和风格，包括企业的指导思想、发展战略、经营哲学、价值观念、道德规范、风俗习惯等。对于企业来说，企业文化是最持久、最顽强、最具激励作用的灵魂和核心，是企业发展的不竭动力和永恒源泉（陈蕊蕊，2019）。

总之，企业文化是企业在生产经营活动中逐步形成的为全体员工所认同和遵守的、带有本企业特色的价值观念、行为准则、经营风格、企业精神、社会责任等的总和。企业文化属于企业的意识形态，是企业的灵魂和企业发展的精神力量。它可分为三个层次：最表层是物质文化，表现为企业内部日常工作行为和思想风气，如企业生产加工流程、工作细节及处事习惯等；第二层表现为企业经过长久运营形成的本企业制度和行为准则，供全体企业人员遵守，这是思想上的指导及对行为的规范，是高一层次的企业文化；第三层是企业的精神和核心思想，它是企业智慧的结晶，是一切企业文化和企业行为的指导思想，是一个企业最重要的精神力量。

（二）中小企业文化体系的构建原则

1. 遵循心理规律原则

对企业员工进行心理引导是企业文化建设的重要方面，中小企业领导者需要遵循一定的心理规律，有意对企业员工进行培养，这样才能够取得优秀企业文化建设的良好效果（刘宁，2015）。具体如下：

（1）重视心理强化。企业文化并非天然形成，而是通过后天的行为改造获得。强化理论认为，人的行为受外力作用而具有可操纵性。通过对外在条件刺激的反馈，人们可以预测和控制自身行为。通过不断刺激强化，能使人们的某些心理品质更牢固。在企业运营管理过程中，企业领导者可以通过赞许、鼓励、提拔、优化工作环境、改善人际关系、给予培训机会等措施鼓励符合本企业文化内涵的行为表现，反过来也可以对违背本企业文化的行为通过批评、降级和处分等措施进行不同程度的惩罚，促进本企业文化在实体层面和现实操作层面的不断强化。

（2）利用从众心理。从众是指个人在外界人群行为的影响下，在个人的知觉、判断、认识上做出与公众舆论或多数人一致的行为，通俗地说就是“随大流”。在企业文化建设过程中，企业领导者可利用从众心理，发挥组织舆论的力量，使员工不知不觉或不由自主地做出符合企业文化要求的行为，从而实现舆论与行动的良性循环。当然，领导者也应对公司员工的不良行为及时采取措施制止，防止其他员工对负面行为的从众心理。

（3）激发模仿心理。所谓模仿是指在没有外界控制的情况下，个体效仿他人的行为举止而引起的与他人相类似的行为活动，其目的是使自己的行为与模仿对象的相同或者相似。一般来说，年龄较小、地位较低，以及具有相似人格特质或者生理特点的个体，更容易产生模仿行为。模仿心理同样可以在建设良好的企业文化过程中发挥重要作用。企业领导者应该在言行举止各方面做好表率作用，同时积极树立和表彰模范人物，让榜样成为员工身边具体而生动的形象，这将会对员工产生巨大的示范作用，增强企业文化对员工的感召力，将十分有利于塑造良好的企业文化。

2. 共性与个性相结合原则

哲学理论认为，共性寓于个性之中，个性是共性的融入和延伸。同理，企业文化的共性同样蕴含于个性之中，企业所处行业的文化共性决定了个体企业文化的基本内容，而个体企业文化则必然反映了行业文化的共性。因此，构建企业文化体系需要体现共性与个性的关系，企业文化既要强调员工个性对行业文化和经营特点的遵从，积极融入行业文化，统一共性，又要充分尊重本企业发展轨迹、所在地域环境、人文特点、员工个性等打造个性化企业文化，抓住企业文化精髓，彰显企业文化个性。此外，企业的各个职能部门对本公司的战略使命、价值取向、经营方式、管理理念都要形成统一认识，同时鼓励其根据具体环境和情景，充分发挥自身能动性，提高文化建设举措的可行性和操作性。同时，企业文化应既强调员工对企业文化的共识，统一企业经营理念和企业目标，各尽其职，共创事业，又充分尊重员工的个性，提供适合其个性的工作岗位，让其充分施展聪明才干。企业文化只有具有鲜明个性，才能够与竞争者形成差异，形成本企业的特色，充分发挥自身优势，形成强大的生命力和竞争力。

3. 发展性原则

管理心理学认为，必须遵循发展性原则，在发展中研究人的心理现象。这一原则要求在研究中不仅要阐明一个人业已形成的心理品质，而且要考虑一个人的历史状况，特别要关注那些刚刚产生的新的心理特点，这对于预测个体的发展趋势和发展前景具有特别重要的意义。对企业来讲，一个企业的企业文化是经过长时间的成长、发展而逐步形成的，是诸多因素相互影响、共同作用的产物，因而企业文化的建设也需要遵循发展性原则，立足过去，着眼现状，放眼未来。发展性原则要求，构建企业文化体系必须立足当前的内外部经济和文化现状，放眼未来企业发展战略目标和新形势带来的机遇和挑战，合理规划、提炼、组织、建设、监控并持续改进。此外，当前社会的生产力水平和科技发展水平是影响企业文化建设的关键因素，员工的价值观念、工作方式和思维习惯会在企业中被不断传承并愈加固化，往往可能出现滞后于生产力水平和科技水平的情形，曾经适合时宜的企业文化却成为企业发展的障碍。因此，当企业文化遇到内外环境发生改变时，企业一定要与时俱进，持续发展企业文化。

4. 以人为本的原则

以人为本，是东西方管理思想的共同价值内涵，也是对“人企合一”企业经营管理规律的深化发展。建设以人为本的企业文化，根本目的是促进员工和企业共同成长，进而实现企业可持续发展。企业管理者的首要任务是通过树立企业愿景，制定企业战略，选择合适的组织模式，将企业愿景与个人愿景有序整合，通过不断完善管理模式，培育企业文化，鼓励组织内部的多样性，积极推动互补型合作，激活员工的主动性和创造力。成功的企业都将员工视为企业最宝贵的资源之一，一方面以优秀的企业文化和薪酬待遇吸引高素质人才加入，另一方面给予员工以充分的信任和赋权，建立高透明度、高度民主化的沟通决策和反馈机制，保障公司战略意图的高效传递和执行，激活公司上下的创造力和积极性，将员工凝聚在一起，共同为促进企业长远发展献智献策。

（三）正确理解中小企业文化的内涵

中小企业文化建设包含的内容比较繁杂，主要涉及企业价值观、企业形象设计、管理理念、行为准则等诸多方面。在实际工作过程中，需要透彻理解、准确把握、深入研究中小企业文化工作的内涵，避免在企业文化建设中，将企业文化的内涵表面化、简单化（李隽，2018）。

1. 企业文化建设不同于企业形象设计

所谓企业形象，是指社会公众通过各种企业的标识（如产品形象、职工形象、组织形象、标识形象、主观形象、公共关系形象等）对企业的整体感觉、认知、印象和评价，是企业文化建设的内容之一。企业文化是企业价值观、信念、仪式、符号、处事方式等组成的具有个性化的文化形象，也即企业在日常运行中展现的方方面面。企业形象是企业文化的一种外在表现，它是社会公众在与企业接触交往过程中所感受到的总体印象，这种印象是通过人体感官传递获得的。企业文化通过企业形象传达出来。一些中小企业管理者对这两个概念的理解存在一定的误区，将企业文化简单化为企业的外在形象，在企业标语口号和企业标识的设计上花费大量精力，认为设计出优秀的企业形象就成功地建立了企业文化。然而，企业文化包含的内容远不止这些表面符号，企业精神和价值观才是企业的灵魂和核心。建设企业文化应重点将企业精神贯穿于企业的经营活动，渗透到企业员工的思想、行为中去。

2. 企业文化建设不同于思想政治工作

企业思想政治工作，是指企业领导者针对员工在思想上的各种矛盾、疑惑，通过宣传科学、正确的道理，解决员工的思想困惑，帮助员工树立正确的世界观、人生观、价值观，使员工以积极的姿态投入工作和生活，促进企业全面发展的一种教育疏导工作。文化是企业发展的核心动力，思想政治工作是企业成长的航向坐标，企业因文化而繁荣，因思想政治工作而充满活力，企业文化与思想政治工作结合在一起能够相互补充、相互促进。企业的思想政治工作与企业文化有许多不同之处。企业文化以既定价值为核心，贯穿在企业传统习惯、作风、制度、模范人物等各种企业的要素中，进而通过这些要素的合力作用形成企业的文化氛围。企业思想政治工作则坚持对职工进行思想政治教育，既对职工进行长期的坚持四项基本原则的教育，又要结合本企业职工思想实际，开展具体的思想教育，以此化解职工的思想矛盾，调动职工的积极性。企业文化是直接指导和规范企业生产经营及员工工作行为的管理理论和管理方法，属于管理范畴。思想政治工作主要围绕政治经济制度促进社会生产力发展开展工作，属于思想工作范畴。企业文化是企业依据自身的特定条件和实际需要制定的使命、理念及行为规范，有明显的个性特点，而思想政治工作共性较多，其基本内容和原则适用于所有企业。中小企业的领导者往往会把思想政治工作和企业文化建设划归为一个部门管理，认为这两项工作都是做员工思想方面的工作，可以通过开展一些职工教育，提高员工的思想水平、帮助员工树立正确的价值观。但是企业管理者忽略了企业文化涵盖的内容范围要远大于思想政治工作，企业文化还包括企业使命、生产经营理念、企业精神等多方面的价值观。将企业文化建设等同员工的思想政治工作，是对企业文化的简单化处理，会严重束缚企业文化的建设。

3. 企业文化不同于企业规章制度

企业规章制度是企业管理中各种管理条例、章程、制度、标准、办法、守则等的总称。它是企业全体员工在生产经营中共同遵守的规定和标准，是企业管理的基础工作，对于保证企业生产经营活动，提高企业管理水平有着重要的作用。有些中小企业的管理者把企业文化等同于企业规章制度，认为只要制定出企业的规章制度，就成功地完成了企业的文化建设。尽管企业制度作为职工行为的规范模式，是企业文化建设的一项重要方面，是企业文化建设的制度保障，但规章制度的制定并不代表文化建设的全部，它只是中间层次的制度文化。企业文化和企业规章制度是源与流的关系，或者树根与树干的关系：文化是源，制度是流；文化是根，制度是干。企业文化是企业规章制度建立和发展的原动力，优秀的企业文化能提高企业制度的执行力，是企业规章制度的护航员。企业制度如果停留在制度层面，那么企业制度将是软弱无力的，企业制度只有上升到文化层面，企业才具有强大的执行力，因此，绝不能将企业文化等同于企业的规章制度。

4. 企业文化不同于企业文体活动

企业的文体活动是企业充满生机活力的重要表现，通过举办文体活动可以达到增强员工团队合作精神，激发员工荣誉感，培养员工创新进取的精神，营造企业积极向上的工作氛围的目的。丰富多彩的文体活动是企业文化中的活跃因素，在企业文化建设中发挥着独特的作用。但也要注意到，很多中小企业领导者对于企业的文体活动和企业文化建设两者之间的关系理解得还不是很清楚，认为通过平时组织一些文体活动或员工沙龙社团就能达到建设企业文化的目标。企业的文体活动只是企业文化建设的重要组成部分，虽然能在一定程度上使个体意识行为转变为集体意识行为，增进员工对企业的归属感，但是不能用文体活动完全代替文化建设，从而将企业文化的建设流于表面。

二、中小企业文化建设的重要性

目前，我国很多中小企业都处在创始和发展阶段，企业领导者通常认为获取理想的利润和效益是企业最为迫切的任务，企业文化建设并不重要或者可以在企业发展壮大后再考虑。另外，一些中小企业在企业文化建设中盲目追求企业文化的形式，忽略了企业文化的内涵，忽视了企业文化的创新和个性化，最终必然会影响中小企业的生存和健康发展。因此，加强中小企业文化建设意义重大，刻不容缓。中小企业文化建设对企业发展的作用体现在以下几个方面。

（一）引领和凝聚作用

中小企业发展初期，通常缺乏统一的认识，管理松散，员工向心力和凝聚力欠缺。而企业文化可以确定企业发展目标，使企业找到发展的方向，企业员工形成共同的情感，可以指引企业建立标准化、人性化的规章制度，企业员工能够在共同文化的引领下进行生产经营活动（程斌，2016）。企业文化建设可以引导企业管理者和员工形成企业归属感和荣誉感，发挥企业文化增强企业员工凝聚力和价值导向的功能。企业对员工的尊重会有效地激发企业员工的创新意识与团队协作精神，员工会把企业当成自己的家，与企业同甘苦共命运。稳定的企业文化，有助于建立起基于本企业自身条件的共同的价值认同系统和规范标准系统，增强全员的凝聚力。

首先，中小企业的文化建设对企业发展具有导向功能。企业文化不管是对于企业整体还是个体成员都具有方向性指导作用，这个方向包括价值导向，也包括行为导向。在获得内部的企业文化认同之后，企业在经营活动中才能够步调一致，齐心协力。企业文化的导向作用具体表现在对企业员工个体的思想和行为起引导作用，以及对企业整体的经营管理起引导作用（赵超平，2019）。当一个企业的文化能够引起本企业上下足够的认识时，该企业文化对这个企业整体及企业员工的价值取向、行为取向起引导作用。企业文化可以引领企业全体员工经营理念和处事方法的形成，使员工对企业未来发展的前景获得一致认识，形成共同的价值目标。当企业员工在价值取向或行为标准等方面与企业文化产生不一致的情形时，企业文化会从外部进行引导、规范，从内部进行制约和感化，使其重新回到企业的价值认同系统、规范标准系统上来。

其次，中小企业文化建设对企业发展具有凝聚功能。由于中小企业的规模较小，外部竞争压力大，企业内部管理制度尚未健全，因此，中小企业的管理者比较看重眼前的短期效益，导致企业及其成员缺乏进取心和责任心，企业工作氛围懒散，不利于中小企业中长期稳定向上发展（陈蕊蕊，2019）。一个企业要成长为具有市场竞争力的企业，就不能仅仅依靠企业家一个人，也不能固守传统“家长式管理”模式，而是应及早转变，由一个人的企业转变为大家的企业，发挥团体智慧，共同为企业发展奋斗。增强企业凝聚力的一条有效途径就是重视中小企业文化建设，强调全员参与，提高企业成员对企业价值取向和管理规范的认可度。在中小企业文化建设的过程中，企业全体成员共同参与提炼企业价值观，培养团队协作精神，在企业新员工培训时将企业文化精神融入培训全过程，使其从一开始就对企业文化感同身受。只有这样，才能够提高中小企业内部的凝聚力和向心力。

再次，中小企业文化建设对企业发展的引领和凝聚作用能够提升企业核心竞争力。白靖易（2014）认为，市场经济就是优胜劣汰，优中取优。企业之间“你死我活”的竞争贯穿企业整个生命周期。企业要在竞争中获胜，就必须具备自身的核心竞争力。在企业培育竞争力所需的各种资源中，生产设备、工艺技术及先进的管理方法等都可以通过市场购买和人才引进获取，而企业的核心竞争力则无法通过简单的外部购买和引进获得，必须从企业内部着手，在对企业资金、技术、人才等硬实力进行投入的同时，还须对企业自身文化等软实力进行投入和培育。从长期来看，软实力是别人无法简单模仿和复制的，软实力的优势才是未来企业获得市场竞争力的核心条件。殷作曲（2018）同样认为，强有力的企业文化能够提升企业的核心竞争力。当一个企业的全体成员对企业文化形成共同的认识时，企业文化就是员工之间的黏合剂，是组织内部和组织之间的润滑剂，使全体员工都能够朝着同一个目标努力，形成强大的竞争力。与时俱进、锐意创新的企业文化能够调动员工的主观能动性，提高企业的生产效率，激发员工的精神状态激发潜在工作能力，并有效约束员工的行为，增强员工在工作过程中的责任感和使命感，从而确保企业获得更强的竞争优势。

（二）规范和约束作用

“没有规矩不成方圆。”企业要在正确的轨道上高速前行，离不开企业文化对企业经营活动的规范和约束。

1. 规章制度的约束

企业规章制度是企业用于规范全体成员及公司所有经营活动的标准和规定。企业规章制度对本企业具有普遍性和强制性，任何人、任何部门都必须遵守。企业制度是企业文化的重要组成部分，企业文化精神在高度概括后通过企业组织框架和规章制度具体来体现。企业制度也是企业内部规定的高度融合，是企业的领导者和企业全体员工共同遵守的准则，能够形成规范化的约束力（程斌，2016）。

2. 道德规范的约束

企业道德规范从社会伦理关系角度约束企业管理者和员工的行为，它包括企业的道德观念、道德情感、道德理想、道德行为及影响企业道德的基本因素和途径。它要求企业组织及其员工在一定的道德意识支配下，表现出有利于他人和社会的行为。如果企业或其员工违背了社会公德的基本要求，就会受到社会舆论的谴责，就会从心理上感到压力，产生内疚心理。企业道德规范是企业文化的重要组成部分，也是当代企业文化管理的核心内容之一。企业文化管理的作用，首先在于在企业内建立自身的企业伦理体系。企业伦理体系是引导全体员工工作和生活的规范和准则的总纲。它在企业领导者的倡导下，为广大员工所接受和认同，从而逐渐形成本企业的道德文化规范。现代企业道德文化的主要特征表现为：① 尊重人、关心人和爱护人；② 重视企业的道德义务和社会责任，重视企业行为的道德价值取向。由此可见，企业文化被认为是一种超出制度以外的“神奇”力量，通过企业的舆论、修养、教育来调节企业内外部的各种关系，它没有强迫，没有威慑，没有引诱，但能引导员工，与员工进行心灵沟通，使员工自觉对自身行为进行约束。

（三）激励和振奋作用

中小企业文化建设对企业员工具有激励和振奋作用。通过举办多种形式的文体活动，不仅能够丰富员工的业余生活，还能够增强员工之间的团结和团队意识，使企业员工从内心产生一种积极的情绪和一种奋发进取的精神。企业文化引领和激励着员工奋发向上、开拓创新。企业文化通过开展各种学习和培训活动，丰富员工的知识，增长员工的才干，让他们能在企业里更好地实现个人的价值。中小企业文化建设强调尊重企业每一位员工，坚持以人为中心的管理理念，较好地满足企业员工各种需要尤其是心理上的需求（赵超平，2019）。企业在自有文化理念下，形成了企业共同的价值观，这种价值观使每位员工都能认识到自己存在的价值。这种价值的满足感，在无形中形成强大的推动力，促使员工自觉努力工作、无私奉献。企业文化形成后，企业职工会产生强烈的荣誉感和自豪感，并用自己的实际行动去维护企业的荣誉和形象。可见，积极向上的企业文化能够成为员工自我激励的一种依靠，形成企业发展的持久驱动力。一旦员工真正接受了企业的文化，就会自觉发挥潜能，在企业中更加努力、更加高效地工作。

中小企业文化建设的主要工作对象就是企业员工。与大型企业相比，中小企业员工数量少，这就可以针对不同员工的具体情况开展文化建设。中小企业往往是一人多职，一个员工同时承担几个不同岗位的职责，岗位压力大。企业文化建设可以帮助员工缓解职场压力，调动起员工工作的积极性；同时，中小企业先进的企业文化，能够使其在发展的过程中更加重视人才和技术，促使企业提高对员工综合素质提升方面的投入，为企业的持续发展提供人才储备（沈薇，2018）。程斌（2016）认为，企业文化是员工的精神食粮，健康向上的企业文化能够营造出和谐的人际关系和工作环境。员工在良好的企业文化氛围中，必然能发挥自己的聪明才智，积极进取，形成一种既有民主，又有自由，生动活泼的企业氛围。企业拥有一支高素质员工队伍，通过企业文化建设将企业目标和企业成员个人目标最大限度地结合起来，在企业组织内部形成基本统一的思想意识和行为准则，并渗透到企业生产、经营和管理的所有活动之中（陈蕊蕊，2019），就能适应日益变化的新经济形势，产生强有力的核心竞争力，促进企业经济效益的提升。

伴随市场经济的不断发展，经济中的文化含量日益增加，商品竞争逐渐演变为文化的竞争。经济、科技和人才的实力是中小企业有形的、有限的竞争力，而积极向上、高效进取的企业文化是中小企业无形的、无限的竞争力。在生产资源不断丰富的新形势下，中小企业的有形竞争力很容易被别人模仿或超越，但是无形竞争力却不容易被别人学习、消化并吸收。中小企业竞争优势到最后都会归结到企业文化上来。良好的企业文化是中小企业核心竞争力优势必不可少的要素，企业文化建设可以给中小企业经济实力与科技实力提升以精神动力和智力支持，并综合提高中小企业的核心竞争力。

（四）调整和适应作用

企业文化作为一种意识形态，其动态性是企业健康成长的重要助推器（殷作曲，2018）。企业文化能够孕育一支适应企业的职工队伍，引导企业持续向前发展，这种持续成长的动力能够助力企业克服发展过程中的诸多问题，适应客观环境的变迁。很多企业最后走向衰败，问题就在于缺乏调整应变的能力，当遇到不断变化的问题时便无所适从。

企业都是由不同的业务部门组成的，中小企业也不例外。企业内部的不同部门、不同职工的地位不同、利益不同，考虑问题的角度也不同，彼此之间存在利益冲突在所难免。另外，企业与外部的环境、顾客、上游供应商、政府管理机构和社会团体组织等都会存在不协调、不适应的情况，这些都需要企业不断调整和适应。企业文化的一项重要职能就是创造和谐的内外部环境。而要实现这种和谐目标，就需要从企业文化建设着手（程斌，2016）。企业应遵循和谐理念，与员工共享企业发展的成果，拉近管理层与普通员工的距离，充分认识“人的价值高于物的价值，集体价值高于个体价值，社会利益高于企业利益，长远利益高于短期利益”。

（五）辐射和宣传作用

以上所述主要是企业文化对本企业微观社会群体的作用，事实上，企业文化作为社会文化大系统的子系统，还会对城市或地区宏观社会群体产生辐射影响。程斌（2016）认为，中小企业文化具有辐射功能。这种辐射作用不仅存在于企业内部员工之间及各部门之间，而且能通过传播媒体，对企业外部甚至社会产生辐射作用。优秀的企业就是在自身文化的辐射过程中完成与外界的有效沟通，树立起良好的企业形象。企业文化向周围社会文化的辐射路径包括理念辐射、商品辐射、人员辐射、媒介辐射。这种文化模式的传播能够帮助中小企业树立良好的公众形象，提升中小企业的社会知名度。优秀的企业文化也会对社会文化的发展产生较为重要的影响。

企业的形象宣传是大众对于企业的第一印象。白靖易（2014）认为，中小企业文化建设是塑造企业良好形象的需要。中小企业由于受自身条件限制，企业自身及产品的社会知名度都不及大企业，所以社会对中小企业的认知度也相对较低，消费者在购买产品和服务时，往往会选择规模比较大、知名度比较高的企业。为了改善和提升自身在消费者心目中的地位，中小企业必然要想方设法塑造自身形象，而企业形象塑造是企业文化建设的一项重要内容。企业文化也是吸引人才的关键因素（殷作曲，2018），有效的企业文化宣传可以吸引人才、留住人才。中小企业在薪资水平、发展平台方面均不如大型企业，要想吸引人才并留住人才，就必须让公司员工对企业的文化产生认同。随着市场竞争的加剧，中小企业想要留住人才，除了提供一定的物质条件外，也需要为人才提供足够的发展空间，增进人才的归属感，并加深彼此的认同感，让员工能够和企业站在同一条战线上，实现个人价值和企业价值的共同发展。

三、中小企业文化建设存在的问题

中小企业在我国经济社会发展中起着举足轻重的作用。但是我国中小企业对企业文化建设的理解较为片面，企业文化建设整体水平相对滞后。

1. 管理者缺乏正确的理解与认识

有观点认为，员工是企业文化的载体，所以企业文化建设主要是企业员工的事情。其实不然，管理者的角色作用在更大程度上决定了员工的文化风貌，也决定了企业文化的整体风格。目前，中小企业管理者对企业文化建设存在以下几点认识误区。（1）认为企业文化建设对中小企业而言太过遥远。徐红梅（2017）研究发现，一些中小企业领导者对企业文化的重视不够，认为企业文化仅与大型企业相关，由于自己的企业规模不大，首先考虑的应该是生存，企业文化于本企业发展无关紧要，否定企业文化的价值，这就导致企业文化在企业发展布局中地位不高、规划缺失等问题，导致中小型企业文化建设滞后。（2）将企业文化与自身利益视为对立的两面。毛淑平等（2018）认为，很多中小企业是家族企业，企业管理者往往以家族利益为重。作为企业领导，他们希望员工好好工作，最大限度地提高工作效率，将员工视为实现领导者家族利益的工具。员工考虑的是通过自己的努力，拿到比较满意的工资待遇，积累个人经验和资历，为日后发展奠定基础等。“老板”与“员工”之间各自打着“小算盘”，融合不到一起。事实上，企业领导和员工有着共同的目标，那就是努力工作，做出好的产品，获得消费者青睐，创造更多的利润。（3）依赖个人威权，不愿意建立以人为本的企业文化。中小企业在创办之初往往是由企业创立人一个人说了算，缺乏民主决策机制，把企业文化等同于“老板文化”。而很多中小企业领导者文化水平不高，但他们身经磨难、艰苦创业、事业初成，积累了一定的经验，因此认为凭借个人成功的经验，一样可以把企业管理好。他们认为企业文化会削弱个人权力，因此不愿意主动推动企业文化建设。（4）不加甄别地将企业文化内涵等同于传统文化。我国很多中小企业都属于民营企业，与大型企业相比，这类企业在发展的过程中受到传统文化的影响较大（沈薇，2018）。我国的传统文化理念中，既有精华，也有糟粕，部分文化理念并不利于中小企业的发展，尤其是传统文化理念中阶层和阶级色彩比较浓厚，一些家族制企业在文化建设过程中，对世俗文化相对比较依赖。中小企业领导者如果将其应用于企业的文化建设中，会要求员工绝对服从领导安排，这样就在企业内部营造出不和谐的氛围，阻碍企业的文化建设。（5）一些企业领导者虽然认识到企业文化的作用，却缺乏对企业文化的深刻了解，错误地将企业文化等同于文体活动或思想教育等，并没有正确认识到企业文化的本质、所体现的精神及它对企业可持续发展的巨大推动力。这些企业并没有从经营活动中提炼构建企业文化，也未将其定位在战略高度并使之渗透到企业生产经营的方方面面用以指导企业的日常活动。

总之，管理者作为企业文化的建立者、执行者、推动者、监督者，决定了企业文化的发展水平。企业文化是伴随着企业的创立和经营活动而产生的，是领导者的思想意识和价值观念的体现（李亚平，2015），如果管理者缺乏对企业文化的重视和正确认识，必然会从源头上阻碍企业文化的建设。

2. 与企业经营活动缺乏紧密联系

目前，中小企业文化建设存在的另一个突出问题是企业文化与企业经营活动缺乏紧密的联系，表现在以下几方面。

首先，我国中小企业企业文化对企业经营活动渗透性明显不足。渗透性是企业文化管理水平的重要标志，也是企业文化发挥作用的重要基础。目前，大多数企业文化不能真正渗透到企业的生产、经营、管理中（王隽，2018）。一方面，在中小企业内部，管理层非常重视企业文化建设，对企业文化的理解与认知也比较透彻；另一方面，基层员工参与的积极性却不高，对企业文化的理解存在很大的偏差。这种企业文化渗透存在的“两极分化”的现象，将直接导致企业文化最终浮在上层，无法向底层有效渗透。

其次，在文化建设上，往往不能处理好企业文化与经济效益的关系（徐红梅，2017）。有些中小企业为建设而建设，没有意识到经济效益与文化建设的实际联系，最后形成了文化建设、经济效益各自为营，文化建设失去了经济价值，长久来看，将会失去企业各个层面的重视与支持。有些中小企业片面追求经济效益而轻视企业精神财富积累的做法引发了许多潜在问题，如存在文化建设与经营活动“两张皮”现象，企业言行不一致，对外欺骗消费者、对内管理员工缺乏人性化等。这样做也许在短期内企业会有一定的业绩增长，但长久来看，企业将逐渐失去社会和员工的信任，导致企业绩效下滑乃至被市场淘汰（李玉波，于娇，2019）。

再次，把企业文化建设政治化、口号化。有些中小企业把企业文化建设与政治思想工作混淆起来，认为企业文化建设就是对企业员工进行思想灌输、说服教育。大多数中小企业的办公室、走廊、车间的墙上到处可见“团结”“拼搏”“求实”“奉献”等标语口号。这些已经被滥用的词汇难以真正传达和形成全体职工一致认可的价值观和内心信念，无法引起员工的共鸣，也不能准确地反映该企业的价值取向、行为方式和管理风格，对形成个性鲜明的企业文化不利（白靖易，2014）。把企业文化流于表面化、空洞化的口号，缺乏企业的个性化特色，每天在工作前喊喊口号、互相鼓励，这些连企业的决策者都说不清楚企业文化的具象表现，对员工自然无法起到强烈的凝聚和向心作用。这种浮于表面的企业文化建设活动无法引领企业进一步发展。

3. 缺乏个性，缺少创新精神

有的中小企业的管理层已经认识到企业文化对企业发展的重要意义，但是受自身素质的影响，没有形成自己的个性和特色（毛淑平，褚兴森，2018）。企业文化建设普遍缺乏个性甚至雷同，是目前我国中小型企业文化建设的另一个主要问题。多数中小企业只是简单的模仿或照搬大型企业的企业文化，结果导致“消化不良”，没有产生很好的效应，这样的企业文化缺乏个性，没有企业自己核心的价值观念。徐红梅（2017）认为，在新的管理理念影响下，很多国内中小企业越来越意识到企业文化的作用，但以生搬硬套的为多，而不是通过选择、淘汰、消化、吸收等方式，把外来先进的文化为我所用，为我所有，培育自己企业的文化特色。鲁亮（2019）认为，企业文化建设必须依据企业的实际发展情况，挖掘企业本身的文化个性，朝着正确的方向不断探索。王娟（2015）的研究同样发现，多数中小企业模仿色彩浓厚，企业文化缺乏个性与创新。

之所以强调企业文化要注重创新和个性化建设，是因为企业文化是适应内外部环境的产物。每个企业生存与发展所依附的内部环境和外部环境各不相同，由此而生的企业文化也体现着企业自身的特点，具有独特性。李玉波等（2019）认为，企业文化与企业内外部环境，以及国家制度、国际经济环境等因素密切相关。由于成立时间不同、经营理念不同，因此中小企业在建设企业文化时也应采用不同的策略和方法。同时，企业所依附的环境日新月异，优秀的企业文化也应随之进行自我调整。基于模仿的企业文化不能体现企业独特的价值观念、经营理念，与企业的发展目标和环境相脱节。同时，没有突出企业自身特点的文化难以引起员工的共鸣，难以起到良好的激励作用，从而不利于提升凝聚力。很多中小企业不注重创新，不根据社会、企业条件的变化进行相应文化调整，导致企业文化建设与社会文化发展、企业自身发展严重脱节。

导致中小企业文化建设缺乏个性和创新的原因主要有以下几点。（1）模仿思维的习惯表现。我国中小企业文化绝大多数诞生于改革开放初期，当时特殊的市场环境与历史条件注定了我国的中小企业文化具有同一性和重复性。这导致很多中小企业的企业文化建设也以模仿其他企业为主，很少结合自己的特色进行创新，缺乏个性。如多数企业都将自己的文化定位于诸如“团结求实、开拓创新”等口号，既不能真正体现组织共同的价值观和精神信念，又难以真正形成全体职工愿意共同遵循的价值准则和牢固的内心信念。同时，这种缺少企业自身风格的企业文化，也让消费者很难将其与其他同类企业区分开来，更难以培养自己的忠诚消费者，不利于企业的长期发展。（2）急功近利的心态。李亚平（2015）认为，企业文化缺乏个性，一些企业虽然认识到了企业文化的作用与重要性，但对于企业文化的建设急功近利，盲目生搬硬套其他大型企业和成功企业的文化模式，忽视了与自身发展的结合。（3）对文化创新缺乏足够重视。由于企业对文化创新缺乏重视，文化建设既没有体现出自身企业的独特性，又没有把企业精神和企业管理理念很好地结合起来，因此企业文化个性严重缺失。相关资料显示，目前企业用来激励员工工作的口号中，“团结”“奋斗”“进取”这一类词汇的使用率分别高达41%，20%，10%，市场环境一直在发生变化，但这些口号却未曾改变。中小企业在企业文化建设过程中忽视对创新意识的培养，必然会使企业员工创新动力不足，阻碍企业的发展。

4. 制度不健全，缺乏规划

一年的企业靠运气，十年的企业靠技术，百年的企业靠文化。企业文化建设的核心是企业理念体系，但是理念体系内化为行动需要各个系统的支持，是一项长远而系统的工程。但对很多中小企业而言，企业文化的建设缺乏系统性和长远考虑，企业对于企业文化的建设没有清晰的规划指引（王隽，2018）。一些中小企业在企业发展的总体规划中虽然涉及了企业文化建设的内容，但只是作为企业总体发展规划的附属性规划存在，没有做到独立规划，这就导致企业文化建设的规划缺乏具体针对性。企业迈过初期发展阶段之后，要想长久稳定地发展，企业文化建设就显得愈加重要。沈薇（2018）认为，由于起步的时间比较晚，因此我国中小企业在进行文化建设时存在很多不足之处，尤其是在文化建设的过程中，没有根据企业文化理念识别体系，遵循企业文化发展规律，立足公司实际，制定公司企业文化建设保障制度和行为规范，强化文化制度建设的执行力度。理论指导和制度规范的欠缺，使得企业在进行文化建设时，容易形成带有专制色彩的企业文化。因此，健全的制度规范对于中小企业文化建设工作十分重要。另外，很多中小企业在开展文化建设时，指导理念不科学，企业的管理权力过于集中，从而抑制企业员工的积极性和创新意识，十分不利于企业的发展，导致员工之间的关系不和谐，工作效率低下，企业内部的氛围不佳。只有企业文化建设有目标、有计划、有步骤、有次序地进行，才能保障企业长久稳定地发展。

5. 企业文化文体化、表象化

还有部分中小企业把企业文化建设文体化、表象化，“形式重于实质”。认为通过组织丰富多彩的文体活动，举办诸如球类比赛、文艺演出、电影观摩及组建职工俱乐部等可实现塑造企业精神文化的目的。事实上，文体活动的开展只是企业文化建设的表层活动，在一定程度上可以提升职工的精神文化素质，培养职工求创新求突破的意识，增进员工相互间的了解，增强员工的归属感，但如果仅仅依靠这些表层活动，而不进行企业文化的渗透，不用企业精神塑造员工，企业文化建设是不会得到持续协调发展的（白靖易，2014）。

有人认为，企业文化就是创造优美的企业环境，他们简单地将企业文化等同于形象设计及环境营造，并没有采取有力的措施把企业文化的核心——企业精神体现在企业的经营活动中，也没有把企业精神渗透到企业员工的思维方式、工作、行为习惯中。有些中小企业的管理者认为企业文化就是企业规章制度。只要制定出企业的规章制度，组织员工学习并严格实施，企业的文化建设就可大功告成，这种观念显然是错误的。尽管企业规章制度的制定是企业文化建设的一个重要方面，是企业文化建设的制度保障，但并不是文化建设的全部，两者不可混为一体。

李亚平（2015）认为，一些中小企业的企业文化建设流于形式表达，偏重于对外宣传和对内宣传，却没有注意将文化内核渗透到企业经营活动的各个环节中去。企业文化源于企业的经营活动，存在的根本目的是为企业的经营管理活动服务。许多企业提出企业文化建设，只是意图通过“企业文化”的说法提升企业的形象，他们通常只是提出一些空洞的口号或在办公地点张贴一些泛泛而谈的标语等，并未将其落实到具体的实践行动中，因此，这些口号标语只是“空中楼阁”，“落地”却没有“入心”，不能对企业的发展起到指导与促进的作用。企业文化只有通过企业的日常经营管理活动得到落实，才能发挥应有的功能。企业文化并不只是一个概念与说法，而是需要通过企业的投入，以产品服务的质量、制度规定的执行，以及企业形象的塑造等形式表达出来，通过整合内外部的人力、物力、财力和技术资源的行动和能力体现出来。

四、中小企业文化建设的创新策略

（一）着眼企业文化发展战略，注重培育企业精神

企业文化建设是一项长期的工作。中小企业在创业初期，通常把重心放在如何生存上，但在这一阶段企业文化开始萌芽，并呈现碎片化特征，譬如建立了一些规章制度，提出了一些宣传口号。随着企业的发展壮大，内部管理难度增加，外部竞争压力加剧，企业需要明确自身的战略定位和目标。这个阶段团结和凝聚员工，调动企业员工的积极性，提高不同部门、上下层之间的协作能力，营造积极进取、温馨和谐的企业氛围，树立良好的企业形象、维护社会声誉，成为企业面临的新的挑战。这时系统建设企业文化显得十分重要。系统建设企业文化的前提是站在全局的高度形成企业文化的发展战略，把企业精神作为文化建设的核心内容，对企业文化的发展进行总体设计（徐红梅，2017）。

在企业文化建设的过程中，看待问题一定要有前瞻性，正确判断市场的发展趋势，迎合企业发展的需要，以企业的长远目标为出发点考虑问题（王璟，2018），这样才能使企业适应激烈的市场竞争，获得发展先机。

企业文化的建设要立足现实、放眼未来。中小企业虽然有长远的目标，但在不同的发展阶段应有差异性、阶段性的目标，企业文化建设受企业发展所处阶段的影响。创建初期、发展阶段、扩大阶段、稳定阶段的企业发展目标不一样，其企业文化的建设侧重点也应该有所不同。因此，科学地进行企业文化管理规划非常重要（王隽，2018）。中小企业可以将企业文化的建设分为远、中、近三期，各阶段有与之相适应的企业文化建设的主要方向和重点内容，使企业文化建设能够在一定框架的指引下有条不紊地展开。企业文化本身具有一定的抽象性，这就使得企业文化建设也存在一定的抽象性，因此，文化建设需要一些具体的措施来加以推进，在构建企业文化规划时，一定要在落实措施的层面上给予明确指引，提高规划的可操作性。同时，在构建企业文化规划的过程中，要积极听取企业不同层级员工的意见，提高规划本身的亲民性与公正性，为企业文化的建设创造良好的条件。

殷作曲（2018）主张企业应适应时代要求，创立学习型企业文化。相较传统团队来说，学习型团队更加开放和平等，更能够激发个体的创新精神。一个学习型的团队能为企业提供源源不断的发展动力，中小企业需要轻装上阵，

跟上时代的步伐，通过企业文化的打造，激发员工学习的主动性，构建学习型团队，使得企业中的每个人都有机会获得更好的工作锻炼。

王娟（2015）提出，中小企业应明确企业文化建设的目标与内容。企业文化建设的目标是振兴企业、培养人才、维护稳定。企业文化建设的内容主要是在企业内部如何对待管理者和员工，在企业外部如何对待客户的思考；对如何正确处理企业内部和外部的各种竞争与合作关系的思考；对生产环境、工作环境、人文观念及对社会责任与贡献的思考；对企业未来的发展与定位的思考，对企业思想建设、道德建设、制度建设的思考；等等。但是，无论要达到什么目标，包含什么内容，都应弄清企业文化建设的实质和根本目标。“培育有个性的企业精神”是加强企业文化建设的核心。企业文化要反映出企业的本质特征，反映出行业的特点和本单位特色，体现出企业的经营理念。

（二）提高管理者素质，正确理解和认识企业文化

从一定意义上说，企业文化是企业家理念的升华（徐红梅，2017）。企业家是企业文化的倡导者、规划者、建立者和管理者，他们的思想意识、个人品行与道德准则、思维方式与习惯、价值观与经营哲学，直接决定企业文化的走向和实质内容。可以说，企业文化与企业领导者有着千丝万缕的联系。因此，企业家个人的理念不仅要领先于公司其他人，而且要能把领先的理念转化为企业的理念、体制和规则。中小企业文化建设的水平，在很大程度上是由该企业主要领导人的企业文化意识和思想文化水平决定的（陈蕊蕊，2019）。中小企业的领导人要不断提高自身素质，以企业发展为目标，强化企业的社会责任感，正确认识企业文化建设的重要性，在经营过程中形成企业成员认可的共同价值观、经营理念和行为准则。企业领导者要重视企业文化建设，以更高的要求和标准来规范自己的行为，包括遵纪守法的要求、道德规范的要求、为社会做贡献等，并自觉履行相关职责，在行为中践行企业文化，并影响和带动企业员工，以提高企业文化的执行力。

企业家应在企业文化建设中发挥主导作用。优秀的企业文化既是企业员工集体智慧的结晶，又凝聚了企业领导者的智慧与心血。首先，作为中小企业的管理者，需要身体力行，真正树立与企业同生存、共发展的理念；更新自身的企业经营观，在企业内营造公平公正的氛围，激发员工的工作热情，并为员工提供足够的发展空间。其次，在个人综合素养和修养方面，企业管理者应当以身作则，注重学习，这样才有利于在企业内部营造积极学习的氛围，打造学习型的团队。企业领导者通过个人较高的综合素养，对员工起到榜样和示范作

用，管理者身体力行地践行企业文化，对于全体员工来说也是一种榜样行为，能够使企业整体水平和修养得以提升，彰显企业文化品位（殷作曲，2018）。

企业的文化建设属于顶层设计内容，在该过程中，管理层的意识会直接影响文化建设工作的开展（沈薇，2018）。目前，很多中小企业都是在不断实践的过程中进行企业文化的建设，这有一定的可取之处，但是想要更加系统和科学地进行文化建设，就必须要更新和完善内部机制，进一步提高管理人员的水平。与大型企业不同，中小企业人员较少，中高层管理人员在日常工作中直接与基层一线员工接触，能够最直接地了解员工的需求，以最快的速度发现问题和解决问题。这既是对其管理水平的考验，也是中小企业进行文化建设的优势所在。中小企业在进行文化建设的过程中，需要对权力进行重新分配，吸引一些优秀的管理人才参与到企业管理工作中，并且将一部分职能和权力下放，改变中小企业的传统家族式经营管理模式，突破家族管理的局限性，使企业的发展更加科学，通过管理者水平的提高，促进企业文化建设的发展。

（三）加强企业文化建设与经营活动的联系，用文化促生产

企业文化建设的根本目的不是用于宣传和作摆设，而是为了促进企业的发展。在企业文化建设过程中，一定要立足于企业的生产经营活动，为生产经营活动服务，立足于长远发展，为企业的可持续发展提供文化保障（徐红梅，2017）。李淳至（2016）认为，加强企业文化与经营管理活动的联系不能只停留在口号和形式上，寄希望于通过企业文化标榜企业的高度和独特性的做法是肤浅的，这样的企业文化只是一个概念、一种噱头，真正的企业文化应当是将倡导的价值和理念渗透至企业经营、管理、产品、技术、服务质量、人力资本管理等各个环节，通过一项项具体的实践活动来落实企业文化，只有这样，才能使员工在实际工作中真正领会企业文化存在的意义和价值，进而提升企业的核心竞争力。

沈薇（2018）指出，一些企业的文化建设更注重精神层面，主要是对中小企业企业精神的塑造。然而也要认识到，精神层面的企业文化的贯彻并不能脱离物质层的支撑，因此，中小企业文化建设是精神文化建设与物质文化建设的结合。例如，企业希望塑造严谨的工作作风，那么办公环境的设计就要与之相呼应，空间元素的应用，色彩的搭配，饰品的选择，设施的配备等细节都应体现出严谨的风格。只有将中小企业文化的精神层面与物质层面相统一，才能由表及里地进行企业文化建设。

加强宣传体系的建设，促进企业文化的全面渗透，是企业文化管理的重要

内容。对于有条件的企业，应在企业内部建立专门机构来开展企业文化工作，使企业文化管理能够顺利开展；而对于中小企业而言，可以明确负责人与团队的责任，通过多部门合作的方式来推动。

（四）重视企业文化的创新，推动企业文化的个性化发展

企业文化是一个企业区别于其他企业的重要特征（徐红梅，2017）。文化能够反映一个企业的本质特点，其他外在形象都是这种文化的表现。中小型企业在建设自己的企业文化时，应该结合自身特点，建设具有一定特色、富有个性的企业文化。王璟（2018）认为，企业进行文化建设需要有明确的定位，每个企业都应有其特殊性，要创建能够体现企业特色、在公众脑海中留下独特印象的企业文化。这就要求企业重视文化创新。

企业文化创新要求企业根据自身特点和市场发展的需要，塑造出与众不同的有个性、有特色的企业文化。当前阶段，中小企业文化建设普遍缺乏个性和创新，千篇一律的企业文化很难让自己有效区别于其他企业。不同企业的发展历史各不相同，因此，中小企业在推动文化建设之前，应结合自身发展历史和特点，找准企业文化创新的方向。中小企业可以充分发挥管理者的领导作用，采用自上而下的文化创新方式，及时发现文化创新中的不足，形成良好的企业文化价值观，增强员工的凝聚力，为企业创造更多的财富（李玉波，于娇，2019）。另外，企业管理者还需要结合企业文化的动态发展，实施科学有效的创新激励机制，提高员工的积极性，通过一系列文化建设活动的开展，最大限度地创新企业文化。

殷作曲（2018）认为，应注重创新，构建差异性、多样化的企业文化。不同的企业根据其业务导向及内在特征，塑造的企业文化也应当差异化、特色化。企业应当根据自身的特色进行文化塑造，并将自身的特色和外部的文化优势融合在一起，形成创新式的企业文化，这样才能更利于企业的发展与人才的培养。在相关政策制定方面，企业应鼓励员工人人参与创新，让员工意识到个人的成功和企业的发展是紧密联系在一起的，这样能够让员工在远景和目标上和企业达成共识，从而形成协同进步的企业文化氛围。

思想创新是企业创新最根本的条件。沈薇（2018）认为，加强创新是要求中小企业在进行文化建设时，将企业文化与企业的发展战略结合在一起，对企业文化理念和文化建设的方式方法进行创新；在确立文化理念时，需要结合企业的发展特点，创建出更具特色和个性化的企业文化。随着国家大力推进双创活动，创新创业的队伍不断壮大，中小企业的数量呈爆发式增长，对于年轻

的创业公司，企业文化的建设不能传统单一地沿用一般模式，而是应该充分考虑企业的特点进行企业文化的创新，只有这样，才能更好地促进员工的发展。例如，在团队建设的方式、上下级交流的方式等方面，应该做更多的思考和尝试。时代在发展，中小企业也在不断进步，在该过程中，中小企业需要对文化理念进行长远规划，既要传承企业文化建设中的精华部分，又要根据经济环境的日新月异和企业的具体发展情况，对本企业文化进行持续更新，以此来保证企业文化的适用性。

（五）提高员工素质，注重员工对企业文化建设的参与性

员工是企业文化建设的主体，企业文化要建设好最终还是要依靠员工。陈蕊蕊（2019）认为，在企业文化建设中必须坚持“以人为本”的核心理念，人是企业活动的中心、企业治理的中心，企业治理应当着眼于激发人的创造力。在治理实践中，必须以人为中心，关心人、爱护人、尊重人、培养人。一方面，通过先进企业文化塑造员工，挖掘员工的潜力，发挥员工在企业中的主体作用，调动员工的主体性和自觉性，最大限度地激发员工的积极性与创造性。另一方面，企业领导者不仅要善于采用加薪、额外奖励等经济方式，还要通过其他行动让员工坚定地支持自己的领导。在工作或日常生活中，不以傲慢的上级自居，而是以一颗平常心对待企业的员工，重视员工思想感情需要及其他工作上的合理要求，尊重员工的人格和权利，使员工产生自尊意识和工作责任感，并愿意努力工作。企业只有依靠员工才能发展壮大，企业文化的提升也必须依靠员工。因此，要让员工在企业中感觉到家的温暖，在企业中感到自己的价值，这样才能增强企业员工的凝聚力，更好地服务企业并推动企业发展。

王璟（2018）认为，企业的发展离不开员工的共同努力与支持，作为企业的管理者，应负起提升全员素质与能力的责任，首先应从自我做起，提升自身的管理能力与素质，之后结合企业的实际状况、发展趋势、员工状况等诸多方面，开展培训学习，让企业文化感染更多的员工，为企业文化的发展与传播创建平台，在全员之间形成一种思想共识，从而提升企业凝聚力。李玉波等（2019）认为，企业文化建设应将“以人为本”的理念内化于心，外化于行。企业文化建设的最终目标在于使员工获得认同感，只有让员工自觉运用企业文化的价值理念来指导自己的行为，才能让企业文化根植于每一位员工的内心深处，形成强大的企业文化凝聚力。

文化建设应以培育企业价值观为重点，将员工的价值观与企业价值观进行整合（王娟，2015）。培育能把企业、员工、社会的利益联系起来的企业价值

观，以提高员工的积极性，增强企业的向心力和凝聚力。具体而言，首先，要提炼企业价值观。企业的价值观源于企业的经营理念、战略目标和共同理想，树立企业共同价值观需要中小企业的领导者在经营管理的实践中，结合企业发展的长远战略，借鉴和吸收国内外成功企业的优秀文化，有意识地培养和提炼最适合本企业发展的核心价值观。其次，要宣传企业价值观。中小企业应加强自身价值观的宣传力度，使之深入人心，成为全体员工为人处世和谋求发展的共同理念。同时，企业核心价值观的对外宣传还能提高中小企业的知名度。中小企业要处理好和员工的劳动关系，让员工对企业产生归属感；再次，企业文化需要活生生的能为员工直接观察、模仿、学习的企业文化的表率，那就是中小企业领导者的风范，即领导者要确立合乎时代精神和企业特点的价值观念，并带头示范，身体力行。

（六）明确企业文化与企业制度之间的关系

规范制度是在一定价值观指导下对正确行为的肯定和对偏差行为的修正而逐步建立完善的条例规定，规范制度文化是维系企业正常秩序必不可少的保障机制，是中小企业科学管理的前提和保证，是确保企业正常运转、实现企业目的的有效手段和强有力措施（陈蕊蕊，2019）。中小企业需要通过以下几个方面加强制度管理：一是系统构建规范、科学、先进的制度体系，能够引导、规范企业行为，使之成为调整企业内外关系的重要工具；二是建立健全规范制度实施机制，完善规范制度实施配套机制如监督机制、奖惩机制、考核机制，促使制度执行主体制度执行自觉性的提高；三是建立与完善评估机制。根据制度的执行情况，定期组织制度运行情况评估，做出及时地评判，对于制度的缺陷及时补充与完善，防止制度与价值观或理念脱钩、制度变化过于频繁等问题，甄别各种制度，改善制度运行效果。王璟（2018）认为，企业制度制定与执行要充分体现逻辑性、效力性，做到有序管理的同时应避免激化企业内部矛盾，并且防止人情制度，确保制度的有效实施。没有规矩不成方圆，企业文化固然重要，但不是一种强制性的限定条件，只有做到文化与制度并存，发挥其最大效益，才能更好地促进企业的长远发展。

相关数据表明，中小企业已占德国企业总数的 99.7%，其产品占市场份额的 80%。德国中小企业发展态势良好，究其原因在于其成功的企业文化制度建设（李玉波，于娇，2019）。建设科学有效的企业文化机制应作为企业管理的重点工作。加大企业文化建设的投入，努力营造和谐的内部环境，并有目的、有计划地把企业文化和制度建设融为一体，安排专人从事企业文化构建和后续的监督管理工作，收到的效果将更为明显。

（七）落实监督，在细节中融入企业文化

企业文化在与企业管理结合的过程中也需要相关的监督和管理，可以说企业管理和企业文化的建设是互相促进的。企业应当避免文化建设和实际执行之间存在出入，只有知行合一，才是最为适合的管理模式（殷作曲，2018）。在企业文化的落实监督方面，企业应当采用柔性管理的方法，尊重员工个体，并将企业文化的要求融入企业管理的细节中，通过制定工作细则，激发员工的责任感和使命感，提升组织内部的向心力。企业团队中的每一个人既是企业文化的践行者，也是行为的监督者，人人都能参与到企业文化建设中，这种理念也可以避免责任推诿和人心涣散的问题出现。

李亚平（2015）认为，企业文化建设不是仅通过口号标语等浅显的方式去刻意标榜企业的高度与独特性，它需要企业将其所倡导的价值和理念等贯穿到企业日常经营管理活动的方方面面。文化建设需要企业认真理解其本质，并通过实践活动进行落实。企业文化是一种价值观念，也是一种精神力量，它引导着员工向企业的发展目标努力。只有将文化建设落实到企业的活动中，才能真正发挥它的作用，否则企业文化只是一个概念、一种噱头。企业文化可通过多种相对有形的方式体现出来，如规章制度、文化活动、产品、技术、服务质量，人力资源的利用等。这些方式有别于空洞的口号，能使员工与其他企业利益相关者感知企业文化的存在，并使该企业与他企业从文化管理层面区别开来，有利于企业竞争力的提高。

参考文献

[1] 陈蕊蕊．中小企业企业文化现状及提升研究——以深圳市虹威电子商务有限公司为例［J］．中外企业家，2019（9）：141－142.

[2] 刘宁．小议企业文化体系的构建原则［J］．东方企业文化，2015（19）：27.

[3] 李隽．关于我国中小企业文化建设的思考［J］．中外企业家，2018（11）：137，139.

[4] 程斌. 小微企业也应建立企业文化［J］. 中外企业家，2016（25）：177－178.

[5] 赵超平．中小企业文化建设研究［J］．现代盐化工，2019，46（2）：

137－138.
［6］白靖易．浅谈中小企业文化建设［J］．东方企业文化，2014（18）：72，84.
［7］殷作曲．加快中小企业文化建设的新策略［J］．商讯，2018（21）：52－53.
［8］沈薇．中小企业文化建设的特点分析及对策研究［J］．科技资讯，2018，16（35）：125－126.
［9］徐红梅．中小企业企业文化建设的重要性及可行性［J］．电池，2017，47（4）：238－239.
［10］毛淑平，褚兴森．中小企业文化建设亟待加强［J］．山东纺织经济，2018（1）：25－26.
［11］李亚平．从企业文化建设的角度浅谈如何提升我国中小企业的核心竞争力［J］．商，2015（13）：13－14.
［12］王隽．中小企业企业文化建设探析［J］．商场现代化，2018（17）：93－94.
［13］李玉波，于娇．辽宁省中小企业文化建设的创新路径探讨［J］．商场现代化，2019（1）：57－58.
［14］鲁亮．中小民营企业文化建设［J］．河北企业，2019（3）：142－143.
［15］王娟．试论中小企业文化建设［J］．合作经济与科技，2015（2）：126－127.
［16］王璟．浅析中小企业文化建设［J］．现代营销（下旬刊），2018（1）：122.
［17］李淳至．基于企业文化的中小企业核心竞争力构建［J］．中外企业家，2016（26）：139－140.